全国教育科学“十三五”规划课题成果

大学生创业能力与素养的精准培养模式

李彦斌　等◎著

企业管理出版社
ENTERPRISE MANAGEMENT PUBLISHING HOUSE

图书在版编目（CIP）数据

大学生创业能力与素养的精准培养模式 / 李彦斌等著. -- 北京 ： 企业管理出版社，2023.7

ISBN 978-7-5164-2845-0

Ⅰ. ①大… Ⅱ. ①李… Ⅲ. ①大学生－创业－研究②大学生－素质教育－培养模式－研究 Ⅳ. ①G647.38②G640

中国国家版本馆CIP数据核字（2023）第099556号

书　　名： 大学生创业能力与素养的精准培养模式
书　　号： ISBN 978-7-5164-2845-0
作　　者： 李彦斌　马同涛　张　峰　李　赟　张　玥　任东方
责任编辑： 徐金凤　张艾佳
出版发行： 企业管理出版社
经　　销： 新华书店
地　　址： 北京市海淀区紫竹院南路17号　　**邮　　编：** 100048
网　　址： http：//www.emph.cn　　**电子信箱：** emph001@163.com
电　　话： 编辑部（010）68701638　　发行部（010）68701816
印　　刷： 三河市荣展印务有限公司
版　　次： 2023年7月第1版
印　　次： 2023年7月第1次印刷
开　　本： 787mm × 1092mm　1/16
印　　张： 14.75印张
字　　数： 282千字
定　　价： 68.00元

前　言

推动创业教育高质量发展，增强大学生创业意向，提升大学生创业能力与素养是高校的使命要求，更是深入落实创新驱动战略的重要载体。党的十八大以来，党中央、国务院大力支持大学生创新创业，高校创业教育得到蓬勃发展，大学生创业热情不断高涨。2020 年，中国高校创新创业孵化器已超过 2000 个，中国人民大学发布的《中国大学生创业报告 2020》年度报告显示，49.86% 的在校大学生有较强烈的社会创业意愿，创历年新高。

然而，在创业热潮背后，低于 5% 的创业成功率反映了中国大学生创业能力严重不足的客观事实。2021 年，国务院办公厅印发《国务院办公厅关于进一步支持大学生创新创业的指导意见》，将提升大学生创新创业能力作为首要任务，要求深化高校创新创业教育改革，强化高校教师创新创业教育教学能力和素养。基于此，本书在精准描绘创业能力与素养的基础上，结合大学生创业能力和素养自我效能感的异质性，构建了大学生创业能力与素养“五位一体”精准培养模式，以期更有针对性地满足大学生创业能力与素养的培养需求。

本书共分为六章。第 1 章为绪论，全面剖析了当前大学生创业教育的重要价值与发展动态，并对本书的主要内容及试图体现的特点进行了整体介绍。第 2 章至第 5 章将理论分析与实证调查相结合，开展了大学生创业能力与素养教育的方法论研究。其中，第 2 章描绘了创业的要素与本质，解析了创业能力与创业素养的内涵。第 3 章与第 4 章通过面向多所高校的大学生开展问卷调查，提炼了大学生创业所需的 6 项核心能力与 8 项核心素养，并基于大学生的自我效能感，明确了大学生创业能力与素养的差异化培养需求。第5章结合前述研究结论，提出了大学生创业能力与素养“五位一体”精准培养模式，并围绕其整体框架设计，阐释了“培养目标、教学内容、培养方案、教学方式、测评方法”五个维度的具体内容。最后，第6章基于落地实施的视角，从高校、政府、社会三个层面提出“五位一体”精准培养模式的实施建议，并选取“问题链教学基地”案例，介绍了高校的实践经验。本书的撰写者还有马同涛、张峰、李赟、张玥、任东方等老师，博士研究生肖婷婷、刘畅、刘平、胡纬坤也参与了资料收集、问卷调查等工作，在此感谢各位老师和同学们的辛苦付出。

本书是国家社会科学基金“十三五”规划2019年度教育学一般课题“大学生创业能力与素养的‘五位一体’精准培养模式研究”（课题批准号：BIA190186）的研究成果总结。在编写过程中，参阅了国内外创业和创业教育领域众多专家学者的研究成果，在此致以诚挚的谢意。希望本书的研究结论能够为广大同行开展高校创业教育研究与实践提供借鉴与参考，以共同助力中国大学生创业能力的提升。同时，面对不断发展变化的经济和社会环境，本书的研究也不可避免地存在未尽或不足之处，诚请广大读者与同行专家批评指正，特驰惠意！

李彦斌

2023年3月

目 录

CONTENTS

第 1 章　绪论 / 1

1.1 新时代大学生创业教育的必要性 / 3

1.1.1 国家战略引导与大学生创业教育 / 3

1.1.2 社会环境变革与大学生创业教育 / 5

1.1.3 学生个体发展与大学生创业教育 / 6

1.2 国内外大学生创业教育发展动态 / 8

1.2.1 国外大学生创业教育的发展动态 / 8

1.2.2 国内大学生创业教育的发展动态 / 10

1.2.3 中国大学生创业教育的发展分析 / 18

1.3 本书的内容框架 / 20

1.3.1 本书的主要内容 / 20

1.3.2 本书的主要特点 / 21

第 2 章　创业的认知分析 / 23

2.1 创业的内涵 / 25

2.1.1 创业的概念 / 25

2.1.2 创业的性质 / 27

2.1.3 创业的过程 / 28

2.2 创业的分类 / 29

2.2.1 创业活动类型 / 30

2.2.2 创业者类型 / 33

2.3 创业的要素 / 35

2.3.1 创业能力 / 35

2.3.2 创业素养 / 36
2.3.3 创业动机与机会 / 36
2.3.4 创业资源 / 37
2.3.5 创业团队 / 38

第 3 章　大学生创业核心能力与素养的提炼 / 39
3.1 大学生创业能力与素养库的构建 / 41
3.1.1 创业活动分析 / 41
3.1.2 创业能力与素养归纳总结 / 74
3.2 大学生创业核心能力与素养的提取 / 74
3.2.1 核心能力与素养的问卷调查 / 74
3.2.2 核心能力与素养的问卷分析 / 76
3.3 大学生创业核心能力与素养的界定 / 79
3.3.1 大学生创业核心能力 / 80
3.3.2 大学生创业核心素养 / 84

第 4 章　大学生创业能力与素养的精准培养需求分析 / 91
4.1 大学生创业教育的需求分析 / 93
4.1.1 国家政策的需求分析 / 93
4.1.2 社会发展的需求分析 / 96
4.1.3 人才成长的需求分析 / 100
4.2 大学生创业能力与素养的异质性分析 / 102
4.2.1 大学生自我效能感调查问卷及调研方案设计 / 102
4.2.2 创新能力与素养调查数据结果分析 / 107
4.2.3 创业能力与素养的异质性分析 / 114
4.3 大学生创业能力与素养的需求分析 / 120
4.3.1 文本挖掘分析法的介绍 / 120
4.3.2 异质性群体的文本挖掘结果分析 / 122

第 5 章　大学生创业能力与素养的“五位一体”精准培养模式构建 / 127

5.1 “五位一体”精准培养模式的实践依据 / 129

5.2 “五位一体”精准培养模式的框架设计 / 130

5.2.1 “五位一体”精准培养模式的基本原则 / 130

5.2.2 “五位一体”精准培养模式的主要内涵 / 131

5.3 “五位一体”精准培养模式的内容说明 / 134

5.3.1 精确性培养目标的明确 / 134

5.3.2 多层次教学内容的设计 / 136

5.3.3 个性化培养方案的制定 / 150

5.3.4 多元化教学方式的建设 / 156

5.3.5 开放型测评方法的构建 / 160

第 6 章　“五位一体”精准培养模式的实施建议与实践探索 / 169

6.1 多元主体推动“五位一体”精准培养模式实施的相关建议 / 171

6.1.1 多元主体协同推动培养模式实施的格局构建 / 171

6.1.2 基于高校视角推动培养模式实施的相关建议 / 177

6.1.3 基于政府视角推动培养模式实施的相关建议 / 192

6.1.4 基于社会视角推动培养模式实施的相关建议 / 195

6.2 “五位一体”精准培养模式的实践探索 / 201

6.2.1 “问题链基地”的建设历程 / 201

6.2.2 “问题链基地”的核心措施 / 203

附　录 / 207

附录 1：创业核心能力与素养调查问卷（一） / 207

附录 2：创业核心能力与素养调查问卷（二） / 210

附录 3：创业核心能力与素养调查问卷（三） / 215

参考文献 / 219

第1章　绪论

教育是人类社会认知现实世界、探索未知世界的重要途径，并伴随着人类社会发展而不断调整和完善。进入 21 世纪以来，随着大数据、人工智能等新一代数字技术的蓬勃发展和应用，人类社会进入第四次工业革命阶段，创新成为国家、企业高质量发展的重要动能[1]。各项创新与创业活动的不断涌现为各国经济社会发展带来了新机遇、新业态，同时也为创新创业教育提出了新要求、新挑战。为了实现经济与社会的均衡、持续发展，各国都高度重视创新与创业的重要战略意义，努力推动国家战略转型与调整，大学生创业教育正是在此背景下，在全世界范围得到蓬勃发展。

1.1 新时代大学生创业教育的必要性

1.1.1 国家战略引导与大学生创业教育

随着数字化时代及第四次工业革命的到来，人类发展进入前所未有的变革时期，经济、社会领域正在发生深刻变化。高科技产业发展已成为一国竞争力的重要决定性因素，新科技引发的中小微企业的蓬勃发展也被视为促进和推动可持续和包容性经济增长的重要力量。在此背景下，世界各国政府都在深入实施创新驱动发展战略，全力积极推进多层次创业与创新活动展开，以期实现产业向高科技转型，促进中小微企业潜力不断发挥。作为上述发展战略的重要一环，教育自不例外。作为顺应时代与经济变革、满足社会发展需要的大学生创业教育，不仅可以为当前如火如荼的创新创业活动提供必要的人才资源支持，同时也为我国国家长远发展战略提供充分的人才储备支撑。

早在 2013 年 11 月，习近平总书记在给全球创业周中国站活动组委会的贺信中就提出："青年是国家和民族的希望，创新是社会进步的灵魂，创业是推动经济社会发展、改善民生的重要途径。青年学生富有想象力和创造力，是创新创业的有生力量。希望广大青年学生把自己的人生追求同国家发展进步、人民伟大实践紧密结合起来，刻苦学习，脚踏实地，锐意进取，在创新创业中展示才华、服务社会"[2]。这段话语不仅为我国大学生创业教育改革指明了方向，也对我国大学生创业教育工作提出了具有时代意义的新课题和新要求。

2014 年 9 月，时任李克强总理在天津举行的夏季达沃斯论坛上发出了"大众创业、万众创新"的号召，再次为大学生创业教育的深入改革提出现实要求。2015 年，国务院颁布的《关于进一步做好新形势下就业创业工作的意见》中明确要求推进创业孵化模式落地，扩大创业者税收优惠，提高创业担保贷款额度，整合发展高校毕业生就业创业基金，推进实施高校毕业生等重点群体创业依法享受税收减免，支持举办创新创业活动，大力加强创业教育。同年颁布的《国务院办公厅关于深化高等学校创新创业教育改革的实施意见》，提出要从健全创新创业教育课程体系、创新人才培养机制、改进创业指导服务等方面促进大学生创新创业。2017 年 5 月联合国大会通过决议，不仅强调创新对于发挥每个国家的经济潜力至关重要，更将中国的“双创”理念写入决议，呼吁各国支持“大众创业、万众创新”。可见，创业作为中国参与全球经济发展，实现经济转型升级的重要战略引擎在全球层面也达成了共识。

近年来，中国进一步重视创新创业，大力推动创业教育的发展。每年的政府工作报告均多次针对创业问题提出明确战略目标。2018 年，政府提出为进一步激发市场活力和社会创造力，在促进“大众创业、万众创新”的基础上，要打造创业“升级版”，形成线上线下结合、产学研用协同、大中小企业融合的创新创业格局；同时在融资、税收、人才方面都给予了相应的支持，创业环境将进一步激发企业和创业者的创造活力；要提供全方位创新创业服务，推进“双创”示范基地建设，鼓励大企业、高校和科研院所开放创新资源，发展平台经济、共享经济。同年，国务院下发《关于推动创新创业高质量发展打造“双创”升级版的意见》，教育部发布了《教育部关于做好 2019 届全国普通高等学校毕业生就业创业工作的通知》，明确指出要“推动双创升级，着力促进高校毕业生自主创业”，提出应当全面深化创新创业教育的改革，完善并落实创新创业优惠政策，加大对应届毕业生在创新创业方面场地、资金、税收等的扶持力度，强化针对应届毕业生的创业指导与服务。2019 年 1 月，中共中央、国务院发布的《中共中央 国务院关于坚持农业农村优先发展做好“三农”工作的若干意见》重点支持乡村创新创业，其中对于高校毕业生人才返乡下乡创新创业提出了若干支撑政策，包括支持建立多种形式的创业支撑服务平台、完善乡村创新创业支持服务体系、落实减税降费政策、鼓励地方设立乡村就业创业引导基金、加快解决大学生创业信贷等困难、加强创新创业孵化平台建设等。2021 年 10 月国务院印发《关于进一步支持大学生创新创业的指导意见》，对大学生创业做出了总体要求：“以习近平新时代中国特色社会主义思想为指导，全面贯彻党的教育方针，落实立德树人根本任务，立足新发展阶段、贯彻新发展理念、构建新发展格局，坚持创新引领创业、创业带动就业，提升人力资源素质，促进大学生全面发展，实现大学生更加充分更高质量就业”，还提出要加大对大学生创新创业的财税扶持和金融政策的支持力度，包括落实落细减税降费政策，做好纳税服务，强化精准支持；鼓励金融机构按照市场化、商业可持续原则对大学生创业项目提供金融服务，解决大学生创业融资难题；引导创新创业平台投资基金和社会资本参与大学生创业项目早期投资与投智等。在财税、金融等政策扶持下，大学生创新创业成果转化将有效落地。2022 年 2 月 11 日，发展改革委、教育部等八部门联合印发《关于深入实施创业带动就业示范行动 力促高校毕业生创业就业的通知》，力促新时期高校毕业生创业就业。

综上所述，面对时代变革，国家近年来颁布了一系列创新创业促进政策，并将相关教育改革作为国家总体发展战略的重要组成部分。大学生作为“大众创业、万众创新”的生力军，大学生创业教育作为我国新时代人才培养的新范式，将会是未来我国高等教育综合改革和内涵式发展的重点。

1.1.2 社会环境变革与大学生创业教育

当今世界，在新一轮科技与产业革命的影响下，不仅是社会生活与经济方方面面发生了深刻变革，国际环境也日趋错综复杂。逆全球化、民粹主义、单边保护主义思潮暗流涌动，特别是近年来的全球金融危机影响深远，导致世界经济持续陷入低迷期，全球经济不稳定性、不确定性明显增加。受此影响，我国的大学生就业市场正在经历前所未有的冲击、转型和蜕变，给教育界提出了新的课题。

首先，随着全球经济不稳定性、不确定性明显增加，全球产业链、供应链重塑，世界各国经济层面面临前所未有的挑战。尽管中国的改革开放战略和人口红利让我们在前一轮的全球经济大发展阶段充分抓住了全球要素分工合作带来的战略机遇，实现了国家经济与社会高速发展，然而面对当前国际外部环境日益复杂、国内经济下行压力增大，市场中出现了部分岗位缩减或挤出现象。近年来，我国就业市场总量矛盾和不确定性因素持续加大，企业倒闭和裁员时有发生，传统的就业渠道受到很大冲击，就业市场压力凸显。

其次，随着社会数字化转型，数字技术在金融、科技和商务领域的广泛应用，传统行业不断优化升级，创新型行业纷纷涌现。特别是新科技带动了中国平台经济的迅速发展，“互联网 +”的跨界融合催生众多中小微企业，并成为我国当前数量最大、最具活力的企业群体与经济社会发展的主力军。据工业和信息化部 2022 年 8 月召开的“支持中小企业创新发展，培育更多专精特新企业”主题新闻发布会上公布的数据显示：截至2021年年末，全国中小微企业数量达4800万户，10年增长2.7倍。2021年中国规模以上工业中小企业平均营业收入利润率达6.2%，比2012年年末高0.9个百分点，发展质量效益不断提升。中国每千人企业数量为34.28户，是2012年年末的3.4倍；2021年中国日均新设企业2.48万户，是2012年的3.6倍。大量新技术、新产业、新业态、新模式“四新经济”都源自中小企业。2021年中国“四新经济”新设企业383.8万户，占新设企业总量的42.5%。此外，中国中小微企业法人单位数量占全部企业法人单位的99.8%，吸纳就业人数占全部就业人数的79.4%。可见，中小微企业既为社会提供了大量物质产品和服务，也是中国吸纳和调节就业的“蓄水池”。中国的第四次经济普查数据也显示，中小微企业的从业人数占全部企业从业人数的比例达到80%。2021年中国私营个体就业总数达到4亿人，较2012年增加了2亿多人[3]。工业和信息化部发布的信息还指出，以中小微企业为主的民营企业是中国第一大外贸经营主体，2021年对外贸增长的贡献度超过了58.2%。超八成中小微企业处于战略性新兴产业链中。可见，中小微企业是中国经济韧性、就业韧性的重要支撑之一[4]。这一新态势凸显出中国就业市场劳动力的需求也日趋多元化。面对新技术、新动能带来的前所未有的就业市场变迁，中国就业市场结构矛盾出现诸多新变化，机遇与挑战并存。而大学生的创业教育通过知识传递和人才输送既可以进一步推动中小微企业的孵化和创立，同时也可以助力中小微企业潜力的发挥，推动中小微企业的繁荣发展[4]。

综上所述，面对技术变革、就业市场变迁，大学生创业及相关创业教育对于我国促进和创造更多灵活的就业机会、缓解高校毕业生就业压力、推动国家产业升级、服务国家现代化建设具有至关重要的意义。因此，如何充分利用创业提供新岗位，通过创业消化新技术、新动能带来的新需求、新机遇，可能是未来有效解决中国就业市场的总量与结构矛盾的一把金钥匙。而为当今各类创业活动输送知识、提供生力军的高等学校，其大学生创业教育如何发挥好孵化器作用则在当下显得尤为重要。

1.1.3 学生个体发展与大学生创业教育

大学生是我国创业人才的重要储备力量，大学生创新创业得到国家和教育界的广泛重视，高校大学生创业能力和素养培养的战略意义不言自明。国家和教育部多次出台大学生创新创业的支持政策，不仅为大学生个体创业营造了积极的宏观政策环境，同时也积极推动了高等教育领域创新创业教育的发展[5]。与此同时，为回应社会环境变革和就业市场变化，大学生创业教育工作的进一步升级也迫在眉睫。然而，若要将大学生创新创业教育落到实处，终究离不开大学生个体层面的认知提升与发展。据现有国内研究报告显示，无论是观念层面还是实践层面，大学生创业都与现实环境需求存在或多或少的不匹配现象[5]。

在观念层面，中国传媒大学发布的《2021 中国大学生创业报告》通过对多个城市、不同专业的大学生进行调研发现，受访大学生中 96.1% 的大学生都曾有过或仍然有创业的想法和意愿，相较于 2017 年上涨了 8.2%[6]。但调查也反映了目前 34.9% 的大学生将“赚钱”作为创业的最初目的，25.4% 的大学生认为“相对自由的工作方式”是其创业的主要驱动力。而在 2017 年，选择“追求自由的工作方式”为大学生创业首要驱动力的比例为 31%，比“赚钱”选项占比高出 5 个百分点。由此可见，近年来中国大学生创业观念发生了一定改变。尽管创业意愿持续高涨，但在创业驱动力方面，更多的大学生创业者将“赚钱”和“追求自由的工作方式”作为其创业的首要驱动力，且多数大学生创业者对创业的过程并不了解，认为暴富、成功、自由是创业的常态。而“实现自我价值”“想要挑战自我”“解决现存问题”这种让创业者走得更久、更远的正向内在驱动力和观念，并未能在调研中得到充分体现。这一现象充分说明当前大学生创业教育的必要性和紧迫性。通过提升和完善大学生创业教育，帮助大学生树立正确的职业观，以实现大学生个体的高素质发展刻不容缓。

在行动层面，该项报告显示，在所有考虑过创业的大学生中，真正付诸实施和准备创业的只有 14%，这主要来源于两个方面，一是创业大学生本身的执行力问题，二是创业初期的种种阻碍。从大学生创业者本身来看，32.3% 想要创业的大学生认为自己需要一个能够协助执行的合伙人，可以看出当前我国大多数大学生是缺乏执行力且畏惧困难的，因此创业更加适合有高效执行力、愿意挑战自我、不惧困难的人[7]。从创业的阻碍来看，调查显示 21.6% 的大学生认为“核心团队出现矛盾”是创业的主要阻碍，其次是创业行业所处的市场环境及融资的问题。绝大多数大学生对创业融资渠道了解较少，不清楚如何融资或获得资本市场的支持，54.8% 的受访者愿意选择通过自身积累创业资金后开始创业，只有 20.7% 的受访者希望寻求风险投资机构进行创业融资[8]。再者，随着社会的不断变化，各行业的发展情况均有所不同，近年来远程医疗、在线协同办公、直播、电商等行业不断崛起，有价值的创业公司飞速发展。如何在不断变化的市场中及时发现机遇、洞察市场需求，并不断寻找可获得的资源支持是创业者需要克服的主要困难。这些现象背后则充分说明当前大学生的创业能力和素养无论是从知识储备还是技能培养层面都有所欠缺，值得在大学生创业教育中展开深入研究与讨论。

综上所述，在个体层面，我国大学生的创业能力往往受到自身个体观念、技能与知识储备的约束。因此，高等学校为大学生乃至青年群体提供系统且丰富多元的创业教育，帮助其提升创业能力与素养，突破瓶颈，实现其个体综合素质全面发展，从而提高该群体创业成功的概率，实现自我价值和社会价值，将是当下及未来一段时间内我国教育领域亟待解决的重大课题之一。

1.2 国内外大学生创业教育发展动态

鉴于上述创业与创业教育在社会经济发展中的重要意义，本节从实践探索与理论研究两个方面，收集整理了国内外创业教育的发展动态，从而明确中国大学生创业教育的进一步发展需求。

1.2.1 国外大学生创业教育的发展动态

创业教育在西方国家的发展相对比较早，早在 1911 年，美国芝加哥大学的商学院开始设立创业课程，成为全美第一个提供创业教育的高等教育机构之一。1989 年联合国教科文组织召开的“面向 21 世纪国际教育发展趋势研讨会”上首次提出“创业教育”的概念，此后世界各国在创业教育上的研究和实践逐步加强，形成了相对完善的创业教育体系[9]。通过总结国外对创业者的培养和教育经验，以及对创业教育的相关研究可以发现，国外比较关注创业教育概念阐释、创业教育课程设计系统化、教学方法多元化、创业教育实践化四个方面。

1.2.1.1 创业教育概念的阐释

杰弗里·迪蒙斯在其代表作《创业学》中认为创业就是一种财富的创造过程和手段，是让参与者实现自我价值的方法，也是体现自我价值的过程[10]。华盛顿大学的 Vesper 教授认为，创业就是通过成立新公司或者并购的方式组织进入商业的行为[11]。创业教育完整的概念性解释是由 1995 年联合国教科文组织提出的，他们认为创业教育是高等院校为了培养具有首创精神、冒险精神，并具有创业能力和独立工作能力，同时也具备技术、人际关系和管理能力的开创个性的个人[12]。Colin 和

Jack认为培养学生的创业能力与素养能够提高学生在商业上的认知能力，使其具备商业上的知识与技能[13]。从创业的维度上看，创业教育和培养在本质上也是对一个大学生培养的过程，是给大学生提供进入社会商业领域（即创业）的基本技能，使开创性个人和其他学者实现财富创造和自我价值。

1.2.1.2 创业教育课程系统化

Frolova Yuliya等通过对俄罗斯总统国民经济与公共管理学院、哈萨克斯坦管理经济战略研究院和阿联酋艾因大学三所高校的创业课程进行分析，构建了培养创新创业能力的课程管理模型，他们认为高校创业教育培养的内容应该包括领导者潜质和雄心、参与积极性、技术熟练度、自我管理能力、情商、交流合作能力、动机或有激励性的任务和目标、协作和社会导向性的工作方式[14]。美国已经形成创业教育课程的基本体系，根据华盛顿大学Karl Vesper教授对美国各大高等院校开设创业相关课程的调查，美国已经形成了以创建企业、创业机会识别、企业管理、创业咨询与管理、新企业运营管理、创业计划、创业财务、创业营销为主要课程内容的创业课程体系[15]，目标在于培养大学生识别创业机会及管理和发展新创企业的基本技能。美国的创业教育也成为创业教育课程体系化的典型代表[16]。斯坦福大学在创新教育领域开发了科学标准的课程体系，包括21门创业领域课程，其核心代表性课程有"创业管理""创业机会与评价""创业与创业投资""管理成长型企业""投资和创业财务"等，形成了以创业理念和思维的培育、创业理论的积累、创业机会的识别、创业管理基本技能的掌握和创业实践技能为全过程的创业教育课程体系[17]。识别机会和管理问题成为创业课程体系设计的主要环节。

1.2.1.3 教学方法多元化

教学方法是创业教育传导的重要组成部分，在创业教育中扮演着重要的角色，大学生是否能接受、理解、应用所学的知识和技能并在现实社会中进行创业活动很大程度上取决于创业方法的科学性和正确性[25]。其中，案例教学作为实践性的教学方法，在对大学生的创业能力培养中起到了不可替代的作用，这是因为案例教学具有理解与实践相结合的优势，可以在一定程度上模拟出具有局部现实特性的社会，让大学生理解、识别创业的过程[18]。而创业计划是创业的开端，通过让大学生准备创业计划的教学方式，引导大学生由理论认知到创业机会和风险的识别，将所学知识应用到实践中去，是创业教育的主要教学方式。案例教学与创业计划制订的教学方法在创业教育中也呈现出了多样性[19]。例如，位于美国马萨诸塞州的百森商学院，在创业教学过程中采用了创新的方法：在教师的指导下把学生分成若干小组，每个小组准备一份创业计划，并通过集体评比的方式识别创业计划中存在的问题。而在案例教学中强调“以问题为中心”，选择成功的创业案例，让学生参与到案例的模拟和讨论中来[20]。通过案例教学和创业计划等教学方法，并将其融入具体的创业教育课程，让大学生识别和应用知识，并感触创业的全过程，提高创业的成功率[27]。

1.2.1.4 创业教育实践化

国外的创业教育遵循“认识—实践—认识”的基本规律，其中英国和美国在创业教育实践化方面最具代表性[26]。1982 年英国通过政府主导的“大学生创业”项目活动来实施创业教育的实践，2001 年成立了高度教育创业基金为大学生创业提供相应的创业基金，2004 年又成立了全国大学生创业委员会[21]。因此，英国主要是通过政策的方法来配套创业教育实践的。而美国是通过竞技的方式对创业教育成效进行实践性建议的，它的具体做法是通过在创业教育中开展创业计划大赛进行实践性竞技，检验其具体的成效。瑞典是通过创业训练项目的方式来实施创业教育的实践活动的[22]。美国、英国和瑞典的创业实践教育在西方国家极具代表性，主要是通过具体的模拟或者现实创业等实操方式把大学生的创业思维认知转为实践，检验创业教育的效度[23]。

1.2.2 国内大学生创业教育的发展动态

相对于西方国家而言，中国的创业教育起步较晚。1973 年，联合国教科文组织在亚太地区设立办事处，并实施亚太地区教育革新计划发展服务项目，中国也开展了青年创业能力培养教育实践探索[24]。我国大学生创业教育正式起步于 20 世纪 90 年代，1998 年我国高校取消毕业生工作分配制度后，不少学生希望依靠自主创业解决就业问题[28]。在这样的社会背景下，教育部于 1998 年在《面向 21 世纪教育振兴行动计划》中要求“加强对教师和学生的创业教育，采取措施鼓励他们自主创办高新技术企业”，我国创业教育开始进入发展阶段[29]。清华大学是我国最早开设创业教育课程的高等院校，1997 年清华大学在经济管理学院 MBA 培养计划中设立“创新与创业方向”；1998 年，清华大学举办了国内首个“挑战杯”大学生创业计划大赛，该比赛在下一年发展为由团中央、中国科协、全国学联举办的首届“挑战杯”大学生创业设计竞赛；2000年，清华大学经济管理学院成立了中国创业研究中心，开设创业课程和组织创业实践活动，成为中国最早的创业教育机构之一[30]。

与此同时，教育部也出台了相关政策，允许大学生留籍创业，提高大学生的创业思维能力和实践能力。清华大学、复旦大学等高校在设置创新创业教育课程的同时还专门设立了专项基金，以此鼓励大学生创业[31]。2002年，教育部正式发文确定了清华大学、中国人民大学、武汉大学等9所高校为创业教育试点高校，探索我国创业教育实践。例如，教育部在北京召开了高等院校“创业教育”座谈会，通过座谈明确了提高大学生整体的素质能力、提高大学生创业知识与创业能力、发展综合性创业教育三个创业教育的目的性议题[32]。2010年5月，教育部颁布了《教育部关于大力推进高等学校创新创业教育和大学生自主创业工作意见》，标志着我国正式迈入创业教育全面实施阶段[33]。从教育部决定在“十二五”规划期间开展国家级大学生创新创业训练项目开始，到党的十八大以来，党中央和国务院高度重视创新创业活动与工作，对大学生创新创业能力与素养的教育培养高度关注。2012年教育部办公厅印发了《普通本科学校创业教育教学基本要求（试行）》，提出了面向全体、注重引导、分类施教、结合专业、强化实践的教学原则；确定教学内容为“以教授创业知识为基础，以锻炼创业能力为关键，以培养创业精神为核心”[34]。2015年《国务院办公厅关于深化高等学校创新创业教育改革的实施意见》系统提出了“完善人才培养质量标准、创新人才培养机制、健全创新创业教育课程体系、改革教学方法和考核方式、强化创新创业实践、改革教学和学籍管理制度、加强教师创新创业教育教学能力建设、改进学生创业指导服务、完善创新创业资金支持和政策保障体系”[35]。2017年党的十九大报告指出，大规模开展职业技能培训，注重解决结构性就业矛盾，鼓励创业带动就业。提供全方位公共就业服务，增强重点人群就业保障能力，促进高校毕业生等青年群体、农民工多渠道就业创业[36]。2021年10月12日，国务院办公厅印发《关于进一步支持大学生创新创业的指导意见》对高校创新创业教育和大学生创新创业环境优化等方面提出了指导意见[37]。2022年党的二十大报告指出，“完善促进创业带动就业的保障制度，支持和规范发展新就业形态”[38]。

在上述政策的支持下，我国创业教育的成果也取得了较大突破，多样化的创业教育大大激发了大学生创业的热情。2011年，全国大学生参与各类创业实践活动的人数达到365余万人次，建设了2000多个大学生创业基地，参与创业的大学生达到了17万人次，同比增长了56%[39]。2012年教育部决定在“十二五”期间实施国家级大学生创新创业训练计划，内容包括创新训练项目、创业训练项目和创业实践项目三类，旨在培养和提高大学创新创业实践能力。以江苏省为例，江苏省在2015年首届大赛中，参与团队为1279支，2016年为1984支，增长率为55%，2017年参与人数达到52385人次[40]。

为了更好地培养大学生的创新创业能力和素养，各高校在国家创业教育政策指导下，依据自身特点与优势，尝试建立起了一些独具本校特色的创业教育模式，在创业环境资源运用、创业教育课程开设、实践载体运用等方面积累了一定经验。教育部以9所试点高校和20所实验区高校为例，对近年来中国高校创业教育典型案例进行总结，出版了《创业教育在中国：试点与实践》和《高等学校创新创业教育经验汇编》。在此，本节选取清华大学、上海交通大学、黑龙江大学三个具有代表性的高校，对中国高校创业教育的有效方法进行分析和总结。

1.2.2.1 清华大学的“创新环”实践模式

清华大学作为国内最早开展创业教育的高校之一，在创业教育理论和实践方面具有丰富的成功经验。清华大学的创新创业教育模式表现为“创新环”模式，这一模式的核心为大学生的创新行为，注重创新意识、创新实践和创新成果之间的良性循环，以群体激励体系、资助体系、指导支持体系、竞争交流体系、转化体系和个体评价体系为大学生创新行为提供支撑。如图1-1所示，“创新环”模式创业教育可分为三个阶段：大学生产生创业意识并有意付诸实践阶段、创新实践发展为创新成果阶段和创新成果影响创新意识阶段。

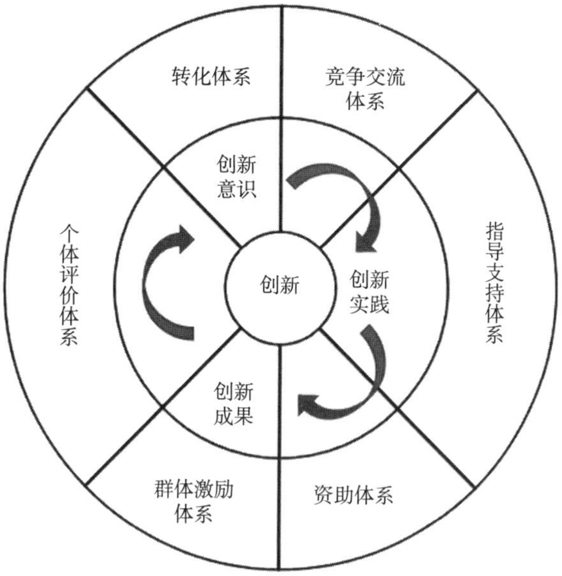

图 1-1 清华大学"创新环"创业教育模式

首先，在创新意识落实为创新实践阶段，清华大学一方面通过群体激励体系激发大学生的创新意识和创业动机，另一方面通过资助体系选拔、保护大学生的创新种子。其中，在创新意识培育方面，通过多种多样的群众性科技创新活动营造文化氛围，以释放和激发大学生的创新意识。清华大学开展了以"科技活动月"为代表的一系列群众性科技创新活动，激励大学生的创新意识，培养创新精神，这些活动营造起创新意识"发芽"的群体氛围，形成了优秀创新成果产生并发展的"土壤"，激发了大学生的能动性和创造性，让大学生在创新创业活动中最大限度地发挥自己的能力。在创新创业资助方面，清华大学专设用于支持大学生科技创新项目研究的经费，并称之为"种子基金"，通过创新基金的筹集和使用，为优秀的创新"种子"提供发展机会。

在创新实践转化为创新成果阶段，清华大学设立了指导支持和竞争交流两个支撑体系。其中，在指导支持方面，清华大学选聘各行业和领域专家、各专业教授组成专家委员会，对大学生的创新项目进行指导。同时充分提高本校已有资源的利用率，尝试向大学生开放实验室，为大学生的创业实践提供广阔的基本场所。同时，清华大学积极取得社会上行业和企业的支持，建立起一批校外创新活动基地，为大学生提供多层次的资源支撑。在竞争交流方面，清华大学以"挑战杯"科技作品竞赛与展览为龙头为大学生建立课外创新竞赛体系。1983 年，清华大学开始有组织、规模性地开展大学生课外学术科技活动，举办了首届清华大学“挑战杯”大学生课外学术科技作品竞赛暨展览交流会，同年成立清华大学学生科学技术协会，此后逐渐形成了一套创新竞赛体系。该体系包括结构设计大赛、机械创新设计大赛、数学建模竞赛、计算机知识与技术竞赛、电子设计竞赛、企业管理模拟挑战赛等赛事，这些赛事激励着富有创新精神的大学生投入一次次的创新挑战，并催生出一系列科技创新成果[41]。

在创新成果影响创新意识阶段，清华大学依托创业计划大赛，对大学生的创业素质、创业意识、创业能力进行系统性训练，探索出了一条卓有成效、具有中国高校特色的创业教育模式。1998 年 5 月，清华大学举办了中国最早的大学生创业计划竞赛。竞赛期间，学校组织了形式多样的讲座、培训和创业沙龙等实践活动，对普及创业知识、提升创业能力起到了良好的作用。1999 年，首届“挑战杯”中国大学生创业计划竞赛在北京成功举办，大赛由团中央、中国科协、全国学联共同主办，由清华大学承办，汇集了全国 120 余所高校近 400 件作品，在全国大学生中激起了极高的创新创业热情，孕育了视美乐、易得方舟等一批高科技公司。次年，共青团系统组织的创业计划竞赛在全国开始普及。

在“创新环”模式基础上开展的大学生创业计划大赛成为清华大学大学生创业教育和实践的最大特色，并引领了全国大学生创业计划大赛的潮流。作为创业教育最直接的载体，举办创业计划大赛的理念直接影响教育的导向和效果。清华大学通过比赛，促进大学生科技创新成果转化，推动大学生投入创业实践，使大学生、科技成果、风险资本形成有效互动，从而孕育出大学生创业公司。在这样的思路影响下，大赛关注大学生与投资者之间的沟通，关注创业计划中的商业创意及商业价值。但这一方式忽视了对大学生意识、素质和能力方面的培育，后来在 2001 年，清华大学对创业计划大赛的举办进行了调整，以大赛为主要载体，将整个参赛过程作为主线，把培育创业素质、创业意识、创业能力作为核心内容，加强整个过程中的培训环节，特别设立暑期创业素质训练营，为参赛团队进行具有针对性的素质训练，同时在参赛团队中推行导师制，增加参赛大学生到创业公司进行短期实习的内容，使大赛更加具备“第二课堂”性质，增加了参赛大学生的实践经验。

1.2.2.2 上海交通大学综合式创业教育实践模式

上海交通大学的创业教育模式是一种全方位的人才培养模式，该模式以大学生全面发展为目标，以创业实践活动为载体，以创新精神和创业意识为核心，以创业能力为关键，面向全体大学生，成为国内综合式创业教育的代表[42]。上海交通大学的创业教育将专才向通才、教学向教育、传授向学习三个转变作为目标，实施以素质教育、终身教育和创新教育为基点的人才培养模式，培育大学生的创新意识，激发大学生的创业热情，形成了良好的创新与创业的校园文化氛围。通过着力推进创业实践，整合校内外相关资源，突破课堂教学，打破专业界限，夯实实践环节，并辅以辅导、创业竞赛和创业基金等措施和手段，开创层次性和系统性的创业教育、创业服务活动，最终形成了一整套综合式创新型人才培养的新模式、新体系。

一是打造以“创新人才培养体系”为基本框架的创业课程教学体系。一方面，面向全校开设创新与创业系列课程。为培养大学生创新意识，上海交通大学建立了一系列体现综合性、应用型、开放性办学特色的教学内容和课程体系，使大学生主动学习新的知识，掌握新的技能[43]。创新与创业教学采用选修课的形式，各学院本科生、研究生自愿报名，涉及理工、药学、医学、人文、管理等学科专业。教务处针对报名情况，根据专业综合平衡的原则将学生混合编班，充分考虑团队成员的专业背景，让各专业学生充分开展分工合作，在锻炼团队协作能力的同时使大学生能够在模拟的创业团队中发挥专长。在授课内容上，教师就企业家精神、盈利模式、市场机会、创业融资和商业计划等内容进行辅导，在帮助学生掌握创业基础知识、创业一般过程的基础上，加深学生对创业精神的理解，认识创业精神对创业的意义。具体来说，使学生了解从产生创意到利用市场机会的过程，掌握市场信息的收集与研究、市场环境分析、市场机会的识别和筛选的基本方法。在商业计划的环节，要求学生掌握创业经营计划的机构，理解计划过程的协调和实施，理解培养管理团队的重要性，掌握市场营销导向的组织结构设计要求。在融资计划阶段，要求学生理解经营规划与资本预算的方法，熟悉损益预估表、现金流量预估表和资产负债预估表，掌握创业与盈亏平衡分析，了解不同融资方式的特点，掌握创业融资的方式与来源等。另一方面，系统地组织管理教学实践活动。上海交通大学系统地组织管理创新创业教学实践活动，由校党委书记担任总负责人，负责创新创业课程的总体规划和设计，宣传部、校团委、教务处、安泰经济与管理学院组织实施，其他学院和部门共同参与。其中安泰经济与管理学院充分挖掘其丰富的教师资源，承担课程教学内容规划、活动项目设计和小班培训教学的任务，学校教务处负责课程教学活动的具体安排与协调，校宣传部利用多种媒体阵地，对该课程开展全方位宣传活动，校团委负责全校参训学生的动员与管理。

二是追求校内外专家为导师的创业专题辅导。为了保证创新与创业教学实践的效果，开设“创新与创业大讲堂”和小班辅导，分阶段进行模拟企业经营，同时邀请校外专家进行辅导。“创新与创业大讲堂”是精英大班系列讲座，主讲教授包括柳传志、王志东等创业成功的著名企业家、市场研究专家、财经节目主持人，以及上海交通大学党委书记、专业教授等。课程讲师经验丰富，内容特点安排紧凑、形式活泼、内容丰富。在进行大班讲座的同时，还以要求学生完成商业计划设计为目标安排了小班形式的辅导。参加课程的学生根据组队情况分为若干个小班，采用班主任团队辅导和助教协调模式，以实现学生与导师的全接触。

三是完善的课外创业实践活动体系。上海交通大学为提高大学生创业能力，避免单纯的理论说教，以有组织的社会实践、创新创业竞赛、学生社团活动作为实施创业教育的现实载体，设计了内容丰富多彩的创业比赛活动，倡导自主学习和创新精神，为需要创新模拟训练的大学生提供学习、交流和互动的平台，从而将课堂教学与实践环节紧密结合起来，使创新与创业教育成为上海交通大学教学实践的重要环节。首先，开展多层次的创业计划大赛。从班级创业计划评比中脱颖而出的队伍入围初赛，初赛形式为在线模拟经营，通过在线模拟经营平台，对各自虚拟公司的投资策略、生产管理、营销活动等进行决策，最终以盈利能力、市场占有率、决策连续性等指标评判比赛结果。参加决赛的团队与校团委的创业计划大赛的优胜队一起参加“华威杯”创业大赛，并由学校推荐参与全国创业大赛等。同时风险投资基金将会对优异的创意项目跟进介入，以促进大学生真实创业。大学生通过比赛对自己的商业计划进行修改和完善，在这一过程中一方面对前期掌握的相关理论逐步进行消化和吸收，另一方面通过比赛的实践过程来检验创业项目的可行性。其次，就业服务和职业发展中心组织开展科技创业实务系列培训。上海交通大学大学生就业服务和职业发展中心组织开展多次“上海交通大学学生科技创业实务系列培训”，邀请校内外科技创业领域的知名专家进行专题指导，内容涉及创业前期准备、创业团队、创业财务、创业市场、创业启动和创业战略六个板块，使参加培训的大学生的创业能力得到迅速提升。此外，建设强大的创新实践基地。上海交通大学充分发挥“科技创新实践中心”和“创业实践基地”的作用，为探索模拟教学模式建立起相应的管理学科实验室，以在线互动的方式利用网络探索模拟仿真系统在教学中的应用，引导大学生积极参加与实际生产实践和社会问题相近的活动，为大学生亲身体验实践活动提供平台，以此提高大学生综合性创新实践能力。

1.2.2.3 黑龙江大学“三创教育”实践模式

黑龙江大学立足于创造、创新、创业教育相融合的综合性视角，构建起理论和实践相结合的创新创业教育模式。一方面，通过构建创业教育课程群、实施“三创”教育课程改革、加强创业实践基地建设等途径，对在校大学生开展创业教育；另一方面则专门成立创业教育研究所，围绕创造、创业、创新教育相关的理论问题开展研究工作，注重以理论创新带动创业教育创新[44]。

一是构建创业教育课程教学体系。黑龙江大学将创业教育的理念和内容融入教学计划、教学内容和教学方法，建立起“三创”课程群，该课程群分为三大模块：创业教育模块、就业教育模块、证书教育模块。与此同时，以学分制为媒介建立了六大课程体系，即“三创”选修课程体系、辅修课程体系、认证课程体系、国家职业资格培训课程体系、技能培训课程体系、考研培训课程体系；围绕通识核心课程体系，设置了“三个一”创新创业通识公共必修、“三创”公共限选、通识公共必修等通识创新创业课程模块；围绕专业核心课程还设置了专业创新创业必修、专业读书必修等专业创新创业课程模块。每个专业均开设与专业领域对应的创新创业类选修课程，如项目研发训练课、论文研习课、专业创业实务课等。“三创”选修课程以创造、创新、创业为主线，以创业实践为导向，开设了创业投资与融资等 27 门课程；辅修专业教学体现了“三创教育”培养学生综合性应用型人才的宗旨，开设创业管理等 20 个社会需求量大的专业；认证课程包括人力资源管理、内审员、办公软件专家等课程。

二是构建个性化教育指导体系。针对不同年级、专业学生的阶段性特点，黑龙江大学实施分层分类培养模式，根据学生需求，配置学业导师、科研导师或创业导师，这种“三位一体”的导师制度给予学生极致的个性化指导。同时，为应用类专业学生配备多元师资，其中三分之一为校外专家、企业家。

三是构建创业教育实践教学平台。黑龙江大学自 1998 年开始实施“人才培养创新工程”，是全国首批 9 所创业教育试点院校中唯一一所地方院校。黑龙江大学以全方位探索人才培养模式改革为动力，深化素质教育，将创业教育作为培养创新型人才促进经济社会发展的重要途径，投入 3000 余万元，创设了创新创业实践平台。在平台成立后，黑龙江大学加大学生日常实践学时比例，在公共基础实践教学、学科专业实践教学基础上，增加创新实践、自主创业实践、暑期社会实践、志愿服务实践的实践内容，充分带动大学生创业发展。

四是构建了创业教育管理与资源整合体系。黑龙江大学积极响应《国务院关于大力推进大众创业万众创新若干政策措施的意见》的政策号召，成立了学生科技文化创业园，发挥项目管理、资金管理、创业孵化、创业培训等作用。创业园划分为五个区域，包括科技研发区、文化创意区、信息服务区、电子商务区等，通过园区的划分，大学生可根据自身需要选择特定的创业区，提升综合素质[45]。大学生创新创业项目团队从申请入驻学生科技文化创业园开始，需要通过一系列严密的审核流程。同时，创业园对科技含量较高并具有广阔市场前景的应用型项目给予针对性扶持，加速其成长壮大。在创业素质提升方面，创业园为大学生开设 SIYB（Start& Improve Your Business）、KAB（Know About Business）等创业培训课程，培养大学生掌握创办企业的基础理论知识和操作技能。

五是资金扶持。黑龙江大学一方面设立创业种子基金 20 万元，专门为有创业需求的团队提供资金支持，资金的申请程序包括项目申请、资金使用答辩、项目担保等环节，审核通过的项目可以获得资助，资金的使用遵循基金管理办法，以确保资金的有效利用率；另一方面，拓展社会资源的获取渠道，学校为大学生争取校外企业、风投机构等社会扶持资金的投入。

1.2.3 中国大学生创业教育的发展分析

根据对国内外大学生创业教育的发展状态的梳理可知，国外高校的创业教育起步早，已经有了较为完善的理论和实践系统，创业教育理念已为社会普遍认同，创业教育体系较为完善。相较于国外，中国高校中有关创业教育的体制机制建设处于起步阶段，对大学生创业教育的重视程度也有待进一步提高。虽然国内创业教育在教育模式、课程体系等方面均涌现了不少的成果，并且在数量、内容范围和研究方法等方面取得了长足的进步，但是在创业教育实践中，仍存在以下几方面的发展空间。

1.2.3.1 大学生创业教育模式精准性有待提高

目前，绝大多数的创业教育是基于传统知识构架铺展开的常规式课堂教育，学科支撑方面专业之间壁垒森严、缺乏沟通，培养模式方面模糊粗糙、千篇一律，因材施教实践欠缺，导致不同创业感的大学生难以得到真正适合自己的培养，制约了中国高校创业教育的效果。因此，中国高校有必要针对大学生差异，建立精准化、个性化的培养模式，为不同类型的大学生提供各具特色的培养道路，提升大学生创业教育的问题针对性与培养精准性。

1.2.3.2 大学生创业核心能力与素养有待挖掘

目前国内多数的大学生创业教育仍存在浮躁肤浅的问题，课程出现了比较普遍的功利化倾向，使得很多大学生在创新创业的过程中急功近利、缺乏责任，难以支撑大学生创业活动的高质量、可持续发展。基于此，高校创业教育应坚持以立德树人为目标，结合创业实践需求，对大学生创业核心能力与素养进行挖掘，从而为切实解决社会经济生活中的现实问题打下坚实的教育基础，避免创业人才培养与现实社会脱节。

1.2.3.3 大学生创业教育与专业教育有待融合

现有的大学生创新创业教育模式和专业教育体制衔接不到位，没有实现互联互促的良性发展。部分高校设置的创新创业课程内容陈旧保守、趋于形式化，缺乏创业实践能力培养内容，导致大学生思维无法得到拓展和训练，缺乏相应的创新能力。有些高校的创新创业教育仍以就业教育为主，大学生缺乏对创业的深层了解，不能满足培养全面发展型创新创业人才的需要。如何将创业教育融入课堂教育，做到“双创”教育和专业教育的有机融合，是目前创新创业教育改革所要面临的最主要问题。

1.2.3.4 大学生创业教育资源与平台有待拓展

相较于拥有海量资源、实时更新、自主组合、交互学习的“中国大学慕课”“爱课程”等资源平台，大多数高校自有创新创业教育资源平台建设与运营总是费力不讨好，存在构思宏大、内容表浅、建多用少、体验不佳等问题。与此同时，高校所能直接提供的经费与政策支撑不足，包括各类信息、人脉、资金、项目的创新创业教育实践平台似乎也难以满足师生个性化创新创业实践活动的发展要求。基于此，高校应该积极拓展资源渠道，加大创业教育的经费、平台、实践等资源保障，满足广度与深度不断拓展的高校创业教育实践活动需求。

1.3 本书的内容框架

随着第四次工业革命和全球数字化时代的到来，世界面临百年未有之大变局，中国也进入中国特色社会主义新时代，创新与创业将是建设人类命运共同体、推动中国高质量发展、实现中华民族伟大复兴的主旋律。因此，以如何培养大学生等青年群体的创业能力与素养为核心的大学生创业教育也势必成为当代高等教育改革的必然趋势和重心。本书将结合当前中国创业教育存在的不足，围绕大学生创业能力与素养的精准培养展开探索研究。

1.3.1 本书的主要内容

本书从创业的理论分析入手，明确创业的内涵、类型与创业过程中的关键要素；在此基础上，通过调研分析，界定大学生创业的核心能力与素养、分析大学生创业感的异质性及其差异化需求；然后，有针对性地设计大学生创业能力与素养“五位一体”精准培养模式；最后，提出“五位一体”精准培养模式的实施建议，并以问题链基地为例，介绍“五位一体”精准培养模式的实践探索，以期为中国高等院校对大学生进行创业能力与素养培养提供模式参考，推动大学生创新创业的高质量发展。具体内容如下。

1.3.1.1 创业内涵和创业要素的梳理与总结

本部分梳理了以往相关文献和实践案例对创业的认识和理解，在此基础上，首先界定了创业的内涵，然后介绍了创业的分类，最终归纳出创业的五个基本要素。具体来说，本部分首先总结了国内外研究者对创业的定义，在此基础上提出了创业的狭义概念和广义概念，然后描述了创业的性质和过程，接着从创业活动的特点和创业者的特点对创业进行了分类，最后总结了创业的五个要素，其中创业能力和创业素养是本书研究的基础和重点。

1.3.1.2 大学生创业核心能力和素养的提取与界定

本部分主要是通过文献研究和问卷调查提炼大学生创业核心能力与素养，为后续制定精准培养方案奠定基础。具体来说，首先通过文献研究和案例研究构建了创业能力与素养库，然后通过专家调查和创业调查提取其中的核心能力与素养，最后对所提取的核心能力与素养进行界定和内涵解析。

1.3.1.3 大学生创业能力与素养的培养需求挖掘

为了精准地制定培养模式，本部分内容基于已经提取的创业能力与素养指标研究了大学生创业能力与素养的培养需求。首先，从国家、社会和创业者自身三个角度分析了大学生创业教育的多方需求，明确了创业教育的趋势和导向。其次，通过对大学生的调研问卷及数据分析，掌握了大学生创业的基本情况及不同大学生群体在能力和素养上的异质性，便于有针对性地设计培养方案。最后，对无创业感、有创业感和强创业感的大学生群体进行文本挖掘，探究了大学生对创业能力与素养的差异化需求。本部分内容研究为后续“五位一体”精准培养模式的构建奠定了基础和依据。

1.3.1.4 创业能力与素养“五位一体”精准培养模式的构建

本部分是在前述研究的基础上，将精准与多元理念融入大学生创业教育培养模式的构建中。依托习近平总书记提出的“精准扶贫”理念与实践，明确大学生创业能力与素养“五位一体”精准培养模式的实践依据。在此基础上，从培养目标、教学内容、培养方案、教学方式、测评方法五个维度出发，搭建“五位一体”精准培养模式的整体框架。最后，对上述五个维度的具体内容进行设计，形成包含精确性培养目标、多层次教学内容、个性化培养方案、多元化教学方式、开放型测评方法的“五位一体”精准培养模式。

1.3.1.5“五位一体”精准培养模式的实施建议与实践探索

本部分在构建大学生创业能力与素养的“五位一体”精准培养模式的基础上，从高校、政府、社会等多元主体视角，提出大学生创业能力与素养“五位一体”精准培养模式的实施建议。在此基础上进行了相关探索实践，基于“立德树人”的目标，打造了电力经济管理人才创新创业教育的“问题链基地”，成为“五位一体”精准培养模式落地的优秀载体，以期为兄弟院校的创新创业教育实践提供参考。

1.3.2 本书的主要特点

第一，从概念出发，界定了大学生创业能力与素养的相关概念。虽然创业教育是近年来学界的研究热点之一，但何谓创业、何为创业教育、如何界定大学生创业能力与素养都尚需在概念范畴内澄清。本书不仅对国内外相关研究成果展开梳理总结，同时结合课题组自身教育改革实践，对创业、创业能力、创业素养等相关概念进行了界定，从而为如何有效培养和提升大学生创业能力与素养奠定研究基础。

第二，从问题出发，明确了当下大学生创业教育存在的关键问题。本书通过对国内外大学生创业教育的发展动态进行梳理，尝试明确了当前创业教育中的两个核心问题，一是何谓“大学生创业能力与素养”，二是何谓“有效的大学生创业能力与素养培养模式”，并围绕这两个问题展开研究，以期推动中国大学生创业教育的高质量发展。

第三，从实践出发，提出了大学生创业能力与素养“五位一体”精准培养模式。本书通过对创业者、创业教育专家及大学生等多类群体的实际调研，明确了大学生创业所需的核心能力与素养，以及大学生对创业教育的差异化需求，进而针对性地设计了大学生创业能力与素养“五位一体”精准培养模式。在此基础上，团队打造了“问题链基地”，进行了“五位一体”精准培养模式的教育改革实践探索，以期为中国高校创业教育改革创新提供实践经验借鉴。

第 2 章　创业的认知分析

创业的认知包括创业的内涵、特征、类型、过程与要素等。明确创业的内涵和要素是本书研究的逻辑起点，是精准培育大学生创业能力与素养的重要前提。本章明确创业的内涵与性质，对创业过程进行描述，划分创业类型，凝练创业的基本要素，为后续研究奠定基础。

2.1 创业的内涵

本节首先梳理并总结国内外学者对创业的定义，从而刻画创业的内涵，然后对创业的特征和过程进行分解和提炼，以全面地展现创业这一概念的内涵与外延。

2.1.1 创业的概念

国内外不同领域的研究者分别从不同的视角定义和解释创业。经济学家在定义创业时强调创新对市场的作用。例如，美国经济学家 William J. Baumol 将创业定义为通过创新来发现和利用市场机会的过程，奥地利经济学家 Joseph Schumpeter 认为创业是通过创新来打破现有市场结构的过程[46]。

管理学家在定义创业时强调的是资源组织和价值创造。现代管理学之父 Peter Drucker 认为创业是一种创造性的行动，是创造新事物、新组织和新市场的过程[47]。中山大学的朱仁宏认为，一个能全面反映所有创业特征的定义应该是商业行为者在一定的创业环境中如何识别机会并利用机会、动员资源、创建新组织和开展新业务的活动。清华大学的刘涛教授将创业定义为一种以创新为核心的经营活动，旨在通过创造新价值和提供新服务来获得经济回报和社会效益。

心理学家在定义创业时强调创业者的人格和认知特征。William B. Gartner 通过德尔菲法发现创业应包括创业家的个人特性和创业的行为结果两个方面。创业家个人特性包括人格特征、创新性、独特性、开拓新事业和谋求发展；创业行为结果则包括价值创造、追求利润、成为企业所有者和管理者及创建组织[48]。

为了融合各学科、不同领域研究者的观点，Murray B. Low 和 Ian C. MacMillan 认为应该从最宽泛的视角定义创业，因此将创业定义为创办新企业。Jeffrey A. Timmons 认为创业这一概念超越了传统的创建企业，在不同组织及不同行动阶段都存在创业活动，并提出了一个更加宽泛的创业概念，即创业是一种思考、推理和行动的方法[49]。厦门大学的木志荣教授也指出，在一个宽泛的创业概念下，研究者可以在一个更自由的框架下研究创业，这可以推动创业研究向纵深发展[50]。

虽然不同领域的研究者对创业定义的表述不同，但对其本质内涵的理解是基本一致的。Michael H. Morris 总结了发表在创业核心期刊的论文和主要教科书中出现的 77 个创业定义，其中频率较高的关键词是：开创新事业、创建新组织、创造资源的新组合、创新、捕捉机会、风险承担、价值创造[51]。

综上所述，结合已有文献，本书认为创业是指通过创造新的商业机会、发展新的产品或服务，以及组建并经营新的企业来实现创新和创造价值的过程。创业者通常需要承担较高的风险和不确定性，并在竞争激烈的市场中寻找机遇和成功。创业的狭义性解释是，某一个人或一个团队，不局限于外界现有的资源，运用个人或团队的力量开创性地去寻求机遇，创立企业和实业并谋求发展的过程。创业的广义性解释则是考察社会的各个领域，在社会实践中为社会和个人实现价值体现和社会财富增值的过程。

创业的概念内涵包括以下五个方面。①创新。创业的核心是创新，创业者需要寻找新的商业机会、新的市场需求，提供新的产品或服务，通过不断创新来满足消费者的需求。②风险承担。创业者需要承担较高的风险，包括资金、市场、竞争等多个方面的风险，需要具备承担风险的能力和勇气。③意愿和决心。创业需要付出大量的时间、精力和心血，需要具备坚定的意愿和决心，勇于克服困难和迎接挑战。④管理能力。创业者需要具备创业相关的专业能力，如组织和管理企业的能力，包括团队建设、资源整合、财务管理等多个方面的能力。⑤利润追求。创业者无论是进行经济型创业还是社会创业，都需要获取商业利益来维持企业发展，通过创造价值来实现自我和服务社会。

鼓励和支持创业是党和国家保证就业、促进经济增长、维护社会秩序的政策性战略。创业不仅是一个社会行为，也体现为一种理念和精神[52]。创业理念使人们充分认识到创业的核心价值，能回答“创业的目的是什么”“创业的价值在哪里”和“如何创业”三个关键问题。不同学科、不同行业的创业理念存在差异，这种差异表现为关注的问题不同，或对三个关键问题的关注程度和比例不同[53]。同时，创业也会受到家庭经济条件、教育环境和社会环境三个方面的影响。一般来说，那些家庭条件比较好、教育引导比较多的大学生，其创业理念会更为积极。

创业精神是一种非智力性的、特殊而无形的生产要素，这种要素支配着创业过程中的目的、行为、态度等诸多方面[54]。管理学著名学者熊彼特认为，创业精神是一种创造性的力量，能够引导创业者进行资源的整合、革新生产经营方式[55]。

新时代赋予了创业精神新的内涵，即在创造经济价值的同时，还要有承担社会责任的意识。创业精神赋予人们一种发现、探索和利用社会规律的力量，这种力量是无形的，是通过掌握和利用新技术、新方法来识别新机遇、整合和优化社会资源的能力[56]。

2.1.2 创业的性质

创业既是学习的过程、行为的体现，也是创业行为的动态集聚过程。因此，创业具有认知性、聚集性、动态性、实践性的独特性质。

2.1.2.1 认知性

创业的认知性是指响应党和国家“双创”战略的号召，通过学习有关创业思想和理念的课程，帮助人们理解党和国家针对创业的相关政策，并从思想高度把握创业精神。当人们树立和培养了创业的思维方式、思想理念和创业的精神后，就进入了创业培养的另一个层次——知识、人员和资源的聚集性。

2.1.2.2 聚集性

创业的聚集性是指人们对相关知识有组织、有计划地学习和聚集，并能动地反映创业精神、创业动机和创业能力。聚集性也指人员的聚集，表现为有共同志向、共同意愿的人们彼此合作，共同创业。聚集性还指资源的聚集，包括资金、人际关系等诸多方面。

2.1.2.3 动态性

创业是一个动态变化的系统，这个系统包含创业者、创业对象、创业资源和环境三个子要素。创业者在时间变化的过程中不断更新或者增长，创业对象的行业性也随着时间不断地变化，创业资源和环境也具有动态性，创业者的知识结构也随着时间变化而更新和完善。总之，创业具有明显的动态性。

2.1.2.4 实践性

创业的实践性是指创业者在获取相关创业知识后，形成某种创业动机，并付诸行动，从而创建新的企业。创业教育的过程是理论传授和实践能力相结合的培养过程，是通过创业教育触发创业行为的过程，具有强烈的实践性。

2.1.3 创业的过程

从产生到消亡的“生命周期”出发，企业的发展要经历创建、成长、成熟、衰老四个阶段，这就是企业的生命周期理论。与生命周期理论不同，Timmons 模型认为创业过程是包括机会、资源和团队，围绕组织目标不断相互作用，动态反复调整的过程。因此，根据生命周期理论和 Timmons 模型，可以把创业分为准备阶段、初始阶段、发展与成长阶段、成熟阶段及退出和转变阶段五个阶段来分析[57]。

2.1.3.1 准备阶段

创业准备阶段一般包含三个核心的要素。一是创业基础的建立，主要是指创业理念、创业动机、创业能力的形成过程。二是创业资源的准备，创业资源最重要的是货币资源和非货币资源的获取。其中，货币资源主要是活动的货币投资；非货币资源包括创业环境资源、人力资源、技术专利等可转化的软资源[58]。三是寻找和捕捉市场或行业的商机。在准备阶段，要明确“为何创业”和“怎么创业”等问题，前者从创业理念上直接生成创业动机，后者是创业知识和技能的具体运用和实践，也是判断整合创业资源有效与否的关键。

2.1.3.2 初始阶段

在创业企业的初创阶段，主要任务是将准备阶段所获取的资源整合到初创企业中，以便于资源的统一配置，获取的资源可以分为信息资源、人力资源、财务资源；其次是构建企业内部的创业群体，即企业内部的团队，保障资源的有效利用、调度与配置。初创者承担风险的物质能力比较低，通过银行贷款融资的比例相对比较小，所以创业企业规模相对比较小，创业资源一般来源于家庭、朋友和风险投资。

2.1.3.3 发展和成长阶段

企业创立后逐步进入发展和成长阶段，即企业产品形成和价值形成的阶段。企业的发展和成长离不开初创阶段的团队力量，团队力量是一种领导力量，会影响企业的资源配置和产品形成。同时，资源的配置和利用也会影响企业的发展和成长，新创企业利用资源的合理配置可以提升资源的获取力量，促进企业的发展和成长[59]。总体来说，创业的发展和成长阶段主要是对新创立企业进行有效的领导，通过资源的计划、编排、调度和利用，正确定位市场，形成具有一定竞争力的产品，以实现从资源到价值的转换。

2.1.3.4 成熟阶段

通过资源的有效配置，产品进入市场后，初创企业会逐步迈向成熟。一个企业成熟的标志是拥有具有市场竞争力的产品，且产品在市场上有一定知名度和市场占有率，企业也处于盈利的最大值，企业的品牌效应和社会责任是企业成熟的重要因素。因此，创业的成熟阶段应具有一定知名度、相对品牌效应、企业社会责任及较高盈利能力四个要素。

2.1.3.5 消亡和转变阶段

根据生命周期理论，事物在进入成熟阶段后会逐步走向消亡，而创业的消亡并非指创立企业的破产或关闭，这种消亡在某种程度上是指企业进入成熟后，随着竞争者增加、市场状态逐步饱和，企业的市场竞争比前几个阶段更加困难，盈利能力也逐步下降的态势。企业到达消亡状态时，应该在保持现有品牌效应、社会责任、盈利能力的基础上，通过重新配置或变革企业的模式、开发新产品、兼并等方式转变或重组企业，从而增强企业的盈利能力。

对创业过程的描述和分析，是运用生命周期理论，从创业的准备、创立新企业、促进企业的发展和成长、企业迈向成熟，最后到企业的消亡与变革来进行的，充分体现了创业实践活动。所以在创业教育中，不是单纯的思想和理论教育，而应该结合创业的动态和实践行为来定位创业的思想、动机和知识性需求。

2.2 创业的分类

不同的学者对创业和创业者有不同的类型划分，在对创业分类相关文献进行梳理后，本书将其归纳为创业活动类型和创业者类型，从创业目标、创业内容、创新程度和创业结果来划分创业活动类型，从创业者动机、创业者经验、创业者性格来划分创业者类型。

2.2.1 创业活动类型

2.2.1.1 基于创业目标分类

创业可根据创业目标是否为营利性目标分为经济创业（Economic Entrepreneurship，也称为企业创业）和社会创业（Social Entrepreneurship）。经济创业是创业活动中最常见的类型。但近年来，伴随对民生福祉的高度重视，越来越多的研究者开始关注社会创业。社会创业通常被定义为把商业行为和方法应用于非营利部门，以便更有效地提供社会产品和服务。

经济创业和社会创业的本质区别不在于是否从事营利性活动，而是创业的根本目标是否为获取经济利益。社会性创业取得成功的关键同样在于引入创新的商业方法来提供社会服务，更为关键的是，社会创业是通过运用营利性企业的运作方式以更好地实现社会性事业，即社会创业在采用商业化方式的同时，必须具有排他性的社会目标，并且还要创造社会价值。

简而言之，企业创业把经济利益作为创业最终目的，而社会创业虽然也可能从事营利性活动，但经济利益仅是实现目标的手段。

2.2.1.2 基于创业内容分类

（1）生产型创业

生产型创业是指通过创办企业来实现大批量生产产品的创业活动。通常来讲，生产型创业的企业专业化程度较高，产品品种较少，主要是进行标准化生产，对职工技术要求相对较低。义乌小商品市场的众多创业者就是生产型创业者的典型代表。

（2）管理型创业

管理型创业是指创业者通过建立和管理一个高效的企业来实现商业成功。与传统的创意型创业不同，管理型创业强调的是运营和管理能力，而不是靠个人的创新能力来取得成功。在管理型创业中，创业者需要关注企业的运作，包括市场营销、财务管理、人力资源管理、供应链管理等方面，以确保企业的长期稳健发展。这种创业方式通常需要创业者具有一定的商业知识和管理经验，并与合适的合作伙伴一起合作来建立企业。管理型创业通常更加注重实际效果和可持续性，而非简单的创新点。同时，管理型创业者往往更注重商业计划和市场调研，以确定最有效的商业模式和产品定位，这有助于降低创业失败的风险。

（3）市场型创业

市场型创业的一个重要特点就是注重市场，善于把握市场变化机会，在中国计划经济向市场经济转变过程中，涌现出大批的市场型创业者。海尔集团总裁张瑞敏就有一句名言："三只眼睛看世界"，其意思就是计划经济时期企业只要一只眼，即盯住政府就可以了；市场经济条件下的企业则需要有两只眼，一只盯住市场，另一只盯住员工；转型期的企业则需要具备第三只眼，也就是说在盯住市场和员工之外，还要盯住政府出台的政策。

（4）科技型创业

科技型创业指的是以技术创新为核心，通过创业公司的组织形式和商业模式，将科技成果转化为商业价值的创业活动。科技型创业通常包括从研发阶段开始，将科技成果应用到产品或服务中，并通过市场竞争取得商业成功的过程。这种创业活动通常需要高度专业的技术知识和创新思维。科技型创业多与高校和科研机构相关联，以高科技为依托创办企业。20 世纪 80 年代以后，为了鼓励将科技成果转化为生产力，国家推出了一系列鼓励高等院校和科研机构创办企业的措施。如今许多知名科技企业的前身就是原来的"校办企业"和科研机构创办的"所办企业"，如北大方正、清华同方及联想集团等。

（5）金融型创业

金融型创业是指创业者在金融领域创业，通过创新和提供新的金融产品或服务，满足市场和客户的需求，获得商业利润的过程。金融型创业的产品或服务包括但不限于投资、融资、支付、保险、贷款、资产管理等领域。金融型创业需要创业者具备一定的金融知识、行业经验和市场洞察力，同时也需要懂得如何运用科技手段提高效率和降低成本，以保持竞争力和持续发展。金融型创业对社会经济发展有重要意义，可以促进金融市场的创新和发展，提高金融服务的质量和效率，为经济增长和社会福利做出贡献。

2.2.1.3 基于创新价值分类

（1）复制型创业

复制型创业指的是简单复制现有企业经营模式和主营业务来进行创业。在复制型创业模式中，创业者由于有前期其他企业生产经营经验的累积，使得新创办企业成功的可能性更高，但其做出的创新贡献较低，缺乏创新精神。

（2）企业内部创业

企业内部创业指的是在企业的支持下承担企业内部某些业务内容或工作项目，在此基础之上进行创业并与企业分享成果。企业内部创业者从事的仍是原先熟悉的工作，但能为企业不断创造新的价值，他们强调的是创业精神的实现，而不是新组织的创造。一个典型的例子是，2000 年华为公司为了解决公司内部结构冗余和老员工就业等难题，将生产、交通、餐饮等非核心业务与服务业务以内部创业方式进行社会化，先后成立了广州市鼎兴通讯技术有限公司和深圳市华创通公司。这些内创公司依托华为强大的经济实力与市场占有率，在快速发展的同时，也实现了企业内部优秀员工的创业目标和梦想。

（3）创新型创业

创新型创业指的是企业突破传统的经营理念，利用全新的思维模式和资源整合能力，通过自身的创造性活动引导新市场的开发和形成，并不断挖掘顾客潜在需求的一种创业活动[8]。创新型创业者指的就是进行创新型创业的人，他们善于洞察商业机会并敢于冒险，具有敏锐的市场眼光和强烈的创业欲望。创新型创业在创业过程中面临的困难最大，但是一旦成功将拥有先发者优势，如果在创业过程中相关互补性资源能够迅速跟进，他们就可以成为新辟市场的领导者，为经济社会的全面进步创造巨大价值，提供强大动力。

从对个人的改变、新价值的创造、需承担的风险三个角度出发，对复制型创业、企业内部创业和创新型创业进行分析：复制型创业的创业过程对创业者自身的改变效果不大，所创造的新价值也不高，本质是简单的重复创业活动，所承担的风险较小；企业内部创业能产生较高的新价值，同时由于创业活动是依托已有的企业平台，因此承担的风险也相对较小，但整个创业过程对创业者自身能力的提升存在一定的局限；创新型创业的创业活动在为创业者自身带来较大提升的同时，也产生了较高的新价值，但同时创业者需承担较高的风险。

2.2.1.4 基于创业结果分类

（1）成功型创业

创业成功是指创业者所创办的企业经过一段时间的经营之后，已经建立了成熟的盈利模式，可以自给自足经营，在现实中稳定成长并实现良性发展。成功型创业者指的就是拥有这种创业企业的人，一般用企业绩效作为衡量成功创业者创业成效的标准。

（2）失败型创业

失败型创业是指所创办企业因为种种原因难以继续正常运营，最终将导致破产、倒闭或陷入财务困境等结果。创业是一项高风险活动。长期以来，虽然创业活动的活跃度较高，创业企业数量激增，但创业失败率居高不下，失败型创业者仍占据创业者的大多数。值得一提的是，失败型创业者在经历创业失败后，若能吸取以往的经验教训，注重完善自身不足，进行再次创业，其创业成功率将会提升。

2.2.2 创业者类型

2.2.2.1 基于创业者动机分类

（1）生存型创业者

生存型创业者是指由于没有其他更好的工作选择而从事创业的人。生存型创业者大多为下岗工人、失去土地或因为种种原因不愿困守乡村的农民及刚毕业找不到合适工作的大学生。生存型创业者往往来自经济欠发达的区域，一般创业范围局限于商业贸易，少量从事实业、加工业，对经济发展的影响并不显著。由于生存型创业者自身拥有的财富较少，因而其受创业成本的影响更为明显，先验知识对于其开展创业的决定性作用不占据主要地位。据清华大学调查报告分析，生存型创业者是中国数量最大的一拨创业人群，占中国创业者总数的 90%，大部分人是由于家庭收入匮乏，为了谋生才进行创业。虽然生存型创业者创办的企业中不乏因为抓住了机遇，其企业规模进一步发展壮大的，但数量极少。

（2）机会型创业者

机会型创业者是指抓住商业机会，放弃其他就业机会，自愿选择从事创业活动的人。机会型创业者在进行创业之前，往往会做好充分的前期准备，制订详细的创业计划，确保自身掌握足够的创业资源，其创业成功率一般较高。具体来讲，机会型创业者被创业获得的精神满足和物质回报所吸引，但创业动机一般不只局限于追求简单的物质回报，他们更注重深入技能的开发、自我价值的实现及专业性与创新性的提高。相较于生存型创业者，机会型创业者拥有更显著的自我控制，更愿意去承担创业风险，创业失败所带来的恐惧对其不具有显著影响，往往拥有更多的机会和较低的进入成本，一般会产出较高的边际效应[60]。

2.2.2.2 基于创业者经验分类

（1）首次创业者

首次创业者指的就是第一次进行创业，在此之前没有任何创业经历的人。首次创业是创业者创业历程的开端，是重要的敏感时期，给创业者带来的经验和认知变化将深深烙印在其整个职业历程中。与此同时，因为在此之前没有可以参考的切身经验，创业者进行首次创业往往是最困难的，容易走很多弯路，最终的创业成功率较低。

（2）连续创业者

连续创业者指的是拥有一次及以上创业经历的人，他们在出售或关闭原有企业的基础上，继而继承、建立或购买另一个企业。与首次创业者相比，连续创业者拥有比较丰富的创业经验和资源，应对风险的能力较强，其具有的百折不挠的精神更容易获得合伙人和投资者的青睐，在后续创业时更容易获得成功。

2.2.2.3 基于创业者性格分类

（1）保守型创业者

保守型创业者指的是出于对风险的考量，只在自己较熟悉或已获利的领域内进行创业，不会轻易在未知的新领域内进行创业的人。选择保守型创业，往往与创业者自身的风险偏好有关，他们在日常生活中就保持谨慎态度，追求稳定和风险可控，一般不会做超出自己控制能力范围的事情。相比于冒险型创业者，保守型创业者的创业成功率较高，但收益较少，而且在创业过程中容易错失一些机会。

（2）冒险型创业者

冒险型创业者指的是从事创造新价值的全新产品经营活动的人，他们在创业过程中面临着很高的市场不确定风险，但同时也伴随着较高的收益。冒险型创业者风险偏好较高，他们在创业过程中要想获得成功，需要具备较强的个人能力、适当的创业时机、合理的创业方案及科学的创业管理等条件。

2.3 创业的要素

创业的要素是决定创业成功与否的关键，一般根据不同的创业情境来划分。杰弗里·蒂蒙斯提出了创业的三要素模型，认为创业要素包含创业机会、创业资源和创业团结，创业成功与否取决于三要素之间能否合理有效互动。但该模型并未体现创业者本身的能力和素养，而创业者的能力和素养对创业者能否快速识别并抓住创业机会、合理有效配置创业资源、高效管理创业团队有着重要影响，是决定创业能否成功的关键因素。

在创业能力方面，国内学者如陈钦约认为，创业机会的探索能力是创业者最重要的能力，国外学者则主要从以 Barney 为代表的资源观视角和以 Kirzner 为代表的机会观视角进行研究。在创业素养方面，国内学者认为创业素养包括创业意识、创业知识、创业能力三方面，国外学者认为创业素养涵盖从创新能力到生活技能的多方面。整体而言，当前针对创业理论的研究尚缺乏对创业能力与素养的精确描绘。

鉴于此，本节通过梳理以往文献，提出创业应该具备五要素，即创业能力、创业素养、创业动机与机会、创业资源及创业团队。

2.3.1 创业能力

能力是掌握和运用知识技能所需的个性心理特征，是完成一项活动体现出的素质和水平，直接影响着活动效率，是活动顺利完成所必需的主观条件。能力总是和人完成一定的实践联系在一起，离开了具体实践既不能表现人的能力，也不能发展人的能力。能力是人外在的状态表现。

创业能力是在创业过程中运用已有知识，进行创业决策和运营的能力，是创业者在创业实践中学会做事、学会做人、学会生存、学会发展、学会创造等各种能力的有机结合体。创业者的能力是一种高层次的特殊能力，这种特殊能力往往影响创业活动的效率和创业成功率。

创业能力的高低直接影响着创业行为的全过程。创业的技能水平取决于创业者的知识应用水平，而知识水平来源于创业教育和自主学习。在现代创业的技能性教育上，无论是基础技能、资源整合技能，还是具体实践操作技能，都同等重要。其中，基础技能是专业知识水平的结构和应用能力，资源整合技能主要是创业者的资源配置、协调和利用的能力，实践操作技能是创业行为的决策、管理能力。

2.3.2 创业素养

素养是指思想、理论、艺术等方面所达到的水平，是一个人在品德和知识等诸多方面先天条件和后天学习与锻炼的综合结果，是形成的一种习惯，一种准备就绪的状态，一个特定行为方式的倾向，体现一个人正确的待人处事态度。素养是人内在的品质修养。

创业者的素养则是创业者在创业活动中的思想意识、价值取向、行为方式等综合表现。简而言之，创业素养是创业者思想和精神层面的体现，是一种创业思想和心态。

创业素养是创业知识和创业品质的互动统一体。其中，创业知识是利用所获得的概念和知识去寻找、捕捉、获取资源，并为创业者寻求高效的配置资源；创业品质是创业者特定的个性特征，包含创业目标、创业毅力、创业团队合作精神、人格魅力等要素。创业素养是能够认识到自身所具备的条件、了解创业和就业的基本形势、精准捕捉创业机会的一种内在素质。创业者的素养形成于创业者成长、生活及创业实践探索的过程中，是创业者能力发挥的保障，是创业者创业生涯成败的关键因素。

创业能力与创业素养既是有机结合的统一体，但也存在着一定区别，创业能力和创业素养分别展现了个体是否“能够”创业及是否“适合”创业。具有创业素养的个体不一定具备创业能力；同样，具备创业能力的个体不一定拥有高的创业素养。

具体来说，创业素养体现了个体在现阶段是否适合成为一名创业者，而创业能力则反映了创业者是否具备成功创业的相关技能。创业素养更多地展现在人格品质层面，如敢为人先的勇气、具有高社会责任感等，以及是否具备基础知识；创业能力则展现了个体对知识运用的能力，以及在创业实践中所需的各项技能，如领导能力和创新能力。一个具有高创业素养的个体，如果缺乏创业能力则难以将“意识落地”，将自身优秀的创业品质转化为创业实践的成果；而一个具有高创业能力的个体，如果缺乏创业素养，则较难发挥自己的创业能力，或是将自身能力应用于创业活动。

2.3.3 创业动机与机会

创业动机是创业者在创业过程中想要达到某种目的和成就的内在驱动力，是根据自身的创业意愿去发掘创业机会，获取资源来开展的创业活动。创业的动机一般分为外部动机和内部动机，外部动机主要是指创业者希望通过创业获得更高物质回报或更高社会地位等，内部动机则是指创业者希望通过创业实现自我价值，满足自身能力需要。

创业机会一般被定义为创建新企业或在已有企业开拓新行业的有利渠道和合适时机。著名管理学家熊彼特认为创业机会就是通过整合资源、迎合市场需求，获取并传递价值的潜在可能性。这种可能性具有一定的动态性，在受到社会、经济、政策、技术影响的同时，还会受到创业者本身资源禀赋的影响，如创业者的知识结构、创业专业技能、所拥有的物质资源和社会资源等。

2.3.4 创业资源

从经济学角度看，创业资源是指创业投入的所有财富和其他要素；而管理学观点把创业资源理解为知识、信息、财务、人力资源等各种企业所需要的生产要素的集合。

本书认为创业资源是指为了支持创业者创办、运营和发展新兴企业而提供的各种资源，这些资源包括人力资源、财务资源、物质资源、信息资源等。具体来说，人力资源包括有经验的导师、行业专家、人才招聘渠道等，这些人力资源可以帮助创业者获得专业知识和技能；财务资源包括风险投资、天使投资、银行贷款等，这些资源可以为创业者提供启动资金和运营资金；物质资源包括场地、设备、原材料等，这些资源可以为创业者提供实物支持，帮助他们进行生产和运营；信息资源包括市场情报、商业数据、政策信息等，这些资源可以帮助创业者了解市场趋势、竞争对手、法律法规等方面的信息。总之，创业资源是创业者在创业过程中所需的各种资源，它们可以帮助创业者降低创业风险，提高成功率。

创业资源是开展创业行为的必备要素和基础条件，想要成功创业，就必须具备一定的创业资源。创业资源既包含来自创业者本身及其家庭的资源，也包含由政府、高校、企业和社会所提供的资源。政府所提供的资源是通过对创业政策支持的形式转移到创业过程中的，如创业的资金补贴、创业园的场地环境支持等；高校一般是在创业教育过程中为创业实践提供支持，如提供创业咨询服务等；企业主要通过直接投资或合作形式进行支持，如投资创业商业计划、投资应用的专业技术等；社会主要通过金融机构贷款、行业协会等方式进行支持。

2.3.5 创业团队

创业者通常都需要寻找合作伙伴，组建创业团队。创业团队是由共同的目标和愿景所驱动的、有着共同利益的个人组成的一支团队。他们为了共同实现一个商业目标而聚集在一起，共同分享风险和收益。创业团队是创业过程中最为重要的组成部分之一，是创业过程中新企业生存和发展的基础，这是因为创业者单独难以面对创业中的风险和挑战，需要有一个能够共同承担风险、共同解决问题的团队来支持自己。

创业团队通常包括承担不同角色和具备不同能力的成员，如创始人、技术专家、市场营销专家、财务专家等，他们共同为创业项目的成功贡献自己的专业知识和技能。创业团队的成功往往与团队成员之间的相互信任、合作和有效的沟通密切相关。创业团队的有效性程度直接影响新创企业的发展。创业团队在创业行为和实践中存在结构缺乏稳定性、管理制度不完善等问题和不足。要克服这些问题就应在创业教育的过程中，给予创业团队更多的实践教育，明确创业团队要素的地位。

创业的五个基本要素并不是单一的，而是相互联系和融合的。只有五个要素都具备一定基础时，创业活动才能够高效开展，创业行为才能正确精准地实施。其中，培育创业能力和创业素养是大学生创业教育的核心目标，也是“五位一体”精准培养模式的重点。因此，在第三章将会对创业能力和创业素养进行更聚焦和更具体的分析，并确定大学生创业的核心能力与素养。

第3章　大学生创业核心能力与素养的提炼

创业能力与素养对创业起着举足轻重的作用。尤其是在竞争日益激烈的今天，单凭自信、勇气、经验或只有单一专业知识，要想成功创业是很困难的。也就是说，在创业实践过程中，创业者需要具备一定的创业能力和创业素养。本章通过对创业活动实例和创业理论文献进行分析，提取其中蕴含的创业所需的能力与素养，建立创业能力与素养库。在此基础上，通过问卷调研提炼创业者应具备的核心能力与素养，为后续培养大学生的创业能力与素养，构建大学生创业能力与素养的“五位一体”精准培养模式提供参考依据。

3.1 大学生创业能力与素养库的构建

本节将通过梳理总结创业实例内容和收集文献资料观点两种渠道，对创业所需的能力与素养进行汇总，整理得到创业能力与素养集，为后续从中提炼创业核心能力与素养奠定基础。

3.1.1 创业活动分析

3.1.1.1 创业实例分析

通过查阅收录创新创业案例的书籍，对不同创业者在各领域的创业项目的背景、过程进行了梳理，并从案例的文字描述中分析、提取了创业者展现的能力与素养，如表 3–1 所示。

表 3–1 创业案例汇总

序号	创业者	创业领域	创业项目	创业背景	创业过程	创业能力与素养
1	赵海伶	互联网；农村电子商务	海伶山珍商贸有限责任公司——农产品电商	在信息技术带动下，电子商务在各行业内兴起，互联网的普及使得农村网民数量不断上升，农村电子商务市场也随之发展，并具有巨大的成长空间	2009 年 9 月，以 2000 元的创业资金创立售卖家乡特产的淘宝店铺，名为“青川海伶山珍”；2010 年 11 月注册成立海伶山珍商贸有限责任公司，随后建立自己的生产基地，并雇用当地经验丰富的农户；2015 年，进一步建立了自己的仓储中心	把握先机、毅力、不服输的精神、顾客至上、诚信经营、专注品质、专业知识、合作精神

续表

序号	创业者	创业领域	创业项目	创业背景	创业过程	创业能力与素养
2	陈重阳	互联网；跨境电商	伍邦电子商务公司——女装跨境电商	速卖通（AliExpress）是阿里巴巴帮助中小企业接触终端批发零售商，小批量多批次快速销售，拓展利润空间而全力打造的融合订单、支付、物流于一体的外贸在线交易平台	2012 年 7 月大学毕业后，在淘宝开店，由于前期调查不足、缺乏经验，初次创业失败；入职某天猫旗舰店，随后升职成为运营总监，在其管理下，店铺收入可观；偶然发现速卖通平台，认为该平台市场前景良好，选择辞职二次创业；2013 年 8 月，加入速卖通平台，后成立伍邦电子商务公司；2015 年，在多地成立分公司，公司总人数已达三十余人	吃苦耐劳、执着、敢于尝试、不怕失败、重视人才、虚心听取他人意见、注重细节、电商专业知识、管理经验、合作精神
3	袁旭	互联网；网游	四川迅游网络科技有限公司——网游加速服务提供商	互联网游戏市场不断发展，但一直面临游戏卡顿问题，而提供网游加速技术的公司较少	2004 年退学开始创业，原本带领二十多人的团队进行网络游戏设计，发现游戏速度流畅度不足问题后，将研发中心转向“网游加速器”，却面临推广和运营成本过高的压力；2007 年，得到奇虎 360 董事长周鸿祎的天使投资；2008 年，四川迅游网络科技有限公司的年盈利额突破千万元；2010 年，拿到多家投资机构总计 1 亿元的风险投资；2011 年，迅游加速器仅通过用户的口口相传，其注册用户量就已超过 5000 万人，能针对超过 2000 款游戏进行加速	天资聪颖、兴趣、好奇心、勇气、专业技能、敏锐的洞察力、决策能力、脚踏实地、保持初心、用户至上、关注细节、专注不盲从、实践不空想、优待人才

续表

序号	创业者	创业领域	创业项目	创业背景	创业过程	创业能力与素养
4	葛永昌	互联网；返利服务平台	返利网——客服返利服务平台	面对激烈的竞争和层出的挑战，电子商务的长久发展需要创新盈利模式；消费者通过某网站去其他网站购物，可获得额外的现金返还，这种刺激消费的“返利”模式在美国发展成熟，而国内却还一片空白	2005 年，在美国互联网公司 Pactec Soft 担任高级工程师的葛永昌，注意到美国返利网站 Ebates 的这种商务模式，并开始研究；2006 年，葛永昌认准“返利”模式商机，决定辞职，以 10 万元启动资金开始创业，创办了“返利网”；2010 年，获得千万美元 A 轮融资；2014 年，获得两千万美元 B 轮融资；2015 年，获得近 1 亿美元 C 轮融资；2015 年 10 月 29 日，与中信银行合作推出国内首款“互联网 + 线下消费”的返利信用卡；2015 年 12 月，与蚂蚁金服合作，首次引入第三方信用评价体系；截至 2015 年年底，用户量突破 9000 万，合作伙伴涵盖 400 多家知名电商网站，6000 多个知名品牌	把握机遇、洞察消费者心理、坚持、专注、追求极致、勤于思考、创新意识、兴趣、行业经验、用户至上、爱惜人才、态度谦和、善于沟通、战略视野
5	余佳文	互联网；社交平台	超级课程表——校园社交平台软件	互联网技术的发展，大学生想要去其他院系蹭课的实际需求，构成了余佳文的创业契机	2009 年，与志趣相投的伙伴成立兴趣小组，打造第一款产品——邮件客户端，反响冷淡，将其转卖给一家网络公司；想去其他院系蹭课的念头激发了创业灵感，就决定开发课表应用工具，多方寻求投资，最终拿到 50 万元天使投资；2013 年，通过创业节目，获得千万元人民币 A 轮投资，随后“超级课程表”融合近 2000 所高校课程信息，用户超过 200 万人；在经历服务器崩溃、用户不满、投资人撤资、公司破产、物业追债、身患癌症等多重打击后，公司起死回生；2014 年 8 月，得到阿里巴巴千万美元 B 轮融资，用户超过 1000 万人	专业技能、学习精神、创新能力、把握商机、坚韧、不畏失败、抗压能力、危机处理能力、沟通能力

续表

序号	创业者	创业领域	创业项目	创业背景	创业过程	创业能力与素养
6	黄承松	互联网；低价产品销售平台	卷皮网——9.9元包邮商品销售平台	基于互联网技术支撑及电商市场的火热，考虑到不同消费群体的收入及消费水平的差别，以及人们对“打折”“特价”等商品的消费倾向性，黄承松有了创业启发	2010年，经营电商导购返利性网站，初创失败；2012年，创建“卷皮9.9包邮”秒杀网站，为消费者提供其他电商平台10元以上商品的购买链接；随着网站知名度提升，卖家开始直接在网站销售自己的商品，用户群体逐渐扩大[61]	创业意识、专业技能、人际交往能力、失败能力、敏锐的洞察力、把握商机、服务精神、全局观
7	朱明春	农业；养殖业	一鸣食品公司——农产品生产、加工等	1992年因市场原因，奶业萧条，在农业、农民情结的驱动下，毅然投入到牛奶生产销售行业	凭借自主创新的浅笼高密度饲养技术、电箱孵化小鸡技术等，逐渐成为“全国养鸡大王”，1989年被评为全国劳模；1992年投身牛奶行业；经历六年的艰难探索，2001年“一鸣蛋奶”品牌在市场站稳脚跟，一鸣食品公司成为温州市农业龙头企业	阅历丰富、学习能力、创新精神、危机化解能力、社会责任感、坚韧、专业知识、诚信务实
8	郑元忠	服装制造业	吉庄集团——以服装服饰为主，涉足投资、环保、科技等行业	早期创业经历的积累，国家改革开放局面的打开，改变“温州是劣质产品发源地”的信念，在和多方探讨下，郑元忠选择创办吉庄服装公司	20世纪70年代末，通过“跑供销”有了一定收入和经验的积累，随后办厂自主生产低电压器；之后建立股份合作制的乐清精益开关厂，取得成功；在大学“充电”后，创办庄吉服装公司，1996年成为庄吉集团；到2004年，庄吉集团产值超过10亿元，解决近20000人就业问题	阅历丰富、吃苦耐劳、为人诚信、视野超前、把握机遇、坚韧不屈、专注品质、标准化思维、学习能力、家国情怀、品牌意识、社会责任感

续表

序号	创业者	创业领域	创业项目	创业背景	创业过程	创业能力与素养
9	赵章光	医药业	北京章光101 集团公司——主营生发产品	许多人都深受脱发问题的困扰，心理上遭遇的伤害比身体上的更大	医学的热爱，从医的经历，多位脱发患者求医的现实情况，使得赵章光本着“治病救患”的想法，开始了对脱发药物的研制；上百次的试验，使赵章光几乎倾家荡产，终于换来了成功，1974 年“101 生发酊”诞生；经历漫长的推广后，产品终于获得专家、消费者等的认可，1987 年成立郑州毛发再生精厂，产品逐渐走入国际市场；1993 年，创立北京章光 101 集团公司；2005 年，全面进军国际市场	兴趣、责任感、专业能力、勇于尝试、坚持不懈、不惧失败、洞察力、战略视野、企业家精神
10	李桂莲	服装制造业	大杨集团有限责任公司——品牌男装生产	改革开放激起了全民创业致富的浪潮，品牌销售和服装加工存在巨大的收益差额	1979 年，和其他农村姐妹合资创建杨树房服装厂，通过外贸加工走入国际市场；1995 年，创立男装品牌“创世”；2009 年，品牌西装获得巴菲特称赞；2014 年，开启“三三三”战略转型工程	把握机遇、专注品质、学习精神、管理能力、品牌意识、脚踏实地、风险意识、前瞻视野
11	王均瑶、王均金	交通运输业	均瑶集团——航空业、出租车业	改革开放激起了全民创业致富的浪潮；长途旅行，汽车的速度过慢，飞机客运行业市场潜力巨大	1991 年，承包第一台民航客机，开拓 50 多条航线；1996 年，提出建立自己的航空公司；2003 年，均瑶集团入股东方航空武汉股份有限公司，成为民营资本进入民航领域第一人；2006 年，创办吉祥航空，首航成功	敢想敢做、沟通能力、专注品质、服务精神、决策能力、持之以恒、目光长远、社会责任感

续表

序号	创业者	创业领域	创业项目	创业背景	创业过程	创业能力与素养
12	李新	餐饮业	沈阳麦香村小吃部	改革开放激起了全民创业致富的浪潮；农贸市场兴起，来往商贩众多，周边地区的饭店数量不能满足大量人流的就餐需求	1980 年，在北行农贸市场附近摆起小吃摊；1981 年，建起店铺麦香村小吃部，经营品种增加；带动其他人创业，到 1981 年，皇姑区个体服务网点发展到 561 个	发现机会、把握机会、自信坚定、不畏他人眼光、心理承受能力、吃苦耐劳、分享精神、社会责任感
13	郑胜涛	机械制造业	神力集团——印刷、包装机械产品生产	各工厂的工作经验，改革开放浪潮的推动，国内印刷保障行业刚刚起步	1981 年，凭借在各工厂积累的经验，在职工推举下成为东风电机厂副厂长，创新的薪酬分配方式使厂里焕发生机；1983 年，创办小南五金机械厂；1984 年，发展为温州市鹿城印刷机械厂，随后看到国内印刷包装行业的前景，开始研发分切机；随后，通过人才引进、管理提升等，企业不断扩大规模，成立神力集团	吃苦耐劳、学习能力、人际交往能力、把握机遇、重视人才、创新精神、社会责任感
14	林水栖	制造业	广东金岭糖业集团	改革开放激起了全民创业致富的浪潮	1985 年，建立麻章蜡烛厂；1988 年，建立麻章乳胶制品厂，遭遇重大亏损，后转换产品生产方向，取得成功；1993 年，成立湛江金岭糖业有限公司；2001 年到 2009 年收购多家濒临破产的糖厂，使其起死回生，企业规模也不断扩大	吃苦耐劳、洞察力、失败能力、决策能力、坚持、创新能力、自信

续表

序号	创业者	创业领域	创业项目	创业背景	创业过程	创业能力与素养
15	陈加枢	制造业	温州苍南县金乡徽章厂	改革开放激起了全民创业致富的浪潮；校徽、纪念章等小商品生产在金乡镇兴起；家庭徽章厂、小作坊竞争激烈，创办工厂将有更大的优势	1983 年，创办机械化徽章生产厂；1985 年印章厂规模扩大，金乡徽章厂正式登记挂牌；经历股东意见分歧、业务合作骗局等打击，及时把握机遇，承接 50 万枚“第 11 届亚运会开幕式纪念章”生产任务，逆转局势；1991 年开始，承担各国军徽生产任务，走入国际市场	胆识、战略视野、自信、专注品质、诚信、创新精神、任用人才、标准化思维、信念坚定、信息获取能力、合作意识、家国情怀
16	王振涛	服装制造业	奥康集团——皮鞋生产为主，涉足房产、商贸开发等领域	劣质产品影响了温州的名誉，自身商品本没有质量问题，却没能幸免，由此王振涛立志做质量过硬的温州鞋	1987 年，木工出身的王振涛决定改行经营皮鞋推销生意；遭遇查抄劣质鞋的打击后，1988 年决心自己办厂制鞋，将品牌命名为“奥康”；1991 年，以股份合作形式进行生产扩建；1993 年，与外商合资成立奥康鞋业公司；1995 年，成立温州奥康集团有限公司；1995—2002 年，通过引进人才、完善管理制度、创新经营模式、打击假冒产品、开展对外贸易、进行多品牌经营，奥康集团不断发展；2003 年开始，向经营产业链转型，并与国际品牌建立合作关系；2004 年，整合其他产品龙头企业，成为中瑞财团	专注品质、宣传能力、创新精神、标准化思维、领导才能、品牌意识、战略视野、合作精神

续表

序号	创业者	创业领域	创业项目	创业背景	创业过程	创业能力与素养
17	胡成中	机械制造业	德力西集团——主营低压电器生产	改革开放激起了全民创业致富的浪潮	为了生存需要，裁缝出身的胡成中选择去跑供销，有了一定积累后，1984 年创办乐清县求精开关厂，认识到质量的重要性，技术是保证质量的关键，以诚恳打动专家，并在专家的建议下创办热继电器检测室，获得工业品生产许可证；1991 年，进行股份制改造；1993 年，吸纳成员企业加盟，企业规模不断扩大；1998 年，建立上海德力西集团公司；2002 年，中标酒泉卫星发射基地低压电器供应业务；2003 年，投入现代物流产业	诚信、关注细节、专注品质、标准化思维、社会责任感、家国情怀、前瞻视野
18	柳上淡	机械制造业	平阳建筑起重机械厂	国家对建设机械的需求很大，国内建筑机械市场前景良好，鳌江的地理位置在物流、人口流动上有优势	在镇办企业学习了机械操作技术，通过承接机械生产业务有了一定原始积累，开始建设厂房，取得可观成果后，逐渐扩大规模，并带动了其他人办厂的积极性，带动了建筑机械行业的发展；卷扬机生产市场冷淡后，转向圆筒机的生产；为企业生存进行多方探索失败后，决心向外向型企业转换，1999 年开始进行珠光颜料的生产；2005 年与其他公司共同组建合资公司浙江瑞成珠光颜料有限公司	专业知识、审时度势、大胆、应变能力、合作精神、沟通能力、重视人才、艰苦朴素、脚踏实地

续表

序号	创业者	创业领域	创业项目	创业背景	创业过程	创业能力与素养
19	周成建	服装制造业	美特斯·邦威服饰股份有限公司	改革开放激起了全民创业致富的浪潮；一次巧妙地化解失误，发现了休闲服的市场	创业初期，贷款创办青田服装纽扣厂，因产品质量问题，初创失败；转到温州某服装市场练摊，一次失误裁短了西装袖子，冷静思考后，将西装袖子改成夹克袖子，成为畅销产品，化解了危机，同时也打开了休闲服的市场；跟随时代潮流制作的服饰在市场中脱颖而出，大胆制作“巨人风雪衣”，拓宽了知名度；从代加工商向零售商过渡；1993 年，创办温州盖丽莎服装厂；意识到品牌是服装业的核心竞争力，1995 年，创办“美特斯·邦威”品牌，并通过巧妙的宣传手段，快速进入消费视野；采用“虚拟经营”模式，将企业精力投入在经营管理、服装设计、品牌提升等核心业务上，使企业快速发展，逐渐成为多品牌、多品类、多渠道服装零售公司；2008 年 8 月 28 日，美特斯·邦威成功上市	失败能力、危机化解能力、创新能力、勇于尝试、超前意识

续表

序号	创业者	创业领域	创业项目	创业背景	创业过程	创业能力与素养
20	南存辉	机械制造业	正泰集团股份有限公司——低压电器制造	改革开放激起了全民创业致富的浪潮，从前来修鞋的顾客口中察觉到低压电器前景可观	1984 年，同胡成中一起创办乐清县求精开关厂；1990 年，乐清县求精开关厂一分为二，“正泰”诞生；1991 年，成立中美合资温州正泰电器有限公司；面对经济全球化的局势，意识到只有面向世界，创立世界名牌，才能拥有市场，决定发展外向型经济；1992 年，开始进行外贸交易，通过提升生产技术、质量标准，外贸市场不断拓宽；1997 年，改变意识，从技术、管理、人才、品牌等方面实行全方位的国际化，对公司进行重组，改变股权结构，开始向现代企业集团发展；通过技术研发、专利申请等手段维护在跨国公司围剿下的竞争力，并不断开拓国际市场；2008 年，进军太阳能新能源产业，开辟光伏并网设备制造全产业链	信息获取能力、家国情怀、企业家精神、专注品质、诚信、应变能力、战略视野
21	吴松青	制造业	江苏兴云集团——农产品加工	人造皮毛厂缺乏市场竞争力，而邓小平同志南方谈话开启了国家对外开放的第二个春天，是企业创新发展的好时机	1985 年，为改变灌云县侍庄乡贫困现状，政府集资建立人造皮毛厂，吴松青作为厂长带领工人取得了不错的成绩；由于看到人造皮毛厂产品单一、设备老旧的问题，1992 年开始探求新的发展可能，并最终与香港新强国际公司达成合作，合资成立连云港兴云毛绒有限公司；通过在多个国家、地区设立信息点，与行业一流企业合作等方式，企业不断发展，成为江苏兴云集团，拥有六大系列农业产品，共 1000 多个品种	拼搏上进、发现问题的能力、沟通能力、信息获取能力、决策能力、社会责任感、创新精神、艰苦朴素、视野宽广

续表

序号	创业者	创业领域	创业项目	创业背景	创业过程	创业能力与素养
22	宫学斌	食品制造业	龙大食品集团有限公司	在进行充分的市场调查后，认为食品加工行业前景可观	1986 年，作为莱阳县龙旺庄砖瓦厂的书记兼厂长，宫学斌毅然决定带领厂工转投食品市场，成立莱阳县菜果保鲜总公司；1989 年，与美商合资成立烟台新味食品有限公司，主营汤粉、粉丝生产，通过提升加工工艺，改进食品质量，迅速打入韩国市场；1991 年，与日商合资成立烟台龙大食品有限公司，主营果蔬制品、水产品、冷冻调理食品；由于品控问题，遭遇巨额赔偿事件，从此坚定“质量就是效益”；1992 年，产业链向上游延伸，成立烟台国际种子制品有限公司，并与农民签订种植收购合同，为保证优种优产，采取标准化的统一管理模式，产业化水平不断提高；注重对员工的专业培养，重视技术、产品研发；面对日本设置的“绿色壁垒”，公司产品进入市场受到阻碍，由此也使得宫学斌意识到绿色有机食品是食品行业的发展趋势；2005 年，提出“向品牌企业转型”战略，取得显著成效，集团也逐渐向木器加工、包装制造等多领域发展	充分的市场调查、决策能力、服务能力、探索精神、技术创新能力、专注品质、战略视野

续表

序号	创业者	创业领域	创业项目	创业背景	创业过程	创业能力与素养
23	潘茂法	饰品制造业	头花制作	头花制作积累了成功经验，党员身份赋予的责任感，让潘茂法开启了带领全村致富的道路	少年时期开始做“货郎”，做小百货生意；无意中发现女孩的围巾在义乌还没有人出售，于是着手围巾生意，自己购进布料、剪裁、出售；1983 年，从他人口中得知头花产品很受欢迎，开始生产头花产品，并通过产品升级等，积累了经验和收入；1986 年担任村支书，开始带领全村致富，为村民提供资金、原材料、机器、技术，带动村民加入头花制作行业，同时积极投入基础设施建设，方便村民经商	艰苦奋斗、市场洞察力、信息获取能力、创新能力、社会责任意识、专注品质、契约化习惯
24	李培华	制造业	东海县康达照明电器厂	有水晶加工生意的创业基础，了解到石英电器市场前景广阔，转而生产石英电器产品	通过做鞋匠有了一定积累，开始做长途贩运，看到有人通过收水晶发财后，也投入其中，但因缺少经验，第一笔生意便赔了不少钱，决定先从水晶专家的助理做起；积攒了一定经验后，1984 年开始创业，先后承包两个水晶加工厂；1995 年，转投石英电器生产行业，创建东海县康达照明电器厂；面对质量问题，通过外出学习，发现自身产品短板，决定寻求技术突破，以执着和真诚打动专家，随后产品在广交会获得数十万订单；2001 年，发明“环形加热管”，填补国内空白；2006 年，发明的“碳纤维加热管”获国家专利；2008 年，研制“真空钨丝加热管”，是国内首创；几项新产品的研发，均取得大量国内国际订单，也为企业在行业内赢得广泛的认可度	学习能力、失败能力、发现问题能力、技术创新能力、沟通能力、信息获取能力、营销能力、以人为本、社会责任意识

续表

序号	创业者	创业领域	创业项目	创业背景	创业过程	创业能力与素养
25	王进东	制造业	振兴实业有限公司——无线电子元件、医疗器材生产	现有职位的工资不能满足生活需要，开辟副业经商；改革开放后，更加激发创业热情，辞去职务，全身心投入到创业事业当中	1965 年，因生活需要，冒险私下从事木材贩卖生意；几年后，在家中开小作坊，生产小火表配件和弹簧；1981 年，辞去公职，创办瓯海县无线电元件厂；随着国家鼓励私营经济，1988 年创办瓯海县振兴实业有限公司，生产产品达 80 多种	失败能力、强大的心理素质、坚定的信念、畅通的销售网络、市场营销能力、目标坚定、追求完美、契约化习惯、脚踏实地
26	周大虎	制造业	浙江大虎打火机有限公司	为解决爱人工作问题，选择投资少、见效快的打火机制作生意	1991 年，开办打火机家庭小作坊；对打火机行业逐渐熟悉后，辞去现有工作一心从事打火机事业；1992 年，创办鹿城区大虎打火机厂；在行业恶意竞争时期，坚持保证产品质量，重视工人培训，终于在竞争中脱颖而出；坚持品牌，1992 年，“虎”牌成为温州市打火机行业中首批注册商标，后续取得一系列的品牌成就；面对欧盟对国产打火机的限制，联合多家企业维护国产打火机厂商权益，取得成功	市场发现能力、决策能力、艰苦奋斗、品质至上、品牌意识、组织协调能力、关注精神文明建设、社会责任意识

续表

序号	创业者	创业领域	创业项目	创业背景	创业过程	创业能力与素养
27	卢勇	制造业	秦皇岛星箭特种玻璃有限公司	面对医用玻璃厂生产航天玻璃质量不佳，又缺少订单的困境，内心激发出一种信念，突破质量难关，与航天事业接轨	1995年，辞去金矿局的工作，从卖菜、卖烧烤、卖家具，一路打拼拥有了自己的家具厂；看到隔壁医用玻璃厂的生产经营状况，决定投入到航天玻璃加工行业中，2000年注册成立秦皇岛星箭特种玻璃有限公司；面对缺乏合适的加工原料的状况，决心自主研发，四处走访玻璃科研单位，在学习和实践中不断探索，2001年成功研制出航天特种玻璃；随后，在实践中不断取得技术突破，助力我国航天事业发展，并且逐渐打入国际市场	市场洞察、信念坚定、技术创新能力、执着精神、真诚、人际交往能力、品质至上
28	郑秀康	服装制造业	康奈集团——皮鞋生产、销售	原本为补贴家用开启制鞋副业，取得不错的反响后，决定辞职办厂经商	1980年，辞去通用机器厂的职务，注册“红象皮鞋制作工场”，企业规模也从家庭作坊不断扩大，人员、资金充足；20世纪80年代后期，遭遇“火烧温州鞋”后，到国内、国外多地考察，提升了对工业化制鞋的认识；1989年，二次创业，厂名改为“长城”，产品商标注册为“康奈”，并实行机械化生产；1993年开始，康奈取得一系列荣誉；1996年，退出批发市场，建立全国性专卖网络，到2004年，康奈专卖店达到2500家；2001年，开始开辟国际市场，几年内在欧洲开设90多家专卖店，2004年与英国鞋研究组织签订合作协议	标准化思维、产品质量、先进的生产手段、社会信誉、技术创新能力、分析问题能力、品牌意识、视野宽广

续表

序号	创业者	创业领域	创业项目	创业背景	创业过程	创业能力与素养
29	朱爱武	服装制造业	高邦集团——品牌服装生产、销售	不满足于工厂单调的工作，温州服装业开始兴起后，决定转做服装生意	经营了几年前店后坊的服装店后，1989 年成立欧美制衣公司；由于温州产品名声不好，选择与上海某西服公司联营，逐渐获得原始积累；面对西服市场竞争日益激烈的情况，开始为企业寻求提升竞争力的可能，出国考察过程中发现休闲服将成为未来的服饰发展趋势，回国后果断选择转产休闲服；20 世纪 90 年代中期，面对高档西服和完全休闲服的两极分化，决定全面进入休闲服领域，买断美国休闲品牌“KOBRON”在中国的经营权，同时注册“高邦”品牌；通过邀请知名设计师、形象代言人等，巩固品牌	热情、学习能力、专业技术、洞察力、敏锐的思维、识别机会、决策能力、战略视野、创新意识、超竞争理念
30	严琦	餐饮业	重庆陶然居集团——餐饮经营	民营企业发展繁荣，结合时代背景和自身情况，决定把握创业时机	创业之初，开了一家规模不大的饭馆，取名“陶然居”；面对已经成熟的重庆餐饮业，决定不制作传统重庆美食，另辟蹊径开发特色菜辣子田螺，并凭此在竞争中脱颖而出；1997 年，在政策鼓励下，开展连锁经营；2000 年，在重庆开办 4000 多平方米的中餐厅；建设新农村酒店取得良好成效，认识到差异化经营的重要性，随后陆续打造“重庆会馆”“陶然古镇”“陶然会馆”等，竞争力显著提升；截至 2008 年，陶然居在全国的连锁店达 79 家，并着手拓宽海外市场	机会识别能力、差异化竞争策略、创新能力、超前意识、合作精神、社会责任意识

续表

序号	创业者	创业领域	创业项目	创业背景	创业过程	创业能力与素养
31	胡坤	医疗业	康泰医学系统有限公司	不满足现状，开启创业梦想	1992年，研发动态心电图机，随后成立公司；努力研发，提升产品，走差异化路线，主要目标客户定位为县乡级医院，上门推销；2003年“非典”时期，把握时机，向客户推销，打响“康泰”品牌；重视技术创新，自主研发几十款医疗仪器，并通过多国认证；2006年，入选福布斯排行榜“中国潜力100持续创新企业”；2010年，成功研发“个人健康管理系统”	专业知识和经验，技术创新能力、刻苦钻研、差异化目标客户、机会识别能力、创新能力、品牌意识

续表

序号	创业者	创业领域	创业项目	创业背景	创业过程	创业能力与素养
32	方崇钿	制造业	金田集团——塑料包装、通信电缆生产	家庭困难，决定创业改变命运	对养蜂行业感兴趣，辞去教师职务成为养蜂人，随后又创办五金店、做供销员等；经过这些磨炼，1972 年决定办厂走实业道路，及时把握机会，开始生产化肥包装袋，生产规模逐渐扩大；1989 年，创办苍南县塑料三厂，实现编织袋规模化生产；1993 年，看到通信行业蕴含的商机，创办金田电缆厂，却在次年遭遇原材料价格上涨，而行业恶意竞争导致产品价格下降的打击，于是及时调转生产方向，重新生产编织袋，度过危机，并再将编织袋生产所获利润投入到电缆生产技术提升中，电缆生产质量和能力大幅提升，销售规模不断扩大；1996 年，成立温州金田集团有限公司，一直注重技术提升，关注员工工作生活环境，取得巨大的经济回报；看准软包装行业，开始生产塑料薄膜软包装材料，打造全工艺流程生产线，列入温州市 2003 年重点建设项目	丰富的实践经历、信息获取能力、把握机遇、市场识别能力、失败能力、分析问题能力、决策能力、技术创新能力、人本思想、不断探索
33	周宗友	餐饮业	阿外楼大酒店	不满足现状，在国家改革开放政策鼓励下开始创业	创业之初，只是 20 多平方米的饮食店，但因“味美价廉”，赢得大量顾客，规模也开始扩大，随后开始连锁经营，建立多家豪华酒店，以及旅游度假村	专注品质、资源整合能力、合作精神、坚持特色、资源获取能力、社会责任意识

续表

序号	创业者	创业领域	创业项目	创业背景	创业过程	创业能力与素养
34	蒋少毅	服装制造业	温州市丹顶鹤服装有限公司	为实现人生价值，选择创业	1986年，成立胜佳百货服装店，初次进货由于缺乏质量鉴别经验和对市场需求了解不充分，货物滞销，损失惨重；经过思考，开始“了解市场需求—工厂代加工—销售”模式，有了一定的成功；1989年，遭遇客户欠款，几乎破产，凭着坚持不懈的精神和优质客户资源，再度重生；1991年，意识到品牌的重要性，注册商标“丹顶鹤”；1993年，为保证品牌质量，取消代加工，开办温州天达服装厂；企业规模不断扩大，2002年成立工业园区	市场需求识别力、失败能力、专注品质、品牌意识、管理经验、诚信
35	叶子建	制造业	温州远洋眼镜有限公司	改革开放激发创业热情，太阳镜作为年轻人追求的时尚单品，供不应求，市场前景广阔	1982年，创办温州东海眼镜厂；成功完成台商大订单，开始瞄准海外市场；1995年，成立温州远洋眼镜有限公司；通过技术研发、保障质量、扩大规模、转变营销理念、强化信息管理，使得企业在行业内取得多项领先成就	热情、市场需求识别力、学习能力、技术创新能力、利用互联网获取信息能力
36	孙屹	古玩业	沈阳三鲁园古玩有限公司	不满足现状，渴望实现人生价值	1986年，成立小吃部；后续又创办服装公司，根据市场需求自己设计服装，企业不断发展，甚至进入美国市场；美国经营服装生意期间，开始对古玩感兴趣，2003年放弃服装生意，创办沈阳古玩花卉博览中心；2004年，建立沈阳鲁园古玩城	拼搏精神、信念坚定、创新能力、国家使命感、诚信、服务能力、标准化思维

续表

序号	创业者	创业领域	创业项目	创业背景	创业过程	创业能力与素养
37	孙文强	电子制造业	大连贝斯特电子有限公司——船舶电子设备研发	看到我国在航用电子设备上落后于别国，决心为国家在该领域的发展作贡献	2001 年，在简陋的环境中开始了创业之路；2002 年地方出台鼓励海外学子创办科技企业的政策，2003 年，在政策支持下创办大连贝斯特电子有限公司；2004 年，VTS 系统研发成功；成功研发多项产品，并成功走入国内市场，获得广泛认可	家国情怀、专业技能、资源获取能力、技术创新能力、品质至上
38	陈志列	计算机制造业	研祥高科技控股集团有限公司——特种计算机	现有工作限制自身成长，改革开放后许多人通过创业取得不错的成绩，基于教育和工作经历，对计算机行业非常熟悉	1993 年，成立研祥公司，做工业计算机产品代理销售生意；2003 年，集团上市	专业技能、自信、品质至上、技术创新能力、关注细节、标准化思维、社会责任意识
39	谢敬	制造业	深圳雅图数字视频技术有限公司	看到投影行业的市场前景，决定要开创中国自己的品牌	1998 年，成立深圳雅图数字视频技术有限公司；1999 年年底，推出的投影机产品填补国内在该领域的空白；2000 年，AT1800 投影机上市，却因用户对国产产品的不信任，导致销售困难；理性分析后，改变策略，从品牌意识不太强的城市开始推广产品，并取得一定成果；凭借技术和诚意，与多家公司、高校建立合作关系，通过自主研发和合作，在多项核心技术领域取得突破；2007 年，收购斯曼特微显示技术有限公司，逐渐发展成为行业领先企业之一	机会识别能力、技术创新能力、逆向思维、合作意识、把握机会

续表

序号	创业者	创业领域	创业项目	创业背景	创业过程	创业能力与素养
40	丁建生	制造业	烟台万华聚氨酯股份有限公司	异氰酸酯（MDI）装置技术受制于人，以至于国内生产力不能满足市场需求，用市场向国外换技术无果，决心开启MDI技术自主研发之路	1993年，开始自主研发DMI技术，一系列的技术攻关使年产量突破1万吨；1996年，初步消化MDI装置技术；1998年，成立烟台万华聚氨酯股份有限公司；通过人才引进，不懈钻研，技术不断取得突破，MDI产量不断提升	技术创新能力、坚持不懈、失败能力、人才引进、沟通能力
41	刘积仁	信息产业	东软集团——主营软件开发	目睹国外科研人员良好的学习工作环境，梦想国内也能有这样的园区助力年轻人实现梦想	1995年，建设中国第一个软件园；1996年，东软集团股份有限公司上市，随后开始在大连建设园区；1998年与地产企业大连亿达集团达成合作；伴随着园区的建成、人才的吸纳，企业规模也不断扩大，园区也吸引了许多企业进驻；2001年，为保证人才供给，成立大连东软信息学院	专业技能、宏大的理想抱负、机会把握能力、合作精神、信念、重视人才、社会责任意识
42	叶华明	制造业	深圳先科集团——光盘产品	为国家科技事业发展需要，创办企业作为与外资洽谈合作的窗口	1984年，成立先科技术开发公司；看到飞利浦公司展示的光盘产品，认为企业应把握机会，填补国内的空白，经过谨慎的思考和周密的计划，开始与飞利浦公司洽谈，并成功签订技术引进协议；一步步解决资金、人才和基地问题，获得飞利浦公司总裁认可，借机与飞利浦建立合资公司；1989年，第一张合格光盘成功生产；1992年，成立先科企业集团；公司不断发展，并创下国内光盘产业多项第一[62]	专业知识和技能、市场趋势预见力、把握机会、详细的计划、严谨的思考、沟通能力、谦逊、危机化解能力、合作精神

续表

序号	创业者	创业领域	创业项目	创业背景	创业过程	创业能力与素养
43	张江辉	互联网；餐饮业	引食网——食品消费	饮食消费品种多样，存在很多盲目消费现象，蕴藏巨大的生命安全问题，为消费者提供食品消费指引服务，具有重要意义和市场前景	察觉到餐饮行业存在的婚恋现象，开始关注餐饮方面的消息，学习酒店管理知识，经过考察创办了引食网；创业初期，因为缺乏经验、周密的计划，以及过于坚持己见，员工、合伙人相继离开；经过反思，重新开始，听取他人意见、详细计划创业项目，在不懈坚持下，网站重回正轨	机会识别能力、学习能力、坚持不懈、创意、承受失败能力、虚心接纳他人意见、周全的计划、创新能力、品质至上
44	杨锐	服装业	“单身派”服装品牌	失恋的经历使杨锐发现单身人士的需求市场，认为单身文化产品市场前景可观	发现单身市场后，经过问卷调查，确认大部分被调查者有购买“单身T恤”的意愿后，展开实际行动，寻找工厂代工生产了500件T恤成功脱销，进一步确定了单身品牌的可能性，立即注册“单身派”商标，并开始开发系列产品；通过产品细分、产品设计、寻找代理商，使市场规模不断扩大；进一步扩大设计团队、与大企业合作等，打造多元化的单身文化服装品牌	创新能力、逆向思维、沟通能力、营销能力、勇敢、专业知识、管理能力
45	黄拓	互联网；通用航空业	365私人飞机网——通用航空相关产品及服务交易平台	国家开放低空领域，鼓励通用航空发展，国内在该领域存在空白	通过新闻了解到通用航空，进一步的调查让黄拓意识到抢占该领域的先机将是一次绝佳的创业机会，决心打造私人飞机领域的阿里巴巴；通过咨询专家，查阅资料，建立起365私人飞机网，网站涵盖多型号、品牌飞机，有了一定名气，吸引了不少投资人的目光	信息获取和分析能力、充分的市场调查、敢想敢做、学习精神

续表

序号	创业者	创业领域	创业项目	创业背景	创业过程	创业能力与素养
46	林薇	零售业	左撇子商店	国内左利手人群众多，但是方便左利手使用的商品很少，左手用品市场有待开发	从农村来京打工的林薇，听到左撇子抱怨许多工具设计未考虑左手使用者，带来很多不便，由此发现左手用品市场，决心创业，从老乡那里筹到本钱后，发现国外的左手使用产品价格昂贵，多方寻找和积极沟通，终于与国内左手用品厂商建立合作，在王府井大街成立了“左撇子专卖店”，并吸引了很多顾客，通过顾客反馈，为丰富产品，耐心说服厂家生产左手产品，经营种类增加，生意更加红火；利用互联网，建立“左撇子俱乐部”网站，顾客群进一步扩大[63]	差异化的市场定位、把握机遇、执着精神、沟通能力
47	江南春	传媒业	分众传媒——广告媒体	在广告公司兼职，表现出了出色的广告天赋，随后自主创业	1994 年，成立永怡传媒，做广告代理生意，包揽中岛 IT 广告代理生意；2001 年，遭遇互联网经济泡沫破裂，大量客户流失，靠承接小广告勉强维生；投资游戏代理失败，意识到应在熟悉的领域才能占据优势；冷静分析广告投放收效不佳的原因后，决定向传媒业进军，并采取在电梯播放广告的商业模式，推出的楼宇电视覆盖上海上百家写字楼；2003 年，成立分众传媒，推出商务楼宇联播网，两年时间发展到 52 个城市；遭遇“模式复制”，出现众多竞争对手，面对巨大资金压力，不懈的精神和创新的理念打动了风投公司；2005 年，公司在纳斯达克上市	创意、胆识、专业知识、实践经验、目标明确、充分的市场调查、失败能力、分析问题能力、决策能力、洞察力、沟通能力、应变能力、逆向思维、资源整合能力

续表

序号	创业者	创业领域	创业项目	创业背景	创业过程	创业能力与素养
48	陈知雨	养殖业；休闲业	温泉亲亲鱼	原本的机械生意遭遇货款无法收回的困境，无意中了解到观赏鱼行业有“不允许欠款”的规则，转行观赏鱼养殖业	1998 年，从机械生意转投观赏鱼养殖；1999 年，在日本体验温泉鱼疗，发现新商机；但是日本的这种鱼不适合在国内养殖，陈知雨又开启了漫长的杂交鱼试验之路；终于在 2005 年，培育出“温泉亲亲鱼”，并说服洗浴中心老板，开设鱼疗项目，通过媒体的报道，吸引大批客户，项目规模也扩大到全国上百家洗浴中心；为控制成本，对抑制小鱼生长的方法进行了探索，但是仍达不到最理想的效果，转化思路开设小鱼足疗项目，并设计了适合小鱼生存的足疗盆	学习能力、专业技能、刻苦钻研、执着、沟通能力、居安思危
49	史玉柱	医药行业	巨人集团	不安于现状，辞去统计局工作，开始创业	1989 年，利用广告宣传自己开发的电脑软件 M-6401，取得可观收益；1991 年，成立珠海巨人新技术公司，自此不断开发出软件，并借助广告宣传，逐渐发展成为极具影响力的计算机企业；急于走多元化发展道路，而企业内部体制机制未能跟上发展步伐，员工贪污、技术泄露、管理失控、资金短缺、媒体负面宣传，让巨人集团几乎破产；痛定思痛，和骨干员工一起确定了经营脑白金项目，通过大量的广告投入，吸引消费者的关注；1999 年，成立上海健特生物科技有限公司；2001 年，新巨人成立	专业知识和技能、冒险精神、不能急功冒进、失败能力、领导能力、团队凝聚力、契约化习惯

续表

序号	创业者	创业领域	创业项目	创业背景	创业过程	创业能力与素养
50	王润林、何有志等	制造业	广东南海联邦家私集团	有过一些家具设计、制作等相关经历的几个人，立志要干一番事业	1984 年，成立广东南海盐步联邦家具厂；随后从制造藤椅向生产主流木制家具发展，凭借家具展览、媒体合作等宣传手段赢得市场；随着企业的发展，开始进行制度改革，所有权和经营权分离；1999 年，提议建设家具广场，品牌效应充分提升；2001 年，遭遇亏损，深刻思考后调整组织结构；2004 年，聘请咨询公司，再度着手改变公司原有的垂直结构	专业技能、管理经验、合作精神、团结一致、诚信、摒弃私利、制度约束、责任意识、朴素节俭、市场营销能力、危机化解能力
51	柳传志	计算机制造业	联想集团控股（有限）公司	中国科学院计算机研究所面临高新技术企业的冲击，院里开始实施“一院两制”，所内科研人员开始建立公司创业	1984 年，成立中国科学院计算机所新技术发展公司，经过充分的市场调查，将公司发展的突破口放在计算机“汉化”上；聘请倪光南，1986 年成功研发“汉卡”，凭此为公司发展奠定了基础，随后开发多项产品，在计算机领域占据一席之地；1989 年，公司更名为北京联想计算机集团公司；1990 年，联想计算机进入国内市场；1996 年，开辟国际市场；2004 年，收购 IBM 全球 PC 业务	专业知识和技能、充分的市场调查、发现问题和分析问题的能力、招贤纳才、技术创新能力、不故步自封

续表

序号	创业者	创业领域	创业项目	创业背景	创业过程	创业能力与素养
52	姜万勐、孙燕生	电子制造业	万燕公司——VCD 影碟机生产、销售	姜万勐注意到利用孙燕生的 C-Cube 公司开发的 MPEG 技术可以创造新的电子视听产品，市场潜力巨大，两人交流后，决定合作进行电子消费产品的开发	1992 年，进行 VCD 影碟机的研发，成功提高了原本碟片的存储能力，两人投资成立万燕公司；1993 年，世界第一台家用 VCD 机诞生，逐渐被大众认可；1994 年，为打开市场，巨额资金投入到广告费用中，再加上前期研发投入，造成产品价格高昂，同时为保证片源向音像社购买版权，却遭受盗版光盘冲击，产品销售困难；而看到 VCD 市场前景后，涌入众多商家参与竞争，企业原本的市场被其他商家挤占；并且 VCD 整机组装技术简单，行业进入门槛低，造成 VCD 市场竞争激烈，而最初的发明者万燕被其他集团重组，惨淡收场	前期的成功：专业知识和技能、演绎思维、识别机会、把握机会、创新能力；后来的失败：产权保护意识不强、缺乏充足的资金保障、盲目依赖技术领先忽视市场因素、缺乏合作意识、忽视核心竞争力的培养、错误的宣传策略
53	宗庆后	食品制造业	娃哈哈集团——食品生产、销售	发现市场上缺乏专门针对某项营养需求的保健品，且缺少为儿童设计的产品，认为儿童食品蕴含巨大商机	经过充分的市场调查，印证了儿童营养品存在很大的需求空间；1989 年，杭州娃哈哈营养食品厂成立，与医学专家一起研发了健康可口的儿童营养液——“娃哈哈”，受到消费者的认可；1991 年，产品供不应求，开始扩大规模；以并购为主要手段，到 2002 年，在全国建立起 30 多个生产基地；创新的营销模式、严格的监督体系、特色的广告宣传等，更是让娃哈哈在市场中稳健发展	相关的实践经历、敏锐的洞察力、危机意识、决策能力、规范化管理、契约化习惯、创新能力、宣传能力

续表

序号	创业者	创业领域	创业项目	创业背景	创业过程	创业能力与素养
54	徐桂芬	食品制造业	江西“煌上煌”集团公司——食品生产经营	遭遇下岗，凭借过往在食品行业工作的经验，决定投身熟食行业	1993 年，开办南昌市皇上皇烤禽社，将原本的卤菜改良成更符合南昌人口味的菜品，受到欢迎；为创造主打产品，多方学习，反复试验，推出“皇禽”酱鸭；采取“口碑营销”，邀请路人免费品尝，提升了知名度；利用节日进行促销，又吸引了一大批客源；1995 年，更名为“煌上煌”；通过事件营销、保证质量、标准化服务等，不断巩固品牌口碑	敏锐的市场洞察力、学习能力、专业经验和技能、技术创新能力、专注品质、危机化解能力、服务能力、标准化思维、社会责任意识
55	张茵	废纸回收行业	玖龙纸业控股（有限）公司	内地包装纸大量依靠进口，认为造纸原材料市场潜力巨大，在与造纸厂联络过程中，却发现废纸回收行业非常富有前景	1985 年，开始经营废纸回收生意；1987 年，与造纸厂合资，扩大投资规模；1988 年，建立东莞中南纸业有限公司；1990 年，建立美国中南公司，为中国的工厂提供可回收废纸；1996 年，高档牛卡纸供不应求，张茵及时把握机遇，建立东莞玖龙纸业有限公司，主要生产高档牛卡纸；2006 年，玖龙纸业上市	把握机会、充分的调查、选择合适的合作伙伴、详细的计划、勇气、雄心、完善的财务管理制度、管理创新
56	邓顺国	计算机行业	LK 科技有限公司	在计算机其他配置不断更新的过程中，计算机软驱却一成不变，已经存在很多弊端，却没出现替代品	1999 年，成立朗科科技有限公司，同年全球首个 USB 接口的闪存盘研发成功，名为“优盘”；2000 年，“优盘”成功投放到市场，引起业界轰动，与联想电脑捆绑销售获得迅速发展，2001 年实现盈利；及时申请专利，保护了公司的知识产权，巩固了公司在业内无可撼动的地位，依靠收取专利授权费便取得大量收入；但公司并没有安于现状，仍在积极地进行技术创新[64]	市场洞察力、专业技能和经验、技术创新能力、法律意识

续表

序号	创业者	创业领域	创业项目	创业背景	创业过程	创业能力与素养
57	王中军	文化产业	华谊兄弟传媒股份有限公司	辞职专心创办杂志《购物指南》，却被有关部门判为非法刊物，无奈之下开始了个体经营之路，之后凭借美术天赋，进入广告领域	到华谊广告公司做部门经理，后承包公司任总经理，去美国留学归来后，再度承包华谊广告公司，1994 年，华谊兄弟广告公司成立；公司起初是创办杂志，以刊登广告盈利，收入一般；当时国内公司没有“商业标识统一”的概念，王中军率先提出了这一点，并承包了中国银行的标准化规范项目，此后承接多家同类项目，用三年的时间成为中国广告十大公司之一；1998 年，偶遇故人，得知内地电视剧供不应求，行业前景可观，开始投拍电视剧，并利用公司优势进行宣传，以及和电视台建立合作；初次尝试获得成功后，陆续投资拍摄多部影视作品，公司也不断发展成为集团公司，成为中国内地文化娱乐业的龙头企业	自我提升能力、专业知识和经验、超前意识、标准化思维、机会识别能力、胆识、资源获取能力、重视人才、创意
58	王维嘉	信息产业	美通公司——移动互联	国内外顶尖学校的教育经历、国外的工作经验，使王维嘉拥有过硬的专业技术和开阔的眼界，决心通过创业将心中构想的未来变成现实	1992 年，看到国内的 BP 机，产生了将无线通信和 Internet（互联网）结合的想法，也就是“无线互联”；1993 年，开始筹备无线互联公司，并四处寻找投资，终于获得陈健文的投资；1994 年，在硅谷成立美瞳公司，发展定位为对个人提供移动信息服务；1996 年，开发世界第一套无线互联网络和终端产品；1997 年，发明双向个人移动信息机；2001 年，投资 WAP 业务失败，而短信业务取得成功；2002 年，开发手机联网游戏；2003 年，重拾 WAP 业务	冒险精神、自信、坚持、学习能力、上进心、洞察力、演绎思维、清晰的规划、前瞻性、执着、沟通能力、专业知识和技能、创新能力、融资能力、热情

续表

序号	创业者	创业领域	创业项目	创业背景	创业过程	创业能力与素养
59	严望佳	信息产业	北京启明星辰信息有限公司——网络安全服务商	专业教育经历、沃顿商学院兼职网络运营的经历、老师的启发使严望佳决定回国创业	1996年，成立启明星辰公司，做网络安全维护业务；然而却因国内对网络安全的概念几乎没有了解，缺乏需求市场，为此公司开始从宣传网络安全理念入手，编写教材，进行培训；凭借自身的坚守和创业园的帮扶，度过三年的亏损经营时期，1999年，推出网络入侵检测产品 Webkeeper，实现盈亏平衡；然而面对竞争激烈的市场，必须要有过硬的特色产品，经过深思熟虑和充分的市场调查，严望佳将目标锁定在专注入侵检测技术上，开发出“天阗入侵检测系统”系列产品，也树立了公司在行业中的地位；2001年，参与“网络光明行动”，事前的充分准备、事中的及时响应，让启明星辰在这场中美“黑客大战”中做出不小贡献，也赢得了名声	专业知识和技能、实践经验、科学理性、不盲从、客观判断、心无旁骛、技术创新能力、决策能力、战略视野、诚信、社会服务意识、平易近人
60	邹其芳	医疗业	瑞尔集团——口腔保健服务	美国的环境、渴望掌握命运的理想使邹其芳产生了创业的念头，并将方向锁定在自己曾有过多年工作经历的医药行业	了解到国内在口腔保健方面投入匮乏，决定将创业领域转为口腔服务，1998年，成立瑞尔国际有限公司；1999年，第一家瑞尔齿科诊所在北京开业；坚强地度过了门可罗雀的时期，以专业、严谨、耐心的服务，赢得了客源，秉持着为顾客提供最优质、贴心的服务，树立了品牌，随后在国内开设多家连锁店	上进心、自我提升能力、坚持、把握机会、学习能力、敏锐的洞察力、自信、分析能力、信誉、作风严谨、服务能力、关注细节、标准化思维

续表

序号	创业者	创业领域	创业项目	创业背景	创业过程	创业能力与素养
61	莫天全	互联网；房地产业	搜房网——房地产信息咨询服务	意外受到 Teleres 公司 CTO（首席技术官）的青睐，进入公司，参与组建房地产信息全球网络的工作，由此开启了创业之路	1993 年，入职 Teleres 公司；1995 年，任 Teleres 公司亚洲及中国的董事总经理；与中国房地产集团公司合作，开发中国房地产指数系统，却面临因经济回报困难，项目终止的局面，坚信中国房地产指数仍有价值的莫天全，决定自己接手项目，退出 Teleres 公司，建立宜鼎公司；靠着坚持、不断地深入研究和学习美国的商业文化，1997 年，创办中国物业网，以提供房地产信息为经营业务；1998 年，取名“搜房网”；通过收购其他房地产网站，成为内地最大的房地产门户网，成功吸引投资人注意，拥有充足资金后，开始扩张；2000 年，买断搜狐、新浪房产频道，开设多家分公司，确立房地产咨询领域领先地位；随后，再度进行区域扩张；2006 年，被澳大利亚电讯公司收购，但保留原有的控制权和管理权	创新意识、管理能力、执着精神、专业知识和经验、沟通能力、资源获取能力、灵活的思维

续表

序号	创业者	创业领域	创业项目	创业背景	创业过程	创业能力与素养
62	韩小红	医疗业	北京慈铭健康体检连锁机构	从医的经历让韩小红认识到，预防比治疗更重要，由此决定将创业落在健康体检上	2002 年，成立第一家慈铭体检中心，由于市场营销问题，客源稀少，在成功拿到律师协会的大订单后，局面得以改善；2003 年非典来袭，公司面临经营危机，调动员工配置、出售预防非典的中药，度过危机，而非典刺激了人们保健意识的觉醒，体检生意更加红火；面对员工的辞职申请，意识到自己创新的管理方式忽视了员工的辛苦，及时纠正；2004 年，与鼎辉国际一同创办北京慈济管理有限公司[65]	专业知识、冒险精神、沟通能力、市场营销能力、标准化思维、学习能力、逆向思维、进取精神、关注员工需要、失败能力、社会责任意识
63	李彦荣	互联网；电子商务	三宇微易购	学习和实践经历，拓宽了李彦荣的视野，与三宇通信总经理对于发展区域电商平台有着一致看法，两人开始组建团队	2016 年，组建团队，搭建区域电商平台；首次推广樱桃效果不错，随后积极开发乡镇服务站点，下乡宣传电商概念，提供服务；借助平台，将自己品尝到的美味的富川脐橙推广给更多的人，也由此受到富川县的关注，创业受到政府的支持和帮助，成功与多家果农建立合作关系，保证了脐橙的品控；错误决策开设线下体验店，未获收益，合作方三宇商贸出现债务问题，影响电商团队，造成人员流失，李彦荣及时调整，与大电商平台对接，将企业身份改为电商服务商，并到学校吸纳团队成员	勤奋、务实、学习能力、实践经验、专业技能、团队凝聚力、组织协调能力、执着、创新能力

续表

序号	创业者	创业领域	创业项目	创业背景	创业过程	创业能力与素养
64	王锐旭	互利网；招聘平台	九尾信息科技有限公司 & 兼职猫	自身艰难的兼职经历，让王锐旭发现了大学生兼职的商机	自身大学期间兼职不顺利的遭遇让他看到了大学生兼职的市场，利用过往兼职接触商家累计的资源，利用与学校内同学的人际关系组建了魔灯创业团队，开始承接商家的促销任务等，每月为上千人次匹配兼职，承接项目也逐渐扩大，团队规模不断发展；成立九尾科技有限公司，启动大学生兼职平台——兼职猫的开发，2013 年底面向 C 端的兼职猫 App 上线；为保证岗位信息真实性，开始计划上线 B 端 App，供商家发布兼职信息；2014 年，B 端兼职猫 App 上线；2016 年 3 月，获 6300 万 A+ 轮融资；2016 年 5 月，九尾科技兼职猫收购兼职达人，扩大运营版图；2016 年 10 月，推出职前培训平台“A 猫教育”，关注大学生职前教育，为企业培养高素质就业人才；2017 年 9 月，兼职猫获得由杉华资本、力合清源领投，名创优品跟投的数千万级别 B 轮融资；2017 年 12 月，王锐旭大力推行“灵活用工”新模式[66]	志存高远、追求卓越、洞察商机、人际交往能力、资源整合能力、勇气、信誉、放低姿态、拥抱市场、努力前行、低调、谦虚、脚踏实地

3.1.1.2 创业理论文献分析

通过查阅书籍、文献等资料，对于不同专家、学者关于“创业者应具备哪些能力、哪些素养”的观点进行了收集，如表 3–2 所示。

表 3-2 专家观点的创业能力与素养

序号	文献名称与作者	创新能力与素养
1	《大学生创新创业基础》 余克敏，张华主编	创新能力、创意评估能力、制订资金计划能力、组织领导能力、经营管理能力、专业技术能力、交往协调能力、资源整合能力、学习能力[67]
2	《大学生创业基础》 王杜春主编	机会识别能力、风险决策能力、战略管理能力、开拓创新能力、创业网络构建能力、组织管理能力[68]
3	《大学生创业基础》 屈振辉，夏新斌主编	职业能力、信息收集和处理能力、把握机会的能力、判断决策能力、创新创造能力、申办企业的能力、确定企业布局的能力、发现和使用人才的能力、创业融资理财能力、指挥控制和协调能力、商业策划能力、交际沟通能力、谈判能力、公关能力、合作能力、自我约束能力、适应变化和承受挫折的能力[69]
4	《大学生创新创业指导》 胡楠，郭勇主编	决策能力、组织管理能力、资源整合能力、交往协调能力、不断提升自我的能力[70]
5	俞敏洪的观点	目标能力、专业能力、营销能力、转化能力、社交能力、用人能力、把控能力、革新能力
6	网页资料： 大学生创业基本能力	规划人生及确定目标的能力、决策的胆识和魄力、计划管理的能力、建立改进企业管理制度的能力、信息管理能力、目标管理能力、授权能力、谈判能力、处理突发事件的能力、坚守职业操守的能力、学习能力、社会交往能力、心态调节能力

续表

序号	文献名称与作者	创新能力与素养
7	百森商学院企业管理研究中心主任、著名管理专家拜格雷夫	梦想、果断、实干、决心、奉献、热爱、周详、命运、金钱、分享
8	美国国家创业指导基金会（NFIE）的创办者史蒂夫·马里奥特	适应能力、竞争意识、自信、自律、动力、诚实、组织能力、毅力、说服力、冒险、理解、视野
9	美国研究机构调查结果	财务管理经验与能力、沟通与人际关系能力、激励下属能力、远见与洞察力、自我激励与自我突破、决策与计划能力、市场营销能力、建立各种关系的能力、人事管理的能力、建设良好的企业文化的能力、行业与技术知识、领导与管理能力、对下属的培养与选择的能力、与重要客户建立关系的能力、创造性、组织能力、向下级授权的能力、个人适应能力、工作效率与时间管理水平、技术发展趋势预测能力
10	《创业者需具备八种素养》于智超	宏观意识、理性思维、风险意识、人品正直、自我否定、运筹能力、协作精神、个人魅力[71]
11	《别忽视创业者的文化素养》夏天	胆识、学识、韧性、技能、能力[72]
12	《高校创新创业者人格素养提升困境及培养路径》戴仁卿，张晓蕾	卓越的协调领导能力、敏锐的市场洞察力、突出的创新能力、坚定的意志执行力[73]
13	《投资人说： 创业者个人素养非常重要》David Chen	深入扎实的行业知识和经验、对市场的了解、在市场竞争中的自我定位、组建优秀团队的能力、创业的激情、恒心、认识自己的短处、虚心接受他人意见[74]

3.1.2 创业能力与素养归纳总结

对创业能力与素养进行归纳和整理，去除重复及内涵相同的内容，将创业所需的能力与素养归集如表 3-3 所示。

表 3-3 创业能力与素养集

创业能力	创新能力、转化能力、感知能力、沟通能力、理解能力、领导能力、决策能力、任用人才的能力、把控细节的能力、失败能力、应变能力、互联网应用能力、学习能力、资源整合能力、服务能力、营销能力、执行能力
创业素养	脚踏实地的作风、敢为人先的勇气、独立思考的习惯、谦逊的态度、公平正直的品格、百折不挠的信念、发散性思维、严于律己的习惯、分享精神、宽以待人的心胸、探索精神、精益求精的追求、钻研精神、积极乐观的态度、始终如一的初心、社会责任意识、分享精神、企业家精神、竞争意识、合作意识、标准化思维、契约化习惯、全局意识

3.2 大学生创业核心能力与素养的提取

本节通过问卷调查，采用结构方程模型分析，从表 3-3 所构建的创业能力与素养中集中提炼创业者应具备的核心能力与素养。本次调查分为两部分，先是通过专家调查从上述 40 个创业能力与素养中筛选出重要性具有高度共识的创业能力与素养，然后通过调查不同领域的创业者，筛除那些与创业成就没有显著关联的能力和素养，最终确定大学生创业核心能力与素养。

3.2.1 核心能力与素养的问卷调查

首先以有着丰富的创业研究、教学经验的学者、教师为调查对象，向其发放纸质调查问卷（一），其中创业相关著作、论文的研究学者 9 人，大学生创业设计大赛评审专家 6 人，高校创业课程授课教师或创业实践指导教师 15 人，发放的 30 份问卷全部收回，且全部有效，回收率达 100%，有效率达 100%。调查对象的创业相关研究和教学经验均为 5 年以上，因此对创业理论和实践有着一定的认识和理解。

调查对象平均年龄为 40 岁，平均研究年限为 13 年。

调查问卷（一）的第 1、2 题为调查对象的年龄与从事创业相关研究、教学年限，第 3 题至第 42 题为针对上文创业能力与素养集的 40 个影响因素的调查。调查问卷以 5 点 Likert 量表形式设计，题目从“非常不同意”到“非常同意”记为 1 分至 5 分。问卷的详细内容见附录 1。

接着，以不同领域内的创业者为调查对象，以电子调查问卷的方式，发放调查问卷（二）300 份，收回 263 份，回收率为 87.67%；筛除线性作答和不认真作答的被试，获得有效问卷 237 份，有效率为 90.11%，被试的人口学信息见表 3–4。

调查问卷（二）是按照调查问卷（一）中得出的重要影响因素为基础进行设计的，进一步设计问卷调查创业者在这项影响因素中的行为表现。调查问卷以 5 点 Likert 量表形式设计，题目从“非常不符合”到“非常符合”记为 1 分至 5 分。其分为三个部分：第一部分调查创业者的人口学因素，包括性别、年龄、学历、创业年限和创业规模；第二部分是对创业者能力与素养的调查，共 53 题；第三部分则是对创业者的创业成就的调查，共 6 题。问卷的详细内容见附录 2。

表 3–4　描述性统计结果

变量	统计类别	频数	百分比	累计百分比
性别	男	134	56.54%	56.54%
	女	103	43.46%	100.00%
年龄	25 岁及以下	32	13.50%	13.50%
	26~35 岁	94	39.66%	53.16%
	36~45 岁	78	32.92%	86.08%
	46 岁以上	33	13.92%	100.00%
学历	大专以下	14	5.91%	5.91%
	大专	33	13.92%	19.83%
	本科	104	43.88%	63.71%
	硕士	75	31.65%	95.36%
	博士	11	4.64%	100.00%

续表

变量	统计类别	频数	百分比	累计百分比
创业年限	3 年以下	37	15.61%	15.61%
	3~5 年	85	35.87%	51.48%
	6~10 年	72	30.38%	81.86%
	11~15 年	25	10.55%	92.41%
	15 年以上	18	7.59%	100.00%
创业规模	个体工商户	65	27.43%	27.43%
	小微企业	146	61.60%	89.03%
	中型企业	21	8.86%	97.89%
	大型企业	5	2.11%	100.00%

3.2.2 核心能力与素养的问卷分析

调查问卷（一）中创业能力和素养量表的内部一致性系数 Cronbach’s α =0.91，表明量表信度良好。其中，对同一个题目选择“非常同意”的人数越多，则研究对象对该影响因素的认同感越强。因此，将调查数据进行统计，数据以图 3-1 的形式展现。

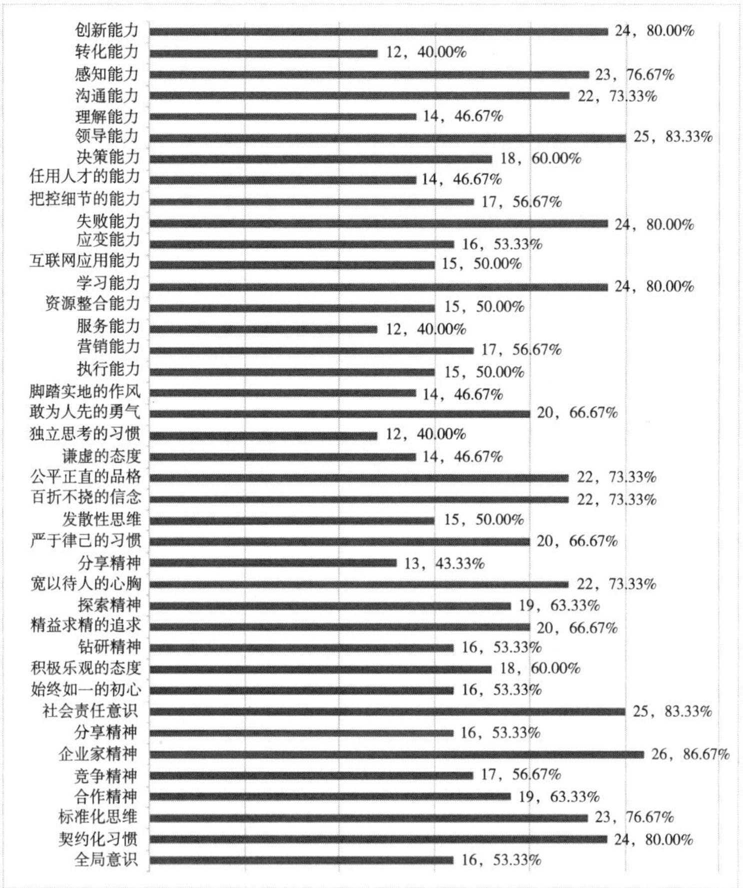

图 3-1　专家调查结果统计图

为更好地确定创业核心能力与素养，选择上述统计数据中，调查对象认为特别重要的前 60% 的影响因素进行分析。可以发现，选择创新能力、感知能力、沟通能力、领导能力、决策能力、失败能力、学习能力、敢为人先的勇气、公平正直的品性、百折不挠的信念、严于律己的习惯、宽以待人的心胸、探索精神、精益求精的追求、积极乐观的态度、社会责任意识、企业家精神、合作意识、标准化思维、契约化习惯 20 个因素的调查对象，占全体的 60% 以上。

调查问卷（二）考察了上述 20 个因素与创业成就的关系，以确定能够对创业成就产生显著影响的创业能力和素养。其中，创业能力和素养量表的内部一致性系数 Cronbach's $\alpha=0.84$，创业能力和素养量表的内部一致性系数 Cronbach's $\alpha=0.83$，表明量表信度良好。

对结构效度及创业能力与素养对创业成就的影响进行分析，如表 3-5 所示，模型的拟合程度良好。

表 3-5　创业能力与素养与创业成就的结构关系的拟合优度指标

X^2/df	CFI	NFI	RMSEA
3.342	0.941	0.918	0.073

如图 3-2 所示，在各能力素养与创业成就的关系上，创新能力、感知能力、沟通能力、领导能力、失败能力、学习能力、敢为人先的勇气、公平正直的品性、百折不挠的信念、严于律己的习惯、宽以待人的心胸、精益求精的追求、积极乐观的态度、社会责任意识、企业家精神、标准化思维和契约化习惯对创业成就表现出显著的正向影响；决策能力、探索精神和合作意识则不能显著影响创业成就。

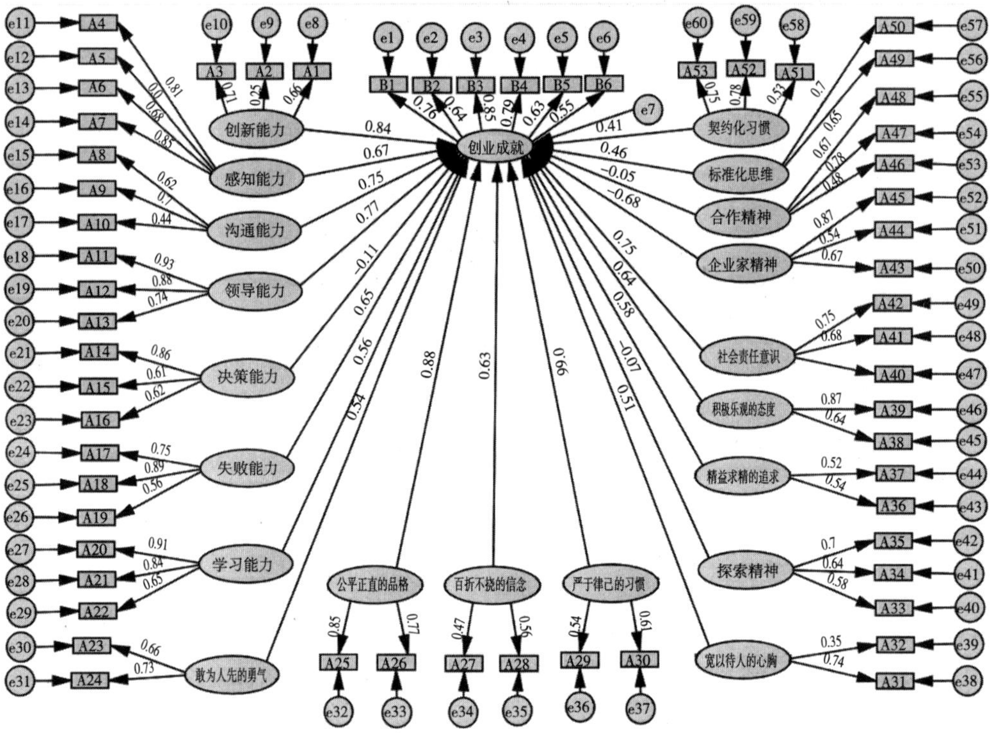

图 3-2　创业能力与素养与创业成就的结构关系模型

综上，本文汇总得到的创业能力与素养集中共 40 个因素，通过专家调查得出 20 个重要性具有高度共识的能力，然后通过创业者调查，筛除对创业成就没有显著影响的决策能力、探索精神和合作意识，最终提炼出 17 项创业核心能力与素养，分别是：创新能力、感知能力、沟通能力、领导能力、失败能力和学习能力 6 种核心能力，以及敢为人先的勇气、公平正直的品性、百折不挠的信念、严于律己的习惯、宽以待人的心胸、精益求精的追求、积极乐观的态度、社会责任意识、企业家精神、标准化思维和契约化习惯 11 种核心素养。

3.3 大学生创业核心能力与素养的界定

上述 17 种核心素养的培养与提升需要以创业知识为基础，通过对照 3.1 部分的创业案例和创业文献，本节首先归纳了在创业能力与素养培养中应先具备的基础知识，在此基础上再分别对每种能力和素养进行界定。

知识是人类在社会中生存、生活的重要条件，任何实践都离不开知识。创业是一个复杂多变的过程，需要创业者运用多种能力，而丰富的知识则是创业者发挥能力的基础[75]。具体来说，创业所应具备的知识包括以下三个方面。

第一，金融知识。创业是一项经济活动，经济金融知识能使创业者更好地了解创业的经济环境，对创业项目、方案的经济性做出科学的判断，有助于创业者做出效益更优的决策[76]。创业者对经济金融知识的掌握能更好地保证创业者对资源的有效配置、保障企业的财务状况。充分掌握经济金融知识的水平也会影响创业者的资金管理能力，有效降低在获取资金时产生过度借贷的风险，更能提高创业者在创业过程中的盈利能力[77]。简言之，创业者对经济金融知识的掌握程度反映创业者在创业过程中的盈利能力和进行有效资源配置以实现财务保障或扩大财务收入的能力。此外，经济金融知识的掌握程度也影响着人们选择创业的可能性。在一般情况下，经济金融知识水平较高的人具备更强的创业动机和更好的创业能力。

第二，法律知识。掌握法律政策知识有助于创业者更好地了解创业领域的政策、要求，创业者依靠法律政策知识可以保护自身的利益不受侵害，也能有效地认清法律红线，约束自己、规避风险。近年来，为支持创新创业，国家各级政府出台了涉及融资、开业、税收、创业培训、创业指导等诸多方面的一系列优惠政策[78]。若创业者具有较高的法律政策知识水平，如劳动用工及社会保障知识、职业道德规范及行业或企业的相关政策和法律法规知识等，就意味着其具有更好的政策识别能力，那么也就能更加顺利地走好创业的第一步。

第三，企业管理知识。企业管理是对企业生产经营活动进行计划、组织、指挥、协调和控制等一系列活动的总称，是社会化大生产的客观要求。企业管理是尽可能利用企业的人力、物力、财力、信息等资源，取得最大的投入产出效率。企业管理知识对于成功创业的重要性不言而喻[79]。创业者需要通过合理的规则有效落实企业各个层级或各个部门的工作，进而在生产经营活动中保证有序性、规范性、合理性[80]。优秀的企业管理模式不仅要与创业者所处的行业相适应，与创业者带领的团队相适应，也要与社会当前的发展需要相适应。

3.3.1 大学生创业核心能力

创业需要调用我们的各项能力，通过上述的分析，创新能力、感知能力、沟通能力、领导能力、失败能力和学习能力属于创业核心能力。下面将对这 6 种核心能力进行阐述。

3.3.1.1 创新能力

创业者应勇于开拓进取，不断吸收最新的知识和信息，保持活跃的思维，不断创新，开发新产品，创造新方法，使自己的事业充满活力和生机。创新能力是一种综合能力，与人们的知识、技能、经验、心态等有着密切的关系。具有广博的知识、熟练的专业技能、丰富的实践经验、良好的心态的人容易形成创新能力。创新能力贯穿于其他各项能力之中，是创业者创业能力的灵魂。创新能力可以细分为思想创新能力和技术创新能力。

（1）思想创新

新的思想启发新的创意，带动新的行动。创新能力首先就应该是在思想上保持一种乐于创新、善于创新的状态。创业者要主动地接受和学习新事物，勤于思考，才能在旧事物中发现新可能。

（2）技术创新

要将创新的想法落到实际中，转换为商业价值，就需要技术的支撑。技术创新在产品的生产方法的改进和工艺水平的提高过程中起着举足轻重的作用。技术创新还可促进企业组织形式的改善和管理效率的提高，从而使企业不断提高效率，不断适应经济发展的要求。创业者的技术创新能力包括：产品开发的能力，产品制造和改进的能力，以及设计可行、完整商业模式的能力。

3.3.1.2 感知能力

所谓感知能力，是一种能敏感地察觉到周遭事物和周围环境的细微异变的能力，拥有敏锐的感知能力能够使创业者抓住机会，避开风险。感知能力可以细分为识别机会的能力、发现问题的能力、洞察需求的能力、预见趋势的能力、感知风险的能力。

（1）识别机会

在稍纵即逝的“机会”面前，能敏捷捕捉、明知决断，是创业者创业的思维基本功。能够等待、感悟、决断机会的人才能够不失时机地进行创业，成为合格的创业者。创业讲究“抢占先机”，创业者要善于识别机会，也要果断决策，把握住机会，将机会转化成实际的价值、成果。在此过程中，创业者还需要运用其他各项能力。

（2）发现问题

很多时候就是创业者发现了生活中存在的问题，并找到了解决问题的方法，并且这个方法能解决许多人面临同类问题的困扰，也就是满足了人们的需求，带来了经济价值，从而诞生了创业的机会。因此，创业者发现问题、解决问题的能力往往会带来创业的重要突破。并且创业过程必定不会一帆风顺，及时地发现创业中存在的问题，查漏补缺，防微杜渐，才能保证创业事业不断向前发展。

（3）洞察需求

有需求才有市场，才有企业盈利的机会。创业需要面向消费者，把握住消费者的切实需要，有针对性地满足消费者的需要，企业才能吸引到消费群体，收获忠实的客户，赢得市场。

（4）预见趋势

对于社会、行业发展趋势的正确预见，是企业抢占先机的关键。在当前飞速发展的经济环境中，只有把握先机才能占据更主动的地位，增加创业成功的可能。许多企业就是因为没能及早地看清形势，才最终走向失败。例如，世界第一台数码相机的发明者伊士曼柯达公司因舍不得放弃胶卷市场，而未对数码业务大力投入，当数码时代全面袭来之时，伊士曼柯达公司被迫转型却已为时晚矣，最终宣布破产。

（5）感知风险

创业者要能够洞察潜在的风险，要有危机意识。创业者面临的创业环境是动态变化的，其中暗藏着许多风险，很可能给组织带来致命的打击。创业者应该对企业外部经营环境和内部经营能力进行周密细致的调查和准确而有预见性的分析，及时发现企业面临的挑战和存在的问题，这样才能“对症下药”，降低或排除企业风险。

3.3.1.3 沟通能力

沟通能力是指能够妥善地处理与公众（政府部门、新闻媒体、客户等）之间的关系，以及能够协调下属各部门成员之间关系的能力。创业者应该做到妥当地处理内外关系，善于团结一切可以团结的力量，达到共同协调发展，并且能够巧妙地将原则性和灵活性结合起来。这样才能建立一个有利于自己创业的和谐环境，为成功创业打好基础。沟通能力可以细分为语言表达能力、谈判技巧能力、公关意识和合作意愿。

（1）语言表达

创业者进行有效沟通，要求其在语言表达上清晰、明了、简洁、有说服力，要使对方容易理解创业者的意图且乐意接受。语言表达能力主要包括口头语言表达能力和文字语言表达能力。口头语言表达能力表现为演讲、对话、讨论、答辩、介绍等方面所具有的技巧与运用能力。文字语言表达能力主要是指书面文字的写作能力，对创业者来讲，主要是指对企业发展规划的起草、战略报告的制定、执行情况的撰写等写作能力。

（2）谈判技巧

一个成功的企业，必然有繁忙的商务谈判，谈判内容可能涉及供、产、销和售后服务等多种环节。创业者必须善于抓住谈判对手的心理和实际需求，运用“双赢原则”，即自己和对方都能在谈判中取胜的技巧，使自己的企业获利。谈判行为是一项复杂的交际行为，它伴随着谈判者的语言沟通、行为互动和心理揣测等多方面、多维度的错综交往。因此，谈判技巧是创业者思维严谨、观察仔细、反应适时和表达流畅等方面的综合体现。

（3）公关意识

公关是指有目的、有计划地为改善或维持某种公共关系状态而进行实践活动。公关意识是一种尊重公众，自觉致力于塑造组织形象、传播沟通、争取公众理解与支持的思想观念。创业者要具备这种意识，并且成为一种能力，表现为在社交场合的介入能力、适应能力、控制能力及协调性等。在激烈的市场竞争中，在公众中树立良好的企业形象，是创业成功的主要条件。创业者应善于借助各种新闻媒体和各种渠道，宣传自己的企业，提高企业知名度。

（4）合作意愿

创业者不但要与自己的合作者、雇员合作，也要与各种和企业发展有关的机构合作，还要与同行的竞争者合作。因此，创业者应该树立合作共赢的意识，要善于发现对方于自己有利的方面，并且把握与对方合作的机会，站在对方的角度，理解对方，体谅对方，要善于与他人合作共事，和睦相处。

3.3.1.4 领导能力

领导能力是一种能够根据优势和劣势，合理规划、协调、利用组织中各类资源，最大化实现他们各自的价值，从而高质高效地完成组织的使命和目标的能力。具体应包括以下几个方面。

（1）经营管理

经营管理是指创业者为了满足社会需要及本企业自身的生存和发展，对企业的经营活动进行计划、组织、指挥、协调和控制，涉及人员的选择、使用、组合和优化；也涉及资金的聚集、核算、分配和使用。创业者的经营管理能力是一种较高层次的综合能力，是运筹能力，包括团队组建与管理能力、市场定位与开拓能力、企业文化设计与培育能力等。

（2）整合资源

整合资源是创业者在创业过程中对资源的识别、获取、配置和利用。大多数创业者，尤其是大学生创业者，在创业初期甚至在创业全过程中都会经历资源约束，即“白手起家”。这是因为创业活动通常是创业者在资源高度约束的情况下所进行的从无到有的财富创造过程。其实，创业资源不在于拥有多少，关键在于能否用创新的思维方式，将不同来源、不同效用的外部资源进行优化配置，使有价值的资源充分整合起来，发挥“1+1 ＞ 2”的放大效应。

（3）战略视野

战略是依据企业的长期目标、行动计划和资源配置优先原则设定企业目标的方法。因为战略是为企业获取可持续竞争优势，而对外部环境中的机遇和威胁及内部优势和劣势做出的反应，它是对企业竞争领域的确定。所以，战略就是企业的生命线，也是企业腾飞的起跳板，一个及时、果敢、英明的战略决策是企业由小到大的最初推动力，而错误的战略则会葬送一个企业。因此，创业者要具备独到的战略视野，以及将这种战略视野转化成实际战略规划和设计的战略管理能力，这种能力是一个创业者的核心领导能力。

3.3.1.5 失败能力

失败能力是一种能正确看待失败，有勇气面对失败，能预感到失败并及时止损，失败后能对抗失败带来的情绪冲击，从中吸取经验教训，等待时机东山再起的能力，其可以分为处理危机能力和承受失败能力，前者反映了创业者在乱局中的应变和决策能力，而后者体现了创业者的情绪调节能力。

（1）处理危机

当企业发生了关乎社会大众或大多数顾客切身利益的重大事故时，创业者必须当即做出处理这些重大事故的紧急决策。有时，企业经营运作中的一个小小的意外或者事故会迅速地扩大到较大的范围，产生严重的负面影响。而企业在面对危机时所采取的不恰当态度和方法，会对企业的形象造成“差之毫厘、谬以千里”的影响。此外，企业还要遵守职业道德，承担企业的社会责任。如今，企业的社会责任不仅是评价企业道德高低的标准，也是企业进入国际市场的门槛。

（2）承受失败

一个企业要想在竞争激烈、变化多端的市场中立足并发展，创业者就必须具有适应变化、利用变化、驾驭变化的能力；在生产经营中，有赔有赚、有成有败，创业者必须具有承受失败和挫折的能力；在此过程中，还必须具有临危不乱、逆境求生的强大心理承受能力，具有能忍受局部、暂时的损失，而获取全局、长期收益的战略胸怀。

3.3.1.6 学习能力

学习能力是指个体从事学习活动所需具备的心理特征，是顺利完成学习活动的各种能力的组合，包括记忆能力、阅读能力、解决问题的能力等。在创业活动中，学习能力对创业者掌握与运用新型知识、技术、理念十分重要。

在知识爆炸、竞争激烈的当今社会，创业面临着一个多变的环境和激烈的竞争，创业者必须随时了解各方面的信息，把握社会和行业发展的动态，掌握企业发展所需的新知识，这就需要创业者具有积极进取的精神，对自己的人生做出明确的规划，孜孜不倦地求取知识以提升自己，这样才能在创业的道路上取得成功。创业者通过不断学习，可以使企业的资源融会贯通、弃旧换新，始终以崭新的、生机勃勃的面貌面对变幻无常的市场环境。

3.3.2 大学生创业核心素养

在创业过程中，创业者的核心素养也是非常重要的。通过上述的分析，本节总结了以下几个重要的核心素养。

3.3.2.1 敢为人先的勇气

“勇气里面有天才、力量和魔法。”这是歌德的名言，也是创业者的必备素养。创业是勇敢者的游戏。创业一开始就要不断投入时间、精力、机会成本等，这种投入不一定换来回报，而且在很大概率上会成为沉没成本，不能承担这些后果的人也就不会选择创业。创业者要敢于做“第一个吃螃蟹的人”，只有敢为人先，才更有可能抢占先机，在竞争中获得主动权。

3.3.2.2 公平正直的品性

端正的品行是社会倡导的良好美德，是创业者的基础素养，也是创业者带领创业企业在社会中长久发展的内在要求。作为一个创业者，应该正确地看待名利、地位。创业者在创业过程中会面临很多诱惑，而一个优秀的创业者，应能做到在各种诱惑面前不为所动。创业者可以选择追求名利、地位、财富等，但是在追求的同时不能失去自己的原则，要做到不占不贪，秉公办事，不以权谋私，清正廉洁，始终保持公平正直的品性。

3.3.2.3 百折不挠的信念

创业者拥有百折不挠的信念是其培养和发挥失败能力的内在支撑。任何事情都无法保证一帆风顺，创业更是如此。创业者当然要尽最大的努力洞察风险、解决问题、化险为夷，但当通过这些努力仍无法改变失败的结局之时，创业者也应保持坚强的意志，不动摇、不退缩、不屈服。

3.3.2.4 严于律己的习惯

自律是一种不可或缺的人格力量，没有它，一切纪律都会变得形同虚设。它是指创业者在没有现场监督的情况下，通过自我要求，自觉遵守道德准则、企业制度、行业规则和法律法规。创业者只有养成严于律己的习惯，才能不被一时的成功而冲昏头脑，也不因暂时的失败而一蹶不振，时刻保持清醒的头脑，不忘初心，砥砺前行。

3.3.2.5 宽以待人的心胸

宽容是中国的传统美德，是一种处世风格，也是一种哲学思想，各个领域都需要宽容的思想。创业者在管理企业时秉承宽容的思想，是创业者处理好与下属关系不可或缺的品质。创业者在非原则性问题上要宽容豁达，为员工营造和谐、宽松的工作环境和心理环境。作为一个优秀的创业者，应该不拘小节，不计较个人的得失和恩怨，不搞打击报复、排除异己，要心胸开阔，充分信任员工，接纳不同的人和思想，让每个人都能畅所欲言、各抒己见，以此来碰撞产生更多的激情和新意，用自己高尚的道德品质、优秀的管理艺术树立威望和声誉。

3.3.2.6 精益求精的追求

创业者应该具有精益求精的卓越追求，才能不断地提升自我，才能带领企业不断发展、创新。创业者要培养“以质取胜”的战略意识，在保持原本的标准和品质的基础上，不断开拓创新。此外，创业者还需加强企业质量管理，立志于打造“百年企业”，秉持持久经营与发展传承的理念，把产品和服务做精、做细、做优、做强，以工匠精神保证质量、效用和信誉，打造独属于本企业的核心竞争力，创造品牌价值。要争创一流企业、一流管理、一流产品、一流服务和一流企业文化，提供人无我有、人有我优、人优我特、人特我新的具有竞争力的产品和服务，这样才能使本企业在市场竞争中勇立潮头、脱颖而出，成为具有强大影响力的领军企业。

3.3.2.7 积极乐观的态度

积极、乐观、向上是对未来的期待，具有这种态度的人将获得无限的想象力和创造力，即使陷于困境也能从容面对并解决问题。这也是自信的一种体现。保持这种健康的心理状态，才能更好地承受挫折、克服困难。积极乐观的态度也能给身边人带来正向的影响，营造良好的工作、生活氛围，感染整个团队，让团队斗志昂扬。

3.3.2.8 社会责任意识

创业者和创业企业都是与周边社会环境有着密切联系的社会属性组织，二者皆不可脱离社会单独寻求发展。在创业的过程中，创业者将其具备的社会责任意识与理念融入创业企业的战略、组织和日常运营当中，是增强企业竞争力、创造企业价值、实现创业企业与社会共同可持续发展的重要路径。

目前国际社会对创业者的社会责任意识做出了不同的定义，其核心内容都离不开伦理、利益相关方、社会、环境、经济等主要因素。本节将创业者的社会责任意识概括为对为创业企业做出贡献或受创业企业经营活动影响的各利益相关方负责任的意识。从创业者应承担的责任类型来看，包括经济、法律、道德和慈善四种社会责任类型，如图 3–3 所示。

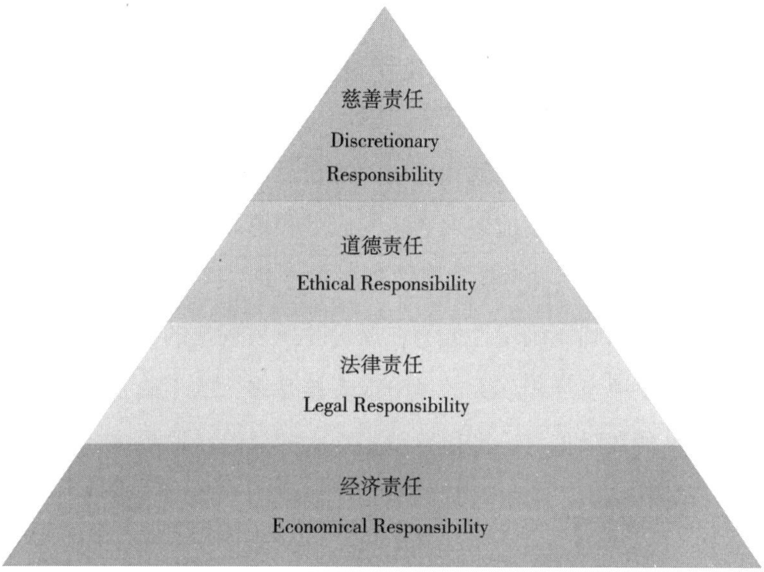

图 3-3　创业者社会责任金字塔模型

第一，经济责任是要使股东获得好的回报，使雇员获得公正的雇佣条件，使消费者可以用合理的价格获得高质量的产品。经济责任是其他社会责任的基础。

第二，对于法律责任，企业追逐体系化，有持续的利润，持续实现一定的客户价值，在这个体量上，企业和社会并没有太大的关联，只要遵守法律法规和道德底线即可。

第三，对于道德责任，当企业达到一定的规模时，创业者就会开始追求所在行业的影响力和领导地位，这时候除了遵守法律法规和社会的道德底线，还会去思考怎样对这个行业产生一定的影响，还会考虑“有所为有所不为”，有些事情即使没有触犯法律也不会再去做了。

第四，对于社会责任，有些法律没有规范的事情，企业自身要学会自我约束和限制，不然无法对行业和社会产生正面的引导，而这是由企业的使命、愿景来支撑的。很多企业发展到一定程度后，就会面临着如何发挥其社会价值的问题，一般是向两个方向发展：一是为社会解决已然存在的老问题；二是伴随行业的发展，自然有新的问题出现，作为行业的领导者，就有责任和义务去提出解决新问题的方法。

3.3.2.9 企业家精神

企业家是从事组织、管理并承担经营风险的人，企业家能够使经济资源的效率由低转高。企业家精神则是企业家特殊技能（包括精神和技巧）的集合，是表明企业家这个特殊群体所具有的共同特征，是他们所具有的独特的个人素质、价值取向及思维模式的抽象表达，是对企业家理性和非理性逻辑结构的一种超越、升华。

一般来说，企业家特质主要包括高成就动机、高风险偏好及具有内控型人格。成就动机指的是个体对于追求成就和成功的内在驱动力和愿望。成就动机可以激发个体的积极性，推动个体不断地追求更高的成就和更高的标准。高成就动机的个体更加愿意冒险尝试新的想法和方法，寻求创新和改进，从而推动自己和他人的发展。风险偏好是指个体在面临不确定性或潜在风险时所表现出的喜好或倾向，描述了一个人在做出决策时更愿意承担多大的风险或者接受多大的不确定性，具有企业家特质的个体往往有高的风险偏好，即愿意承担更大的风险获取更多的利益。内控型人格是指个体在行为和情绪上有着强烈的自我控制能力，能够根据自己的价值观和内部标准来规范自己的行为和决策。这种人格类型能够迅速适应新环境并保持冷静，不易被外界诱惑或影响所左右，更加倾向于自己评估和解决问题，而不是依赖于外界的帮助，善于自我反省和自我改进，设定明确的目标并制订有效的计划来实现这些目标。他们通常对自己的行为负责，对自己的决策和行动有清晰的认知和理解。内控型人格的人也通常更加有耐心、坚定、冷静和谨慎，能够更好地应对挑战和压力。

从“创业者”到“企业家”，具有一定的距离，但创业者应该以成为企业家为目标，注重自身企业家精神的培养。创业者要具有爱国情怀，要谨记自己作为一个国家合格公民的身份，在任何情况下都要将国家放在首位；要能够树立崇高的理想信念，有强烈的国家使命感和民族自豪感；要有为他人做事、使他人受益的服务意识和态度，主动承担除企业以外的责任；要目光长远、视野宽广，有引领企业迈向更高舞台的雄心和气魄；要能够立足国家，放眼世界，带动企业在更高水平的对外开放中实现更好的发展。

3.3.2.10 标准化思维

标准化是指在经济、技术、科学和管理等实践中，对重复性的事物和概念，通过制定、发布和实施标准达到统一，以获得最佳秩序和效益。由此引申的标准化思维则要求创业者有统一、共享、便捷的思想，能够时刻考虑到通用、方便的方法，从而提高效率，保持稳定。具体体现在如下几个方面。

一是设计便捷的工作流程。清晰的工作流程可以给予团队各部门明确的任务指向，以保证员工较高的执行力和工作效率。面对纷繁复杂的工作，创业者要有简化工作流程的思想意识和能力，从而设计出高效便捷的工作流程。

二是建立合理的管理制度。管理制度是约束企业人员的行为规范或评价准则。创业者要建立合理的管理制度，明确企业中每个人的分工与职责，以及奖惩机制，达到责、权、利的统一，从而提高员工对企业的认同感和工作效率。

三是树立领先的行业标杆。创业企业建立的技术标准、流程标准、管理标准等，在促使企业发展并取得显著成效的同时，也应向在行业内起到示范和指导作用方向努力，行业内其他企业按照本企业的标准进行生产经营的局面一旦形成，则本企业就会成为行业领先的标杆，企业将在行业内占据一定的话语权和居于领导地位。

四是营造和谐的市场氛围。创业企业建立了领先的行业标准，并且其他企业都能依照这种标准执行，将逐渐形成一种行业标准化。这种行业标准化可以规范行业行为，弥补法律不足；缩短行业内先进与落后企业之间的差异；提供一个行为参考的坐标；促进行业健康发展，行业有了共同遵守的准则，就会进一步加强行业自律，避免了个别不规范的企业影响大多数规范企业发展的情况发生。这样一来，整个行业将呈现一种良性竞争的市场氛围。

3.3.2.11 契约化习惯

企业的标准化运作，必须要实施契约化管理，没有契约就不会有统一的行动。因此，创业者必须要尊重大家共同定好的“游戏规则”。契约化习惯是对商品经济社会中逐渐形成的契约关系与内在原则的遵守，本质上是养成一种自由、平等、守信的契约精神。身为一个创业者，必须要守信用，这样才值得他人信任，承诺过的事情、说出口的话，就一定要实现。所以，创业者要养成契约化习惯，不能出尔反尔，消耗自身的信誉。具体来说，契约化习惯表现在三个方面。

一是面对企业人员的契约化。创业者在创业过程中仅凭个人的力量是远远不够的，必须要有一群愿意追随创业者的人才团队，成为企业发展的核心力量。而要想使团队人员忠诚于创业者，一方面要求创业者有服众的本领，另一方面则需要创业者获得员工的信任。创业者要遵守和员工之间的契约，这个契约可能不是书面形式的，但是创业者对员工做出的承诺应该如实兑现，绝不能让员工有“画饼”或“兔死狗烹”之感，失去人心对企业来说是致命的。

二是面对消费者的契约化。企业是为目标客户服务的，要充分挖掘客户的需求，满足客户的需要；要诚信经营，取得消费者的认可和信赖。消费者面临的选择是多样的，一旦企业做出损害消费者利益的行为，消费者会果断选择同类型的其他企业，并且消费者的传播作用也会影响潜在消费者的选择，造成客户流失。企业要想树立品牌形象，长远发展，就要严格遵守与消费者之间的契约，取得消费者的长久信任，进而赢得大众的广泛支持。

三是面对合作者的契约化。企业在生产经营过程中，要与许多不同的企业、组织接触，建立合作关系。而在与合作者建立合作关系的时候，也就伴随着契约的确定。通常来说，为保护合作双方的利益，这种契约以签订合同的形式产生，具有法律效力。虽然这种契约是以强制手段约束合作双方遵守，任何一方在清楚弊大于利的情况下一般不会违约，但是一个高素养的创业者应该做到即使没有法律层面的约束，也能按照约定与对方进行良性合作。

第 4 章　大学生创业能力与素养的精准培养需求分析

在前面章节的基础上，本章对大学生创新能力与素养特性进行调研，充分了解目前在校大学生的创业核心能力与素养水平，并通过大数据分析方法对调研结果进行分析，从而对大学生创业能力和素养进行差异化培养需求分析，为后续精准制定培养内容及构建"五位一体"精准培养模式提供支撑。

4.1 大学生创业教育的需求分析

为了精准和科学地制定大学生创业能力与素养的培养内容，必须充分了解社会各界对创业的需求，包括国家的政策需求、社会发展需求、行业发展需求、学校的培养目标等。因此，本章将基于已经提取的创业能力与素养指标从国家层面、社会和行业层面、学校层面和学生自身方面对大学生创业能力与素养培养的需求进行分析，为制定大学生创业能力与素养的培养内容奠定基础。

4.1.1 国家政策的需求分析

4.1.1.1 大学生创业机会识别能力的培养需求

国务院办公厅于 2021 年 10 月 12 日印发的《关于进一步支持大学生创新创业的指导意见》中指出，要将创新创业教育贯穿人才培养的全过程，深化高校创新创业教育改革，健全课堂教学、自主学习、结合实践、指导帮扶、文化引领融为一体的高校创新创业教育体系；还提出要加强大学生创新创业的培训。其中的相关政策可以提高创业者的机会识别能力，帮助创业者更好地抓住新热点、新事物、新商机。

由国家政策可知，机会识别能力是大学生创新创业需要培养的重点。培养机会识别能力可以从以下四个方面入手。首先，优秀的机会识别能力需要创业者具备一定的创业警觉性，即一种持续关注未被发掘的机会的能力。其次，创业者应当拥有一定的先验知识，这样才更容易发现新的创业机会。先验知识包括两个维度，特殊兴趣与产业知识，前者指对某一领域及其相关知识的强烈兴趣，后者是由创业者在多年学习与工作中积累的知识和经验。再次，良好的创造力也是机会识别能力中不可或缺的一部分。创造力由发散性思维和聚合性思维共同构成，而良好的创造力与信息多样化也是分不开的。只有在信息多样化的条件下，发散性思维才对企业经营理念的形成产生显著的影响。最后，社会资本也是机会识别能力的一种重要体现。

创业者需要通过自己的社会资本获得有关创业机会的信息，因此创业者自身社会网络的规模大小、多样性、强度及密度将对机会识别产生重要的影响。识别创业机会是创业的起点，只有在创业的初始阶段准确识别创业机会，抓住新商机，才能为今后的创业道路奠定良好的基础。

4.1.1.2 大学生互联网应用能力的培养需求

国务院发布的《关于进一步做好新形势下就业创业工作的意见》中强调要大力发展新型创业模式，鼓励发展信息化的新型创业平台。其中提到，要总结推广创客空间、创业咖啡、创新工场等新型孵化模式，加快发展市场化、专业化、集成化、网络化的众创空间，实现创新与创业、线上与线下、孵化与投资相结合；并且鼓励企业由传统的管控型组织转型为新型创业平台，让员工成为平台上的创业者，形成市场主导、风投参与、企业孵化的创业生态系统。《关于进一步做好新形势下就业创业工作的意见》表明，随着信息化时代的到来，创业者应当拥有较好的互联网应用能力，以顺应政策要求，更好地融合时代。

为了积极响应政策，我国已经涌现了大量的互联网商业模式，如电商、线上付费教育、多渠道广告投放、高新技术产业等。互联网创业和传统创业相比，具有轻资产的特征，大大减少了创业初期资金的投入，有效地降低了创业成本，更适合还未形成一定资本积累的创业者进行创业。同时，互联网能够消除消费者与生产者空间、时间的差距，并且提供更加公开、全面的市场信息，这在一定程度上可以有效避免传统行业形成的市场垄断。

信息化时代虽然拥有更多的创业机会，但是由于信息本身的即时性与其传播的广泛性，市场上的竞争也变得更加激烈。因此，对创业者的培养必须紧跟时代发展，顺应信息科技浪潮，了解和学习如何利用大数据、云计算、物联网与人工智能等新技术，通过互联网提升价值信息的获取能力、数据分析能力和应用能力，只有具备这些良好的互联网应用能力，才能不断提高市场竞争力。

4.1.1.3 大学生创新能力的培养需求

为了推动创新型国家的建设，创新能力是国家政策中的重头戏。例如，《关于进一步支持大学生创新创业的指导意见》中提出，要打造一批高校创新创业培训活动品牌，创新培训模式，面向大学生开展高质量、有针对性的创新创业培训，提升大学生创新创业能力；《教育部关于大力推进高等学校创新创业教育和大学生自主创业工作的意见》中指出，引导各专业教师、就业指导教师积极开展创新创业教育方面的理论和案例研究，不断提高在专业教育、就业指导课中进行创新创业教育的意识和能力；《教育部关于印发 < 国家级大学生创新创业训练计划管理办法 > 的通知》中也要求，要深化高校创新创业教育教学改革，加强大学生创新创业能力培养，全面提高人才培养质量。

相关政策主要从培训模式、课程体系、专业角度、师资力量等多个方面对创新能力的培养提出了要求。由此可以看出，国家十分重视对创业者创新能力的培养，并且对创业者的创新能力有着更高的要求。

培养创新能力可以通过多种形式，如企业的发展战略创新、产品或服务创新、技术创新、管理创新、营销创新、文化创新等。创业者要想拥有系统性的创新能力，就必须具备良好的学习能力和完备的知识体系，因此还要重视对大学生自身知识结构的培养与更新。

4.1.1.4 大学生专业技能的培养需求

国务院办公厅印发的《关于进一步支持大学生创新创业的指导意见》对创业者的专业素养提供了指导意见。其中要求，要建立以创新创业为导向的新型人才培养模式，健全校校、校企、校地、校所协同的创新创业人才培养机制，打造一批创新创业教育特色示范课程；课程体系建设应当突出专业特色，创新创业类课程的设置要与专业课程体系有机融合，创新创业实践活动要与专业实践教学有效衔接。此外，国务院发布的《国务院关于印发“十四五”就业促进规划的通知》中指出，要深化教育教学改革，实施教育提质扩容工程，着力培养创新型、应用型、技能型人才；优化高校学科专业布局，推进专业升级和数字化改造，及时减少、撤销不适应市场需求的专业；加快重点领域急需紧缺人才培养等。从以上政策可以看出，近年来国家十分注重对创业者专业知识的培养，其中要求建立专业性较强的课程体系，并结合创业者本身的专业进行针对性培养。这些举措有利于创业者掌握良好的专业技术能力。

在创业能力中，专业技术能力是创业者必须具备的一项基本能力。随着经济与科技的不断发展，社会对于人才的需求也在向“复合型人才”悄然转变。伴随着这种现象，国家对于创业者的培养需求也愈发严格，从只需了解企业管理相关知识变为企业管理能力与行业所需知识或技能兼具。培养良好的专业技术能力可以使创业者更加敏锐地把握市场演进方向，抓住稍纵即逝的创业机会；也能更好地吸纳专业人才，减少创业过程中的行业风险；同时，专业技术知识直接决定了生产实践的方法和效率，对有效管理企业起到一定的帮助。

4.1.2 社会发展的需求分析

培养创新创业人才的初衷是为了促进社会和行业的发展，大学生创业也是为社会服务的过程。因此在设计科学的培养内容时，一定要充分考虑社会对创新创业的实际需要。例如，培养大学生创业可以充分缓解就业压力、培养创业人才可以促进某些行业的发展和技术进步、创业人才可以弥补人才缺口、创业可以促进地区经济发展和刺激消费等。因此，有必要分析社会行业的发展中对大学生创业能力与素养的培养需求。

4.1.2.1 社会发展对大学生创新创业的需求

“大众创业，万众创新”既是提升综合国力、保持国际竞争的迫切需要，也是目前经济转型升级、保证就业的重要出路。随着教育改革的不断发展及高校的扩招，大学生越来越普及化，这就为社会带来了更多的就业压力。在这种窘迫的局势下，创新创业人才的培养能够有效地缓解社会面临的就业压力，高校毕业生除了选择去企事业单位就业以外，还可以依据自身的爱好和特长选择合适的行业进行创业。因此，高校必须全面落实创新创业相关教育，培养大学生的创新创业意识，激发大学生内在的潜力，引导高校毕业生逐渐加入创新创业的队伍，成为价值的创造者和就业的提供者，为社会缓解就业压力。

而且，社会的发展需要大学生的积极创新与创业来促进。在经济发展、科技进步中，大学生创业所培养的创新意识是决定一个国家、民族创新能力最直接的精神力量。大学生创业可以促进科技成果的转化，实现科技的进步，从而对人类社会各个方面产生深刻而广泛的影响。大学生创业还可以更新生产技术，提高劳动者素质，开辟更加广阔的劳动对象，优化社会资源分配，从而推动社会生产力和经济的发展。从就业层面来看，大学生创业有利于缓解社会的就业压力。首先，大学生自主创业能够增加新的职业，实现就业渠道的多元化，同时为社会培养大批精英人才。其次，大学生自主创业能促进全新就业观的形成，促进社会就业观念的变革。此外，大学生通过自主创业可以降低社会就业紧张感，如果其具备高水平的创业能力，不但不会对就业造成威胁，反而还会提供更多的就业岗位。

社会是一个复杂的系统，社会的发展要求对大学生创业的行业提出了诸多挑战，因此在培养适合社会发展的创业人才时，大学生要充分了解自身优势，也要及时掌握社会对创业行业的需求。这可以从两个方面进行培养。第一，大学生应该选择自己熟悉的领域去创业。由于大学生在校期间会学习专业课程，并且通过兼职或者实习等机会，对社会上的一些行业有一些认识和了解。因此，大学生在创业之初就要选择好的行业和领域，要选择自己擅长、有兴趣的，且可以长远发展的行业，这样创业的热情才能一直保持下去，最终做出成就的概率会更大。此外，大学生创业可以选择低投入、脑力型的行业创业。投入资金太多的行业不适合大学生创业，即便有雄厚的财产支持，但是因为没有经验，大多处在尝试阶段。第二，大学生创业要满足社会对行业的需求，近年来中国注重乡村的发展建设及对服务业的支持力度加大，为大学生创业提供了许多创业方向。例如，现在偏远的乡村发展建设一般依靠旅游行业的发展，这为大学生创业提供了一定的创业机会。同时，旅游业是一种汇集经济价值和生态价值的第三产业形态，是人类社会发展过程中的重要动力之一，将旅游纳入乡村振兴战略，既是推动农村发展，落实共同富裕和建成小康社会的关键举措，又能够实现大学生就业的目标，切实解决就业问题。

在社会中拥有更多资源的大学生更倾向于自主创业，但相比于经济创业，大学生创业意向并没有催生较多的社会创业行动，其原因是多方面的。第一，社会创业要求创业者不仅能够挣到充分的资金，还要切实解决社会问题。第二，在社会认知上，大学生对社会创业形式还知之甚少，许多人认为公共领域创业是政府的事。第三，在扶持政策上，政府虽然大力鼓励大学生投身创业，青睐技术创新驱动的创业项目，但对公益类项目关注较少，尚无专门的鼓励措施。第四，在融资上，目前大学生公益类创业项目很难获得银行或投资基金的贷款。第五，在评价标准上，大学生创业成败的评价要素比较单一，往往会过多注重其经济效益而忽视社会效益。

由此可见，从社会角度而言，为了使大学生创业教育与社会发展更紧密，培养过程中首先要从根本上改变大学生对社会创业的认知，使大学生了解丰富的创业形式及社会发展基本规则，培养大学生的责任意识，创业是自身社会责任感的一种体现。其次，要让大学生能够准确分析社会形势，能够捕捉到社会亟须解决的问题，从而发现创业的机遇。同时，大学生在进行创业时也需要社会层面的支持，良好的社会支持是提升大学生创业意愿的关键。社会支持对大学生创业的积极影响主要体现为能够满足大学生的成就意愿和价值观要求，这是能够促使大学生将创业常态化、事业化的重要保证。因此，社会针对高校学生创业项目等提供一些辅助支持，尽量为其提供保障性措施，从而助推大学生能够顺利实现创业目标。例如，一些城市的孵化园为大学生创业提供办公场所，以极低租金或者免租金的方式提供使用，推动大学生创业顺利进行。

4.1.2.2 行业发展对大学生创新创业的需求

行业的发展需要技术创新，技术上的创新在产品的生产方法和工艺的提高过程中起着举足轻重的作用。技术创新既能提高物质生产要素的利用率，又可以通过引入先进设备和工艺来降低成本。因此，高校应注重培养大学生的技术创新能力，从而促进行业在技术、形态及发展模式等多个方面的提升，进而带动相关产业的共同进步，最终提升整个国家的综合实力。若要提升大学生创业热情，不仅需要教育改革，行业也要做出相应的接纳，二者的相互促进是推动大学生创新创业的必要条件。

选择恰当的行业对大学生成功创业是至关重要的，在众多行业中，大学生可以选择的，并且欢迎大学生进行积极创业的行业类型主要有科技导向型、消费导向型、文化创意导向型、新媒体导向型、代理导向型、嫁接导向型及政策导向型等，因此大学生创新创业的培养内容应从以下几个方面入手。

（1）科技导向型

大学是青年人聚集的地方，也是高新技术、知识及成果产出的地方。大学生要积极参与校企合作的技术创新项目，深入基础前沿研究，学会科技成果转化。科技成果转化因为有智慧资源及校园资源的倾注，应该是大学生创新创业的重点。需要注意的是，科技成果的转化和孵化是不同的，转化需要的时间较短，而孵化相对于转化而言需要更多的时间。有些国家原则上鼓励的项目，如新能源、新材料、航天技术、人工智能等孵化的时间较长，同时对学科门槛要求较高，大学生在创业时要注意考虑时间成本。

（2）消费导向型

随着国民生产水平的提高，人们的消费领域也在不断扩展。大学生作为如今有想法、引领潮流的群体，可以抓住衣、食、住、行、娱乐、就业、留学等产业消费升级的机会，进行创新创业。例如，可以在校园内设置无人花架、特殊商品代购等销售服务，同时注重货品的多元化、潮流化，以保证货物的快速周转。

（3）文化创意导向型

随着消费的转型升级，文创产业的消费面也越来越广泛，不论是音频、视频、图片、标志，还是小说、电视剧等产品，都可以成为文创产业的组成元素。同时，大学生对排队、市集、演讲、自代言等模式都比较熟悉，可以抓住时机，进行个人 IP 产业化，形成个人品牌。需要注意的是，大学生在创业的过程中要寻找好切入点和平衡点，同时注意传导积极健康的元素，这样才能有长远的发展。

（4）新媒体导向型

随着互联网越来越年轻化，抖音、快手、小红书等自媒体平台已经深入人们的生活。许多大学生不仅经常使用这些软件，还熟悉了自媒体的运作模式。如果大学生掌握了一些剪辑视频、运营账号的技能，同时有输出内容的意向，那么就可以尝试新媒体导向型创业。具备一定原创力的大学生在进行新媒体创业时，可以发出内容，吸引流量，对账号的内容进行调整，进而吸引更多的流量，从而产生利润。

（5）代理导向型

随着人们的消费不断升级，许多新型店铺不断产生，这就产生了一种新的创新创业模式——代理导向型创业。大学生可以抓住潮流，尝试代理网红奶茶店，或者进行当下流行的网红品牌的校园代理，依托强大的企业和较为宽广的市场，从店长逐步做到校园代理、地区代理，从而实现成功创业。需要注意的是，该行业的创新创业需要有一定的资金支持，同时要保持敏锐的商业触觉。

（6）嫁接导向型

目前的市场上，有很多传统产业在新经济趋势面前止步不前，其中一方面的原因在于传统产业缺乏活力，缺少创新型的人才，缺少创新思维，因此这一领域存在较多创业机遇。大学生在创新创业时，可以将新人思维模式与传统产业的转型升级融合，找到可供发挥新思维的结合点，使传统产业焕发出新的活力。

（7）政策导向型

政策导向型创业主要包括两种形式，一种是大学生返乡创业，一种是科技成果转化。大学生返乡创业是乡村振兴战略的关键点，已经得到地方政府的关注和支持。地方政府将家乡的政策变化传达给在外的学子，同时对大学生返乡创业项目提供注册、入驻孵化器、投融对接、政策补贴、住房等方面的照顾，引导更多大学生在家乡进行创新创业。第二种是科技成果转化，集中于产学研用，尤其是科技成果转化项目方面，这里面蕴含着巨大的商业机遇。科技成果的转化将与企业的规模优势、品牌、组织能力、专利技术、资源资本等一起构筑成企业的核心竞争力，因而推动高校科技成果向市场转化能有效促进大学生创新创业。高校科技成果转化也面临着诸多现实的问题，如何将科技成果快速转化，将原来各自独立隔断的研发、评估、商品化、市场化等环节有效连接起来，需要建立一整套严谨的商品化流程，形成科技商品化的系统能力。对大学生创业者而言，不管是选择哪种创业范式，建议选择增量市场来做，选择存在着巨大空白和错位的蓝海市场。

（8）NGO 导向型

NGO（Non-Governmental Organizations）即非政府组织，目前社会上社会组织、公益类项目因其影响力大，以及跨国界、边界协同等特点成为大学生创业选项的一个赛道。大学生都或多或少地参与过各个协会的公益性活动，这些项目基本是靠募捐来维持周转。大学生在创新创业时，可以在建立公益组织的同时，将自己的兴趣与之融合，再引入商业性、社会性的元素，构建新的盈利网络。

从行业层面来说，培养适合各种导向型的创业人才，要使大学生在观察行业动向的同时抓住行业热点，巧妙地利用现有的资源和信息进行创业，就要选择行业壁垒较弱或者与自身所学专业相关的行业进行创业，这样不仅能够较快地融入行业、提高知识—利润的转化率，同时也能大大地提高成功的概率。

4.1.3 人才成长的需求分析

创新创业是促进经济发展的第一驱动力，而高校是酝酿和孕育创新创业人才的孵化器，不仅肩负着历史使命，也承担着重要责任。在经济新常态下，国际竞争逐渐转化为对知识型、创新型人才的竞争，经济的高速发展势必会在很大程度上改变教育，使创新创业成为国家关注的重点。因此，高校不仅要培养适合中国国情的创业人才，还要培养国际性的创新人才。

大学生创新创业能力要通过课程学习来提升，通过课程使大学生充分掌握创业所需的知识和技能。通过搭建一定的平台为大学生提升实训基础，同时还需要为大学生营造创新创业的场景（真实场景、模拟场景等），让大学生的能力得到充分训练。目前关于创新创业课程的开设大部分以创业意识课程、学科课程（公共课、创业专业课）和实践课程（实操课、活动课）、显性课程、隐性课程为主。

在创业相关的课程体系中，高校需要为大学生开设创业通识、职业规划、就业指导等学校公选课，还要根据各学科专业人才培养需求选择性地开设科研项目、专题研讨、专业技能实践等课程。授课方式为线下和线上，教学手段主要包括课件、书面教材、视（音）频相结合，教师指导、学生讨论和学生创业实践相结合。此外，学校可通过丰富多样的教学手段引导大学生进行自主学习、思考和设计商业模式及创业计划，鼓励和指导大学生参加科创竞赛，用比赛激发潜在的科研意识和对相关领域的研究兴趣，实现真正的探究式学习。

高校对于创新创业的总目标是将创新精神根植到大学生的头脑中，将创业的种子播种到大学生的心田里，将创新的素养灌溉到大学生的血脉中。高校的培养内容及方案可包括以下几个方面。

4.1.3.1 使大学生掌握并应用相关创新方法开展创新设计与实践

高校的教育要使大学生掌握多种创新方法，针对经管领域的新趋势、新问题，进行创新性思考并开展创新设计与实践。掌握创新创业基础知识、基本理论，理解创业活动的特殊性，辩证地认识创业者、创业市场机会、创业计划、商业模式和精益创业等核心知识。与此同时，也能够锻造团队协作能力与技巧，在团队间的对抗性竞争中，强化沟通与共赢。

4.1.3.2 理论与实践结合，设置系统性创业课程体系

大学生通过创业知识学习和实践体验系统地了解创业过程与成败要素，掌握参与创业训练项目和相关竞赛所需的知识能力。这要求大学生通过创业者访谈及案例分析，了解创业过程及关键问题；能够独立或与企业合作设计高水准的创新创业项目；依托学校“双创”孵化基地，实施和拓展创业项目；熟练运用创新创业知识与方法，完成创业项目评价、创业计划书撰写、新企业创办，合理设计新创企业市场营销策略，具备实现新创企业的经营管理的综合实践能力。在此基础上，倡导“学—教—赛”一体化的教学模式，鼓励大学生主动实现“线上—课堂—赛场”的连通，达到以赛促学、以赛促教、以赛促创的目标。

4.1.3.3 培养较高的财经素养、社会责任感和公民人格

大学生通过参加各类创业项目和公益类产品项目，了解财富的有效利用及经济价值和社会价值的创造；了解国家创新创业的战略意义，厚植家国情怀，养成责任

担当、诚信敬业精神，具有较强的创新创业与团队协作意识，主动适应国家经济社会发展，自觉遵循创新创业规律，积极投身创业实践。

4.1.3.4 符合国家发展需求

大学生创新创业能力的提高符合国家的发展需要，全面贯彻落实国家“双创”人才培养的要求，坚持教学面向各类专业学生，适应学科差异，探索建立“自主+合作+探究”的行动式教学模式。随着社会和国家的不断进步，强国的表现形式也逐渐转变为综合国力的体现。换言之，就是人才的创新和科技的发展，只有具备这强有力的两点优势才能保障国家的综合竞争力。创新是文明的进步，也是发展的强有力推手。近年来，创新型社会的建设受到高度重视，并成为国家发展中的重要策略。因此，在大学校园中开展创新创业型人才的培养是符合现代社会的总体发展方向的，培养创新创业人才也是制度创新、科技进步的重要手段。利用创新创业型人才会将中国的发展推向更高的台阶。

综上所述，大学生的创业培养内容要遵循创新创业教育教学规律和创新创业人才成长规律，并基于创新创业实践过程开展教学内容设计。通过教学帮助大学生系统掌握创新创业知识和理论，熟悉创新创业的流程和方法，了解创业的法规和政策，塑造成功创业所必需的关键知识与技能，实现个人创新创业能力与素质的全面发展。

4.2 大学生创业能力与素养的异质性分析

本节将根据核心能力与素养指标，设计调查问卷和调研方案，收集大学生创业能力与素养特征的相关数据并进行分析，根据大学生创新创业能力与素养状态的异质性进行分类，以此设计更符合大学生需求、更适合大学生创业发展的培养内容。

4.2.1 大学生自我效能感调查问卷及调研方案设计

在大学生创新创业能力与素养分析的基础上，可以精准地匹配各特征指标进行调研问卷的设计。通过个人基本信息能够得知被调研群体属于哪些专业和年级；通过创新知识和能力的问卷能够匹配与创业相关的能力方面的特征指标；通过创新创业素养的问卷能够了解创业者的个人素质情况；创新创业环境的问卷设置的目的是调研大学生对创业教育所提供的帮助的期许。因此，精准匹配特征指标的调研问卷设计对于研究大学生创新创业能力和素养更具应用价值，本小节将根据问卷设计的流程和主要原则，从以下五个方面设计大学生创新创业能力与素养的调查问卷。

4.2.1.1 个人基本信息

问卷的设计首先要考虑到填写调研对象的个人基本信息，包括大学生的性别、年级和所属院系，不同性别、专业、年级的大学生在创新创业能力与素养自我认知上均可能存在差异。

4.2.1.2 创新创业知识

要进行创新创业，需要考虑到大学生对创新创业知识的了解程度，根据上文所提到的有关创新创业知识分类指标，创新创业知识可以分为金融知识、法律知识及企业管理知识。通过考查大学生对以上创新创业知识的了解程度可以知道大学生基本的创新创业素养如何。在问卷设计中，对各种知识的了解程度采用Likert五点量表，主要划分为五个级别：非常了解、比较了解、基本了解、不太了解和从未听说。

4.2.1.3 创新创业能力

在知道大学生对于相关知识的了解情况后，需要了解大学生对相关创新创业能力的掌握情况。问卷对于有关创新创业能力的相关指标调查采用Likert七点量表进行调查，大学生可以通过评估自我能力对不同能力指标进行打分。分值的大小可以体现大学生的整体能力得分情况和不同能力的大学生平均打分情况，有助于后续研究的展开。

同时在调查创新创业能力时，还可以进行对大学生的创新创业实践情况的调查，实践的参与及结果在一定程度上反映了大学生的创新创业实践能力。本问卷一共设计了两个问题，第一个是调查大学生是否参与过有关的实践训练，如创业经历、专业实践经历、竞赛经历、社团活动经历、兼职经历；第二个是调查大学生是否取得过相应的成果，如竞赛获奖、专利、论文。相比较而言，有过创新创业实践经历且取得过相应成果的大学生，其创新创业能力高于其他大学生。这也是评估大学生创新创业能力的重要指标。

4.2.1.4 创新创业素养

与创新创业能力相同，创新创业素养也反映了大学生是否适合创新创业。通过大学生对敢为人先的勇气、公平正直的品性、百折不挠的信念、严于律己的习惯、宽以待人的心胸、精益求精的追求、积极乐观的态度、社会责任意识、企业家精神、标准化思维和契约化习惯 11 种素养的自我打分结果来定量考察大学生的创业素养。采用 Likert 七点量表，1 分表示认为自己该项素养极差，7 分表示认为自己该项素养极好。通过得分情况可以更清晰地了解大学生的创新创业素养。

4.2.1.5 创新创业环境

除了了解大学生的相关能力与素养外，还需要了解大学生创新创业的动机与外在环境，以及大学生对于创新创业环境的需求，具体包括以下方面。

首先，判断大学生是否有创新创业的意愿。其次，判断大学生创新创业的动机，题目设置包括以下选项：由于政策激励进行创新创业活动、由于资金支持进行创新创业活动、创业可以解决个人就业问题、创业可以积累资金和财富、创新创业可以挑战自我、创新创业可以带来成就感、创新企业可以提升自身社会地位、创新创业可以从事感兴趣的行业、创新创业可以为国家经济发展和社会作贡献。最后，还应了解大学生对创业环境的需求，创业环境设置的选项包括亲人朋友的支持、所在学校有鼓励大学生创业的措施、政府提供的创业环境及老师的帮助等。

以上所有题目的设置情况，可具体参考附录 3。

设计问卷后需要制定合理的调研方案，包括调研对象选择、调研方法和途径的确定、预调研及问卷修正，具体如下。

第一，调研对象选择。本次关于大学生创新创业的问卷调查，旨在研究对大学生创新创业有影响的相关因素，从而展开对大学生创业素质的培养。因此在选取调研对象时，在主要面向本科生的基础上，应尽量扩大调研范围，使所得的结果更具有代表性，从而使调研更有意义。

在选取调研对象的院校时，覆盖多种类型、层次的高校，体现为既有 985、211 院校，也有普通院校；既包含综合类院校，也包含理工类和师范类院校。在问卷发放时，也要考虑调研对象所在的专业和年级，避免所得问卷局限在单个专业、年级内，要尽量覆盖多个专业和不同年级，使问卷所得结果更具有代表性。

在发放问卷时，要注意主要面向本科生和研究生。由于考虑到班级内部可能具有一定的相似性，因为可以在每个班级内随机抽取一部分学生参与填写问卷，这样可以在减少一定工作量的同时不影响调研结果。需要注意的是，在随机抽取时应注意男女比例的平衡，尽量使男女抽样人数相近，避免偏颇。

在选择抽样方法时，可以结合分层随机抽样和分层整群抽样的方法。其中随机抽样可以采用随机数表法和抽签法。随机数表法又称乱数表法，是利用随机号码表进行的抽样方法。随机号码表是利用 0~9 这十个自然数，按照一定的编码要求进行不同位数的编码，最后利用计算机进行摇码，生成抽取对象的方法。这种方法可以大大化解抽样的烦琐。相比于抽签法，每个号码都有相同被抽到的可能，可以避免样本不均的问题。如果采用随机数表法，则可以使用学生的学号进行编表，在确定了抽样的起点、顺序和抽样数量后即可进行抽样。注意在抽样时要求不重复抽样，即抽中的样本不能再放回总体中，避免影响调研结果。抽签法和随机数表法类似，是先将调查对象的总体进行编号，之后利用随机抽取的方式任意地抽取号码，但是这种方法在样本搅拌不均时容易导致抽样不公平。同样，如果使用抽签法，在确定了样本容量后，可以使用学生的学号进行抽签。

除了随机取样外，直接抽选法指的是在确定了样本后，直接抽取样本。这种方法难以完全遵循随机抽取的原则，容易受到个人的主观影响。如果采用直接抽选法对本次调研的对象进行抽选，应该尽量避免受到主观的影响。

以上三种抽样方法，不仅可以直接在目标抽样对象群体中进行运用，还可以在区分参与和没参与过创业比赛的群体后再进行抽选。此时需要注意控制两种人群的比例和其内部的性别、年级及专业的比例，以保证调研结果的代表性。

综上所述，调研对象的选择要具有代表性和广泛性，调研范围需要有广度，而抽样方式要有随机性，这样得出的调研结果才能更加真实地反映大学生创新创业素质情况。

第二，调研方法和途径的确定。根据问卷发放的形式不同可分为送发式问卷、报刊式问卷、邮寄式问卷、电话访问式问卷、网络问卷等。其中，送发式问卷是指由调查者将调查问卷发送给选定好的目标群体，待回答完问题后再进行统一收回。报刊式问卷是指把问卷设计在报纸上，随报纸把问题发送到各地，没有确切的目标，当读者看到报纸后在报纸上填写问卷，然后寄回报刊编辑部。其优点是有稳定的传播途径、保密性好、费用低，缺点是回收率不高。邮寄式问卷是指通过邮局把问卷邮寄给相应的人员，待答完问题后再通过邮局将问卷统一回收。电话访问式问卷更容易理解，就是通过互通电话的形式，向应答者提问，调研者根据应答者在电话中的回答情况进行填写。网络问卷是当前较为普遍运用的一种形式，是将问卷在网络上发布。网络问卷的优势是保密性好，不受时间和空间的限制，可以获得更多的信息。

由于目前互联网发达，因此网络问卷能够使问卷以较为简单的方式取得较理想的效果。网络问卷受限制较低，目前较为普遍，本书借助问卷星对大学生创新创业能力与素养情况展开调研。

第三，预调研及问卷修正。研究通过谈话对正在实施创业或是有创业想法的大学生进行了预调研，访谈通过一问一答式对话了解大学生创新创业能力和素养的影响因素。接着对调查访谈内容进行归纳总结，初步整理出大学生创新创业能力和素养的影响因素指标体系。此体系分为个人基本条件、创新创业知识、创新创业能力、创新创业实践、创新创业素养和其他创新创业特质六个部分。具体如下。

（1）个人基本条件

本部分主要包括性别、地区、大学类型、院系、学历、年级、身体健康等。这些指标考虑了参加调研的大学生的创新创业能力和素养外的基本条件，是无法通过课程设置改变的人口学变量，用以区分大学生的类别。

（2）创新创业知识

本部分主要包括行业专业知识、金融知识、法律知识、企业管理知识。这些指标旨在识别大学生对创新创业所需知识的掌握程度，越完善的知识体系，越能体现大学生的创新创业能力。

（3）创新创业能力

本部分主要包括创新能力、感知能力、沟通能力、领导能力、失败能力和学习能力。这些指标的设置意图探究大学生创新创业能力中具体的细分能力，考察他们需要达到的创新创业能力的等级。

（4）创新创业实践

本部分主要包括创新创业经历、创新创业成果、科学研究的经验。通过实践对大学生创新创业能力进行划分，将有过实践经历、创新成果和科研实践的大学生或研究生与没有实践经历的大学生进行区分，不仅可以了解实践对于大学生创新创业能力的影响，也可以更加精准地设计课程体系。

（5）创业创新素养

本部分主要包括独立思考、敢为人先的勇气、公平正直的品性、百折不挠的信念、严于律己的习惯、宽以待人的心胸、精益求精的追求、积极乐观的态度、社会责任意识、企业家精神、标准化思维、契约化习惯、激情、自信、科学理性、有志向、良好的心理素质。这些指标体现在大学生的性格、思维和态度维度上，并通过自我打分区分类别。

（6）其他创新创业特质

本部分主要包括创新创业意向、创新创业环境、创新创业动机。这部分是排除在以上五个分类外的指标，也能在一定层面上体现出大学生创新创业的能力，但更多的作用在于区分大学生类别，以实现课程体系设计的针对性。

初步确定的指标体系存在着一些问题。首先，指标体系过于繁杂，如若设计成问卷形式发放调查，题量过大，容易导致被调查者失去耐心。其次，此指标体系中有内容重复、形式冗余的指标。最后，有部分大学生在回答问卷时无法理解其内涵。鉴于此，在最终问卷中，创新创业知识部分去除行业知识这个较为模糊的指标。创新创业实践则保留创新创业经历和创新创业成果两部分，并通过多选题进行测试。创新创业素养在问卷设计时通过提示的方式使大学生了解这些素养的内涵。综上所述，在多次讨论后，对大学生创新创业指标体系不断修改完善，形成最终版本。

4.2.2 创新能力与素养调查数据结果分析

本书通过问卷星对北京多所高校进行了调研，共收集问卷 628 份，数据样本的统计分析如下。

（1）基本信息统计

基本信息包含了性别、专业和年级信息，样本统计情况如表 4–1 所示。

表 4-1　基本信息数据样本统计

选项		样本数量	比例
性别	男	270	42.99%
	女	358	57.01%
	有效样本	628	
学科类型	理工类	126	20.06%
	管理类	347	55.25%
	经济类	119	18.95%
	医学	9	1.43%
	农学	2	0.33%
	其他人文社科类	25	3.98%
	有效样本	628	
年级	大一	35	5.57%
	大二	102	16.24%
	大三	79	12.58%
	大四	96	15.29%
	研究生	316	50.32%
	有效样本	628	

从男女比例来看，男性占比为 42.99%，女性占比为 57.01%。在学科类型中，管理类的学生较多，占比为 55.25%；其次是理工类和经济类，分别占 20.06% 和 18.95%；医学和农学专业的学生较少。在年级分布中，考虑到研究生积累的知识、能力、经验和人脉更多，创业意愿更强烈，因此对研究生群体的调研数量较多，占比为 50.32%；对于本科生而言，重点对大二、大三和大四的学生进行调研，大一的学生初入大学，还没有很多创新创业的想法，因此不是调研的重点群体。

（2）创新创业知识

对于创新创业知识的考察，本文从非常了解、比较了解、基本了解、不太了解和从未听说五个层次对大学生进行调研，调研内容涵盖了创新创业所必需的金融知识、法律知识和企业管理知识，大学生对各种创业知识的了解程度统计如表 4–2 所示。

表 4-2　创新创业知识数据样本统计

选项		样本数量	比例
金融知识	非常了解	17	2.71%
	比较了解	101	16.08%
	基本了解	261	41.56%
	不太了解	245	39.01%
	从未听说	4	0.64%
法律知识	非常了解	16	2.55%
	比较了解	40	6.37%
	基本了解	104	16.56%
	不太了解	437	69.58%
	从未听说	31	4.94%
企管知识	非常了解	18	2.86%
	比较了解	120	19.11%
	基本了解	226	35.99%
	不太了解	249	39.65%
	从未听说	15	2.39%
	有效样本		628

从创新创业知识的样本分布特征来看，大多数大学生对知识的了解程度属于基本了解和不太了解；非常了解的人数不多，占比为 2%~3%；从未听说过这些知识的人占比不超过 3%。其中，大学生对法律知识的了解相对欠缺，这一方面是由于调研对象没有针对法律专业的大学生，其他专业的大学生在培养过程中较少设置法律相关的课程，有 4.9% 的大学生表示从未听说过创业相关法律知识。

（3）创业能力和素养

在创业能力和素养的考察中，问卷内容设置为七点量表，大学生可根据自身情况在 1~7 个等级中对自己做出评价，1 为最低，7 为最高。创业能力包括创新能力、感知能力、沟通能力、领导能力、失败能力和学习能力，创业素养包括敢为人先的勇气、公平正直的品性、百折不挠的信念、严于律己的习惯、宽以待人的心胸、精益求精的追求、积极乐观的态度、社会责任意识、企业家精神、标准化思维、契约化习惯等。样本数据统计如表 4–3 所示。

表 4-3　创新创业能力和素养数据样本统计

项目 / 分数	1	2	3	4	5	6	7
创新能力	19（3%）	18（2.9%）	122（19.4%）	179（28.5%）	181（28.82%）	79（12.6%）	30（4.78%）
感知能力	16（2.55%）	16（2.55%）	58（9.24%）	130（20.7%）	171（27.23%）	174（27.7%）	63（10.03%）
沟通能力	23（3.66%）	40（6.37%）	111（17.7%）	203（32.32%）	159（25.3%）	58（9.24%）	34（5.41%）
领导能力	12（1.91%）	9（1.43%）	23（3.66%）	110（17.5%）	168（26.8%）	222（35.3%）	84（13.4%）
失败能力	14（2.2%）	17（2.71%）	73（11.6%）	165（26.3%）	193（30.8%）	129（20.5%）	37（5.89%）
学习能力	12（1.91%）	21（3.34%）	68（10.83%）	160（25.5%）	194（30.9%）	117（18.6%）	56（8.92%）
敢为人先的勇气	15（2.39%）	24（3.82%）	93（14.81%）	198（31.52%）	162（25.8%）	105（16.72%）	31（4.94%）
公平正直的品格	10（1.6%）	15（2.4%）	46（7.32%）	151（24%）	192（30.6%）	157（25%）	57（9.08%）
百折不挠的信念	10（1.59%）	10（1.59%）	39（6.21%）	116（18.5%）	180（28.7%）	185（29.4%）	88（14.01%）
严于律己的习惯	10（1.59%）	13（2.07%）	49（7.8%）	169（26.91%）	197（31.37%）	133（21.18%）	57（9.08%）
宽以待人的心胸	9（1.43%）	9（1.43%）	41（6.53%）	147（23.41%）	214（34.08%）	158（25.16%）	50（7.96%）
精益求精的追求	12（1.9%）	11（1.75%）	74（11.8%）	167（26.59%）	185（29.5%）	129（20.5%）	50（7.96%）
积极乐观的态度	34（5.4%）	34（5.4%）	99（15.8%）	178（28.3%）	162（25.8%）	88（14%）	33（5.3%）
社会责任意识	19（3.03%）	25（3.98%）	81（12.9%）	175（27.87%）	155（24.68%）	124（19.74%）	49（7.8%）
企业家精神	10（1.59%）	7（1.11%）	42（6.69%）	144（22.9%）	201（32%）	159（25.31%）	65（10.4%）
标准化思维	11（1.75%）	10（1.59%）	57（9.08%）	150（23.89%）	198（31.52%）	143（22.77%）	59（9.4%）
契约化习惯	19（3.03%）	37（5.89%）	107（17.04%）	212（33.75%）	148（23.57%）	74（11.78%）	31（4.94%）

为了更直观地反映大学生的创新创业能力和素养的情况，图 4–1 和图 4–2 分别展示了创新创业能力和素养的调研问卷数据样本分布情况。

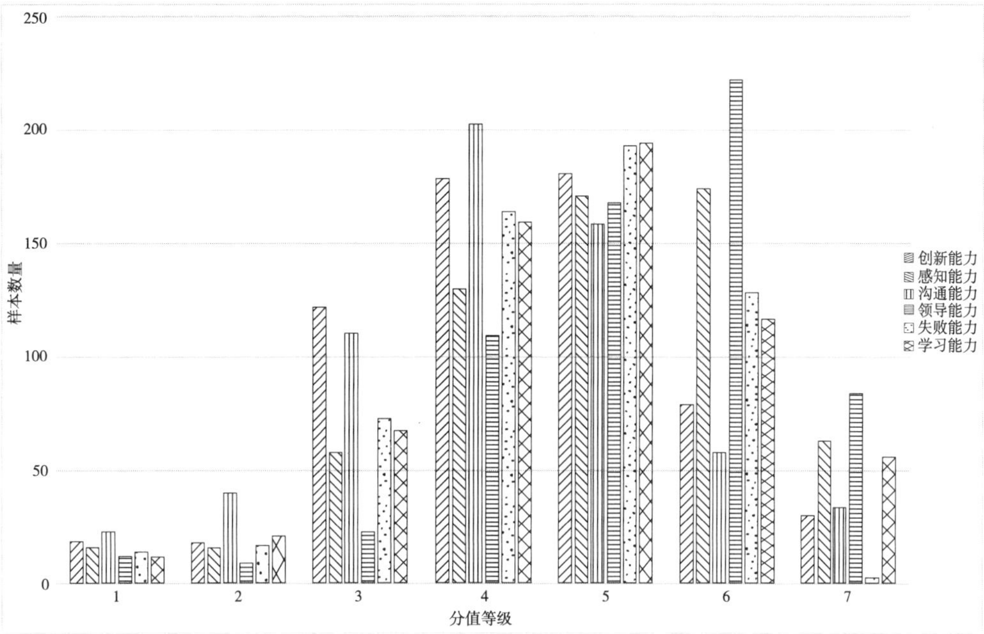

图 4-1　创新创业能力问卷数据样本分布

从创业能力的样本分布特征来看，选择 4~6 分的大学生较多，说明大部分大学生认为自己的创业能力居于中等偏上水平，较少大学生认为自己完全不具备创业能力，同时认为自己创业能力十分出色的大学生数量也不多。从能力的种类来看，大学生对感知能力和领导能力的掌握较好；创新能力和沟通能力相对较弱；失败能力有人能够十分精通；大部分大学生都能够掌握学习能力，相关专业的大学生能够熟练应用。

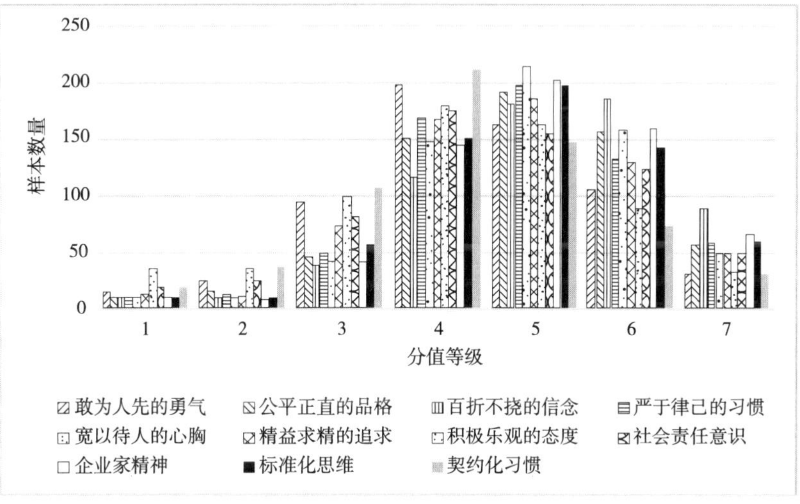

图 4-2　创新创业素养问卷数据样本分布

在创新创业的 11 种素养中，大部分大学生的分值处于 4、5、6 三个等级中，分别对应一般、较符合和符合三个层次。其中，大学生在敢为人先的勇气、积极乐观的态度和风险偏好契约化习惯三种创业素养方面的水平偏低，部分大学生选择了非常不符合和比较不符合，并且十分符合的人数相对较少。

（4）创业经历

创业经历是大学生毕业后是否选择创业的重要因素，问卷中统计了五种创业经历和创业经历取得的成果，具体统计结果见表 4–4。

表 4–4　创业经历及成果数据样本统计

选项		样本数量	比例
创业经历	自主创业经历	58	9.24%
	专业实践经历	164	26.11%
	竞赛经历	195	31.05%
	社团活动经历	316	50.32%
	兼职经历	248	39.49%
	无	157	25%
创业成果	竞赛获奖	168	35.67%
	专利	30	6.37%
	论文	84	17.83%
	没有过	246	52.23%
	其他	33	7.01%
	有效样本	628	

从表中的统计结果可以发现，大学生的创业经历以社团活动、兼职和创业竞赛为主，其中有社团活动的大学生数量占比为 50.32%，25% 的大学生没有任何创业经历，有自主创业经历的大学生仅占 9.24%。在有创业经历的大学生中，有一半左右的大学生没有任何创业成果，有创业成果的以竞赛获奖为主，获得专利、论文和其他成果的大学生共占 30% 左右。

（5）问卷的信度和效度分析

①信度检验。信度分析也称为可靠性分析，用于衡量问卷的可靠性。衡量信度

的方法有很多种，常用的信度系数是克隆巴赫 α 系数（Cronbach's Alpha），也称为内部一致性系数，反映了量表的不同题目之间是否衡量了相同的概念内涵。克隆巴赫 α 系数的数值越大表明问卷越可靠，越能够反映实际情况。一般情况下，克隆巴赫 α 系数以 0.7 作为分界点，如果系数值大于 0.7，则表明问卷样本的数据变量的一致性较好；如果系数值在 0.5~0.7，则表明可靠程度一般；如果系数值小于 0.5，则表明可靠度不够，应该放弃。

本次问卷调查主要从创新创业知识、创新创业能力和创新创业素养三个方面考察大学生的创新创业能力与素养，分别对这三个方面的指标及问卷总体做信度检验，结果如表 4-5 所示。

表 4-5　克隆巴赫 α 系数表

指标	项数	克隆巴赫 α 系数
创新创业知识	3	0.726
创新创业能力	6	0.890
创新创业素养	11	0.936
总体	20	0.945

从表 4-5 可以看出，创新创业知识、创新创业能力、创新创业素养及总体的克隆巴赫 α 系数分别为 0.726、0.890、0.936 及 0.945，均大于 0.7，这表示问卷样本的可靠性较好。同时问卷总体的克隆巴赫 α 系数为 0.945，说明问卷信度良好。

②效度检验。效度（Validity）即有效性，它是指测量工具或手段能够准确测出所需测量的事物的程度。效度是指所测量到的结果反映所想要考察内容的程度，测量结果与要考察的内容越吻合，则效度越高；反之，则效度越低。常见的效度是结构效度，结构效度指的是测量题项与测量维度之间的对应关系。

使用 Mplus 8.0 进行结构效度检验，建立大学生的创业素养、创业能力和创业知识三因子模型，因子 1 为创业知识（包括经济金融知识、创新创业法律政策知识、企业管理知识），因子 2 为创业能力（包括创新学习能力、失败能力、领导能力、沟通能力、感知能力、创新能力），因子 3 为创新素养（包括契约化习惯、标准化思维、企业家精神、社会责任意识、积极乐观的态度、精益求精的追求、宽以待人的心胸、严于律己的习惯、百折不挠的信念、公平正直的品格、敢为人先的勇气）。

验证性因素分析结果表明三因子模型拟合良好，$\chi 2 = 776.554$，$df = 161$，CFI = 0.924 > 0.90，TLI = 0.911 > 0.90，RMSEA = 0.078 < 0.08，且拟合指数显著优于两因子模型（能力和素养合并为一个因子，$\chi 2 = 1004.064$，$df = 163$，CFI = 0.896，TLI = 0.879，RMSEA = 0.091，$\Delta\chi 2 = 227.510$，$\Delta df = 2$，$p < 0.001$），和单因子模型（$\chi 2 = 1306.623$，$df = 164$，CFI = 0.859，TLI = 0.837，RMSEA = 0.105，$\Delta\chi 2 = 302.559$，$\Delta df = 1$，$p < 0.001$），表明本研究工具能够有效测量相应的构念，具有良好的有效性和区分度。

4.2.3 创业能力与素养的异质性分析

聚类分析是研究按一定特征，对研究对象进行分类的多元统计方法，它并不关心特征及变量间的因果关系。聚类分析的结果应使类别间个体差异大，而同类的个体差异相对要小。当总体样本的特征不明确时，对数据进行聚类有助于筛选合适的指标进行分析，从而得到有价值和实践意义的研究结论，因此适用于本书中问卷数据的分析。

4.2.3.1 大数据分析方法介绍

常见的聚类方法有三种，分别是层次聚类、最大最小距离聚类和 K 均值聚类，每种方法都有各自的优缺点和适用条件。

（1）层次聚类

层次聚类也是一种比较经典的聚类方法，其主要思想是先把每一个样本点归为一类，再通过计算类间的距离来对最相似或者距离最近的类进行合并，从而得到一个新的类，以此类推，直到满足特定的迭代条件即可。层次聚类的计算原理主要分为以下几个步骤。

Step 1：将每个样本点都视作一类，一共有 n 个类。

Step 2：计算所有类两两之间距离（类间距离计算方式有很多，如取最近、取最远、找重心等，这里不作详述），然后把距离最近的两个类进行合并，组成一个新的大类。

Step 3：重复步骤 2 中的操作，直到达到特定的迭代条件（例如，当前类的数目是初始时的 10%，即 90% 的类都得到了合并；最小的类间距离大于预先设定的阈值等），则算法结束。

值得注意的是，层次聚类中的迭代的终止条件的设置是一个比较复杂的问题，需要根据一定的经验和具体问题进行分析。这种聚类方法的优点是聚类之前不需要提前设定类的个数，并且计算过程对于距离度量标准的选择不敏感，缺点是效率较低，因此不适用于本书的计算。

（2）最大最小距离聚类

这种方法的核心思想是先计算出聚类中心，再把所有的样本点按照就近原则，归到离自身最近的聚类中心所对应的类。最大最小是指在所有的最小距离中选取最大的。其主要的算法步骤如下。

Step 1：随机选择一个点，作为第一个类的聚类中心 Z_1。

Step 2：选择与步骤 1 中距离最远的样本点，作为第二个类的聚类中心 Z_2。

Step 3：逐个计算每个点到所有聚类中心的距离，并把所有的最短的距离记录下来。

Step 4：在这些最短距离中挑选最大的值，如果这个最大值大于 $\lambda \| Z_1 - Z_2 \|$，其中，$0 \leq \lambda \leq 1$，那么将这个最大距离所对应的另一个样本点作为新的聚类中心；否则整个算法结束。

Step 5：重复步骤 3 和步骤 4 的操作，直到步骤 4 中不再出现新的聚类中心。

Step 6：将所有的样本归到与其自身最近的聚类中心。

（3）K 均值聚类

K 均值（K-means）聚类是比较经典，也是应用较多的聚类方法，在机器学习中属于无监督学习部分非常经典的例子。K-means 聚类，顾名思义，包含了两个关键点，一个是 K 值，表示要聚类的个数；另一个是 means，表示在每一次计算聚类中心的时候都是通过计算平均值得到的。假设样本总数为 n，那么 K-means 聚类法的计算步骤如下。

Step 1：在样本中随机选取 K 个点，作为每一类的中心点。

Step 2：计算剩下 n-K 个样本点到每个聚类中心的距离（距离有很多种，假设这里采用欧式距离）。对于每一个样本点，将它归到和它距离最近的聚类中心所属的类。

Step 3：重新计算每个聚类中心的位置。步骤 2 中得到的结果是 n 个点都有自己所属的类，将每一个类内的所有点取平均值（这里假设是二维空间，即对 x 和 y 坐标分别取平均），计算出新的聚类中心。

Step 4：重复步骤 2 和 3 的操作，直到所有的聚类中心不再改变。

K-means 聚类最显著的优点是计算简洁且速度较快、效率较高，并且它是使用中位数来计算中心点的，不受异常值的影响，缺点是需要提前设定类的个数。为方便后续对大学生创业能力和素养的培养方案的研究和设计，可以预先设定聚类的数量，从而精准地匹配培养方案，因此 K-means 聚类比较适合此类的数据分析。

4.2.3.2 基于大数据分析法的结果分析

利用 Stata 17 软件对大学生创新创业的问卷调研数据进行 K-means 聚类，将所有参与问卷的大学生分为三大群体，分别将三种聚类结果根据其特征命名为无创业感、有创业感和强创业感，如表 4-6、表 4-7、表 4-8 所示。

表 4-6 无创业感类型的创业能力与素养特征

	变量	观测值	均值	标准偏差	最小值	最大值
创新创业能力	创新能力	144	3.14	1.055198	1	7
	感知能力	144	3.53	1.234382	1	7
	沟通能力	144	2.98	1.128066	1	7
	领导能力	144	3.96	1.283979	1	7
	失败能力	144	3.37	1.089524	1	7
	学习能力	144	3.48	1.164563	1	7
创新创业素养	敢为人先的勇气	144	3.21	1.114902	1	7
	公平正直的品格	144	3.51	1.146513	1	7
	百折不挠的信念	144	3.94	1.307422	1	7
	严于律己的习惯	144	3.73	1.318076	1	7
	宽以待人的心胸	144	3.66	1.071977	1	7
	精益求精的追求	144	3.34	1.011564	1	7
	积极乐观的态度	144	3.03	1.217268	1	7
	社会责任意识	144	3.18	1.144478	1	7
	企业家精神	144	3.67	1.108327	1	7
	标准化思维	144	3.60	1.207313	1	7
	契约化习惯	144	3.12	1.121157	1	7

聚类结果一为无创业感群体，问卷样本数量为 144 份，创业能力和素养的平均得分为 3~4 分，整体的分值范围为 1~7 分。从分值水平可以看出，这一类中的大学生认为自己的创新创业能力与素养不足，各方面有待进一步加强。

表 4-7　有创业感类型的创业能力与素养特征

	变量	观测值	均值	标准偏差	最小值	最大值
创新创业能力	创新能力	306	4.28	1.002071	1	7
	感知能力	306	5.05	1.032526	1	7
	沟通能力	306	4.13	0.987639	1	7
	领导能力	306	5.37	0.936561	1	7
	失败能力	306	4.67	0.93969	1	7
	学习能力	306	4.82	1.017473	1	7
创新创业素养	敢为人先的勇气	306	4.37	0.925999	1	7
	公平正直的品格	306	4.95	0.845944	3	7
	百折不挠的信念	306	5.21	1.001253	1	7
	严于律己的习惯	306	4.76	0.918989	1	7
	宽以待人的心胸	306	4.98	0.801531	1	7
	精益求精的追求	306	4.75	0.886371	2	7
	积极乐观的态度	306	4.14	1.097946	1	7
	社会责任意识	306	4.64	1.053421	1	7
	企业家精神	306	5.06	0.858311	3	7
	标准化思维	306	4.85	0.892749	2	7
	契约化习惯	306	4.12	1.016973	1	7

聚类结果二为有创业感群体，问卷样本数量为 306 份，创业能力和素养的平均得分为 4~5 分，整体的分值范围大致为 1~7 分。从分值水平可以看出，这一类中的大学生认为自己的创新创业能力与素养处于中等水平。

表 4-8 强创业感类型的创业能力与素养特征

	变量	观测值	均值	标准偏差	最小值	最大值
创新创业能力	创新能力	165	5.52	0.894345	3	7
	感知能力	165	5.91	0.920008	3	7
	沟通能力	165	5.34	1.124313	1	7
	领导能力	165	6.16	0.726593	3	7
	失败能力	165	5.77	0.880855	3	7
	学习能力	165	5.69	1.014674	2	7
	敢为人先的勇气	165	5.65	0.929241	3	7
创新创业素养	公平正直的品格	165	6.07	0.69461	5	7
	百折不挠的信念	165	6.11	0.833873	3	7
	严于律己的习惯	165	5.94	0.742889	4	7
	宽以待人的心胸	165	6.02	0.732116	3	7
	精益求精的追求	165	5.94	0.824155	3	7
	积极乐观的态度	165	5.58	1.036368	2	7
	社会责任意识	165	5.74	1.023486	2	7
	企业家精神	165	6.07	0.753558	4	7
	标准化思维	165	6.03	0.76049	4	7
	契约化习惯	165	5.47	0.966283	3	7

聚类结果三为有创业感群体，问卷样本数量为 165 份，创业能力和素养的平均得分为 5~6 分，整体的分值范围为 3~7 分。从分值水平可以看出，这一类中的大学生对自己创新创业能力与素养的认同感较高。

图 4–3 对比了三个类别的样本均值，其中，V1~V17 分别代表创新能力、感知能力、沟通能力等指标。可以发现，三种聚类结果中的大学生对自己创新创业能力和素养的自我认知存在差异。

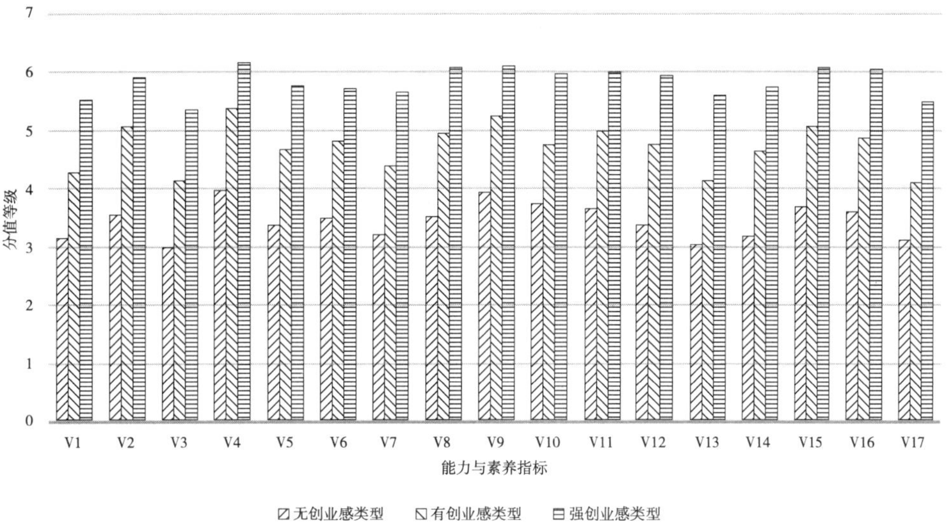

图 4-3　三种聚类结果的均值对比图

图 4-4 对比了创新创业能力和素养的样本均值，可以发现，在所有创业能力和素养指标中，领导能力是大学生具备最多的能力，并且较多大学生具有百折不挠的信念。但是大部分大学生认为自己的沟通能力相对较差，契约化习惯欠缺。除此之外，大学生的感知能力、标准化思维、学习能力也比较强，在严于律己的习惯、宽以待人的心胸和公平正直的品格等方面具有较高的水平。

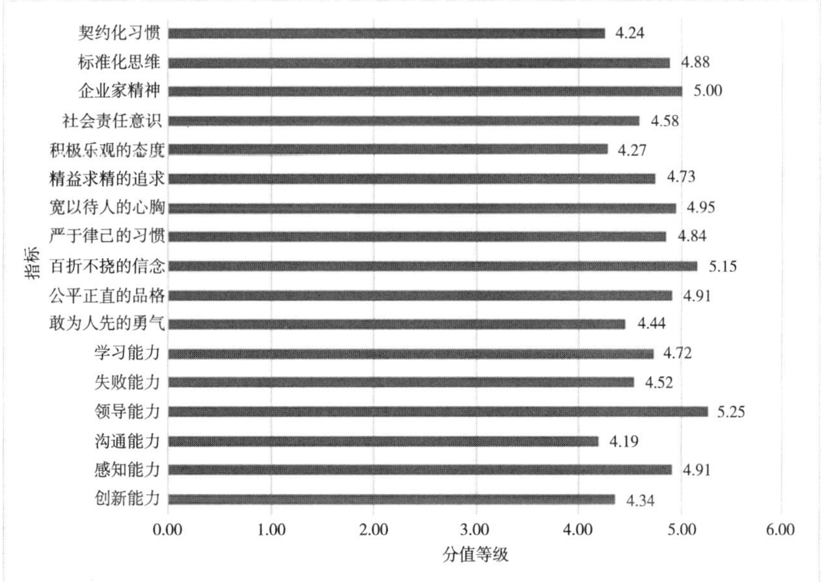

图 4-4　创业能力和素养指标的平均水平

综上所述，大学生对自身创新创业能力和素养效能感具有异质性，约 23% 的大学生的创业能力与素养效能感较高，具有强创业感；一半（50%）的大学生认为自己的创业能力是中等水平且素养有待提高，具有基本的创业感；还有 27% 的大学生对自己的创业能力和素养缺乏效能感，在调研问卷中的分值水平较低，创业感相对较弱。

4.3 大学生创业能力与素养的需求分析

本节从大学生微观主体的视角出发，结合大数据分析方法与大学生聚类结果，进一步采用文本挖掘方法对大学生创业能力与素养培养的微观需求进行分析。

4.3.1 文本挖掘分析法的介绍

文本挖掘是指从文本类数据中抽取有价值的数据和知识，也是一种数据挖掘方法。文本挖掘利用智能算法结合文字处理技术，分析非结构化的数据源，抽取关键字并运用这些关键字组织形成可视化结果，以便于作为研究参考。除了前文所介绍的数据挖掘的准备工作外，文本挖掘还需要按照特定的分析流程进行，如图 4-5 所示。

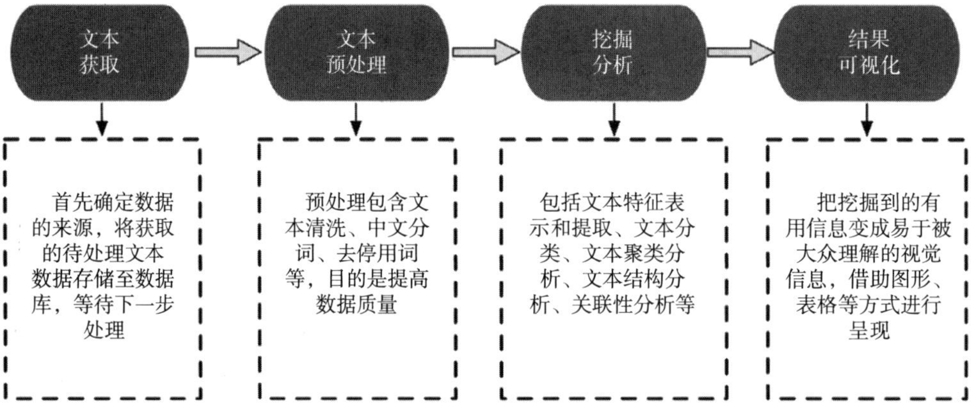

图 4-5　文本挖掘流程图

4.3.1.1 文本获取

文本数据来源于调研问卷中的主观题。首先将问卷星中的数据导出，然后将答案复制到文本文档中，初步得到关键词分析的文本内容。

4.3.1.2 文本预处理

首先，整理得到的文本数据中存在许多不必要的信息。例如，在开放性题目中，大学生对“建设性意见”的回答中出现了“无”等，这些文本在预处理时需要剔除。其次，文本流的语言学处理也是预处理环节的关键，包括以下内容。

（1）分词

中文分词是将一个汉字序列切分成一个个单独的词，在文本挖掘中起到关键作用的是一些关键词，甚至主要词语就能起到决定文本取向的作用。这里用到的分词工具是 Python 中的 jieba 库。

（2）词性标注

词性标注是将语料库内单词的词性按其含义和上下文内容进行标记的文本数据处理技术，也被称为语法标注、词类消疑。词性标注在本质上是分类问题，即将语料库中的单词按词性分类。词性由其在所属语言的含义、形态和语法功能决定，词类不是闭合集，而是存在兼词现象，因此词性标注需要考虑问卷题目和答案的语境。

（3）去除停用词

经过上面的步骤，问卷文本中的所有词被分了类，但这些词并不都是文本挖掘所需要的，如句号等标点及“是”“的”等连词。这些词往往在文本中大量存在却不能反映文本的意思，可以被去除。

4.3.1.3 生成词云

“词云”是通过形成“关键词云层”或“关键词渲染”，对文本中出现频率较高的“关键词”的视觉上的突出。在处理文本后，利用 Python 中的 word cloud 库生成词云。词云图中词语的大小表示出现的频率，可以作为词语是否为关键词的判断依据。

4.3.1.4 结果可视化

词云图能够很好地呈现文本挖掘的结果。一方面，词云图比条形图、直方图和词频统计表等更具吸引力，视觉冲击更强，一定程度上符合人们快速阅读的习惯。另一方面，词云图在内容方面更为直接，是对文本内容的高度浓缩和精炼处理，能更直观地反映具体文本的内容，在一定程度上可以节省读者时间，使读者在短时间内获得关于文本数据的主要信息。

4.3.2 异质性群体的文本挖掘结果分析

依据文本挖掘的步骤，本节对通过聚类得到的三类样本所对应的文本数据进行分析，得到的结果如下。

4.3.2.1 无创业感类型大学生对创业能力与素养的需求分析

无创业感类型大学生的文本挖掘词云如图 4-6 所示。

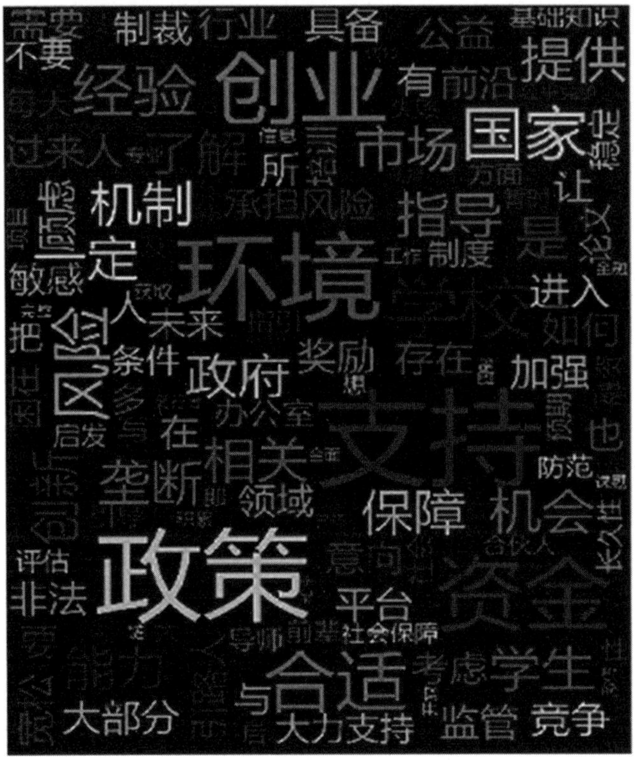

图 4-6 无创业感类型大学生的文本挖掘词云图

从图 4-6 可以发现，认为自己创业能力不足且创业素养较差的一类大学生，在创业环境的调查中顾虑较多，但比较明显的需求是政策环境支持、资金支持、学校辅导、国家的保障机制及合适的就业机会等。这一类大学生在创业时，除了需要合适的社会环境，还希望国家出台良好的政策来激励大学生进行创业。除此之外，这一类大学生认为创业需要来自他人的支持，最好是在掌握他人的创业经验的基础上才能更好地进行创新创业。

4.3.2.2 有创业感类型大学生对创业能力与素养的需求分析

对有创业感的大学生群体的问卷文本数据进行词云分析，得到的词云如图 4–7 所示。

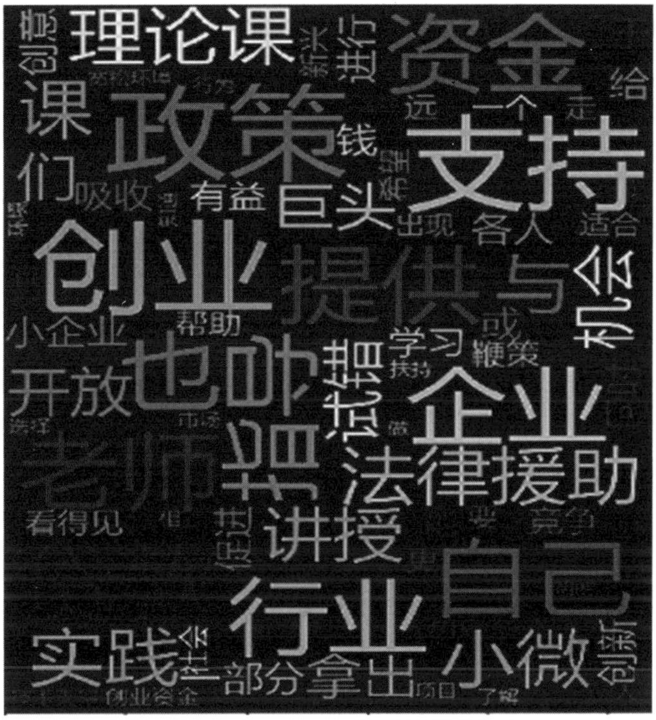

图 4–7　有创业感类型大学生的文本挖掘词云图

与无创业感的大学生群体的词云图相比，有创业感的大学生对创业环境要求的方面相对较少且集中。根据词云图结果可以发现，这一类大学生更看重自身能力的发展能否支持自己进行创新创业活动，他们在准备创业之前，更倾向于学习更多的相关知识，打好理论基础。在准备创业过程中会考虑得更加周全，例如，会考虑到法律援助、贷款之类的活动。

4.3.2.3 强创业感类型大学生对创业能力与素养的需求分析

图 4–8 是对强创业感的大学生群体进行的文本分析词云。

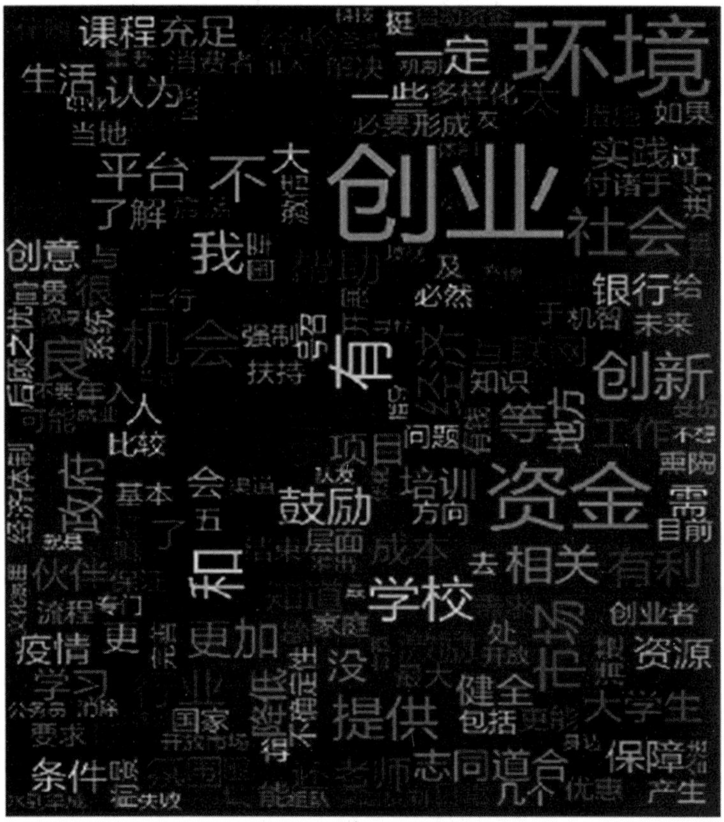

图 4-8 强创业感类型大学生的文本挖掘词云图

可以发现，这一类大学生对于创新创业环境的期望较高，他们认为在合适的环境下才能进行创新创业，尤其是在社会和学校的支持下，并且有一定的资金支持更加有利于成功创业。

词云分析很好地展示了大学生创新创业所需的知识和环境，为课程体系设置提供了有价值的参考依据。为了考察大学生在创新创业实践中的表现和偏好，表 4–9 统计了三种样本中大学生的各种实践经历。

表 4-9 三类大学生的各种创新创业经历情况

类别 / 项目	无创业感类型		有创业感类型		强创业感类型	
	个案数（占比）百分比		个案数（占比）百分比		个案数（占比）百分比	
自主创业	21（12.7%）	6.3%	8（5.6%）	3.6%	28（9.2%）	5.0%
专业实践经历	57（34.5）	17.1%	23（16.0%）	10.4%	81（26.5%）	14.6%

续表

类别 / 项目	无创业感类型		有创业感类型		强创业感类型	
	个案数（占比）	百分比	个案数（占比）	百分比	个案数（占比）	百分比
竞赛经历	69（41.8%）	20.7%	27（18.8%）	12.2%	93（30.4%）	16.8%
社团活动经历	86（52.1%）	25.7%	63（43.8%）	28.5%	156（51.0%）	28.1%
兼职经历	69（41.8%）	20.6%	51（35.4%）	23.1%	122（39.9%）	22.0%
无	32（19.4%）	9.6%	49（34.0%）	22.2%	75（24.5%）	13.5%
总计	334（202.4%）	100.0%	221（153.5%）	100.0%	555（181.4%）	100.0%

从各种创新创业经历的个案数量和占比情况来看，大学生的自主创业经历相对较少，并以参加社团活动和兼职的创业经历为主，专业实践和创业竞赛的经历占比不足 20%，还存在较多大学生没有任何创业经历的情况。

第5章　大学生创业能力与素养的“五位一体”精准培养模式构建

本章在分析我国大学生创业能力与素养精准化培养需求的基础上，以精准思维为实践依据，明确大学生创业能力与素养“五位一体”精准培养模式的框架设计，科学制定“五位一体”精准培养模式下的培养体系，为大学生创业教育体系建设提供参考方案。

5.1 “五位一体”精准培养模式的实践依据

2013年11月，习近平总书记在湖南湘西州考察时首次提出了“精准扶贫”的理念，明确概括了“实事求是、因地制宜、分类指导、精准扶贫”的十六字指导思想。在习近平总书记“精准扶贫”思想指导下，国内掀起了“精准热”，并提出了精准思维方式。精准思维是指在全面掌握客观实际的情况下，深入细致地分析客观实际，从而有针对性地提出解决问题的方案，对问题的精准发现、精准分析和精准施治是其核心程序和内容[81]。精准思维体现了马克思主义思想中的实事求是、理论联系实际、具体问题具体分析等方面的原理，是对马克思主义思想的具体应用。目前，精准思维已经被应用到了精准营销、企业精准管理、精准医疗等方面，但精准思维在创业教育中的应用还有待完善。

创业教育是高校教育的重要组成部分，是培养发展型人才的基础。推进高校学生创业教育，有助于有专业技术、有研究成果、有创业梦想的人参与到创业中来，以实现创业带动就业的目标。早在 2002 年的时候，高校创新创业教育项目便开始启动，清华大学、中国人民大学、北京航空航天大学等九所知名学校成为最早发展创新创业教育的试点院校。到目前为止，创新创业教育得到广泛推广，越来越多的高校将创新创业教育设置为正式的课程，创新创业教育的发展取得了显著的进步。但是与发达国家相比，中国创新创业教育发展较晚，创新创业教育发展任重而道远[82]。

受成长环境、自身阅历等因素影响，大学生在创业能力与素养上存在一定的差异。但是在中国，受“大水漫灌”“一锅煮”等思想的影响，现阶段很少有创业教育考虑大学生之间的差异性和独特性。基于上述情况，本节提出了大学生创业能力与素养精准培养模式。精准培养模式是指针对不同大学生群体的特征而实施的培养目标精准、培养方式精准、培养内容精准、培养效果评估精准的一种新型创业教育培养模式。总之，精准化的创业教育更加符合大学生创业能力和素养差异化发展的现状，有助于实现大学生创业能力与素养的快速提升。

5.2 “五位一体”精准培养模式的框架设计

在描绘创业本质、提炼创业所需核心能力与素养的基础上，本节提出大学生创业能力与素养精准化培养的理念，深入剖析精准理论的内涵，明确“五位一体”精准培养模式的构建原则与内涵，为“五位一体”精准培养模式的体系构建奠定基础。

5.2.1 “五位一体”精准培养模式的基本原则

创业教育发展迅速，已经成为高等教育的重要组成部分。创业教育有助于缓解就业压力，推动经济发展。而如何有效开展创业教育，发挥学校教育在创业中的作用成为高校教育面临的重大机遇和挑战。围绕国家创新创业政策、教育部关于高等学校创业教育的基本要求，本节对“五位一体”精准培养模式的构建原则进行分析，为精准创业教育模式的构建奠定基础。

5.2.1.1 科学化制定大学生创业能力与素养培养内容

创业能力培养是在一定的理论基础和实践基础上发展形成的，因此创业能力培养的教学内容、教学方法要遵循教学基本规律，创业教育内容应由浅入深、层层深入，教学方法应丰富多元、循循善诱。另外，创业能力与素养的培养涉及企业管理、融资管理、公关管理等内容，因此创业能力教学内容应涵盖多方面的知识，形成综合、科学、规范的培养内容。

5.2.1.2 精准化提高大学生创业能力与素养

受大学生成长经历、性格特点等因素影响，大学生在创业能力与素养上具有差异性。并且受大学生所学专业特性的影响，大学生在创业能力与素养上的差异日益显著，针对大学生个性化的创业教育日益重要。我国很少有创业教育充分考虑大学生之间的差异性和独特性，因此，不恰当的创业教育一定程度上压抑了大学生的个性发展。精准化教育理念就是反对整齐划一式的教育，用特色化、差异化的教育来塑造大学生，把大学生的个性发展放在创业教育的中心地位，关注大学生之间的差异，促进大学生的自由、全面发展[83]。落实到创业教育上，就是要因材施教，尊重个性、鼓励个性化发展，精准培养大学生的创业兴趣，差异化地提高其创业能力，挖掘其创业潜能。

5.2.1.3 高效化提升大学生创业能力与素养

创业教育还应关注教育的投入产出，不应以无止境的师资、资金、基础设施投入换取少数大学生的创业能力与素养的提高，创业教育应争取以最小的教育投入获得最大的产出，即尽力让每个大学生公平地得到提升创业能力与素养的机会。另外，高效教育还体现在大学生创业能力与素质提升所需的时间上。创业教育应尽量使大学生在最短的时间内，最快地提升其创业能力与素养。

5.2.1.4 可推广化的创业精准培养模式

近年来，在创新创业政策促进下，中国部分高校开展了创新创业教育，并取得了一定的进展，形成了部分可推广、可借鉴的模式，但是较少有高校针对大学生的创业能力与素养进行精准化的培养。尽管精准化培养能够更高效地提高大学生的创业能力与素养，具有巨大的发展潜力，但是我国高校类型多样，因此在确定精准培养模式时，还应注重培养模式的可推广性，使其能够被不同高校所借鉴使用。“五位一体”精准培养模式的构建原则如图 5-1 所示。

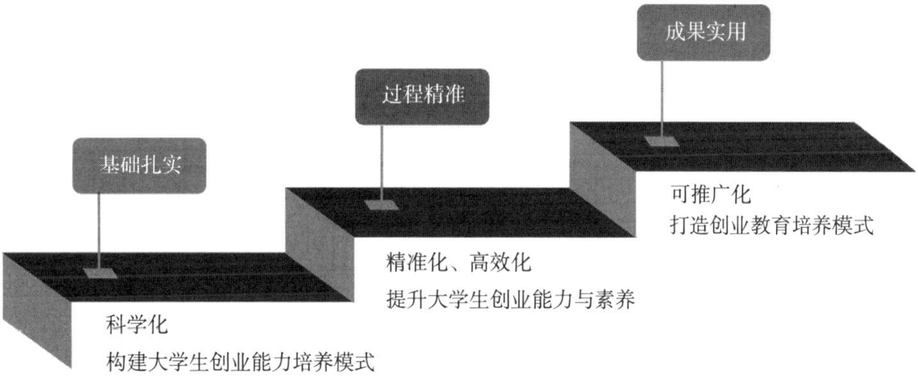

图 5-1 “五位一体”精准培养模式的构建原则

5.2.2 “五位一体”精准培养模式的主要内涵

中国特色社会主义新时代对创业教育提出了新的要求，粗放型创业教育存在的问题逐渐显现。为高效提升大学生创业教育成果，有效为大学生创业能力与素养的提升提供机会和平台，本节将精准概念引入大学生创业能力与素养培养中，提出大学生创业能力与素养“五位一体”精准培养模式（见图 5-2）。具体来说，“五位一体”精准培养模式主要针对大学生创业能力与素养开发程度差异化的现状，以精确性“培养目标”为导向，以多层次“教学内容”为支撑，以个性化“培养方案”为手段，以多元化“教学方式”为保障，以开放型“测评方法”为检验，综合考虑培养目标、教学内容、培养方案、教学方式和测评方法的高校创业教育培养新模式。

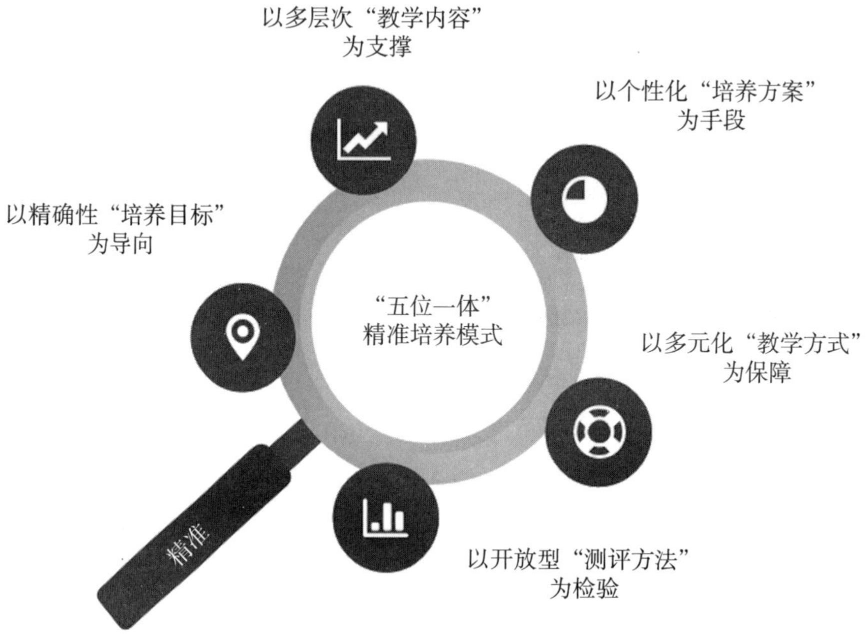

图 5-2 “五位一体”精准培养模式

5.2.2.1 精确性培养目标

高校创业教育在我国已经发展多年，但是创业教育培养同质化严重，高校创业教育未能根据大学生个体能力开发程度的不同采用差异化和个性化的培养。首先，创业教育未能实现差异化教学，高校创业教育多为“大水漫灌”式培养，未能考虑大学生在创业能力与素养开发水平上的差异，满足不同的大学生群体的培养需求。其次，创业教育未能实现专业差异化，创业教育内容未能充分考虑不同专业之间的差异，忽视了不同专业大学生创业方向的不同。最后，创业教育未能实现院校差异化。具体来说，有的学校属于理工类院校，有的学校为经济类或管理类院校，不同院校的大学生在前期积累上存在差异，大学生提高创业能力与素养的机会和基础参差不齐。针对不同高校，其创业教育的重点应有所不同，高校创业教育需结合高校自身特性开展。由于创业教育培养对象具有异质性，创业教育培养目标应针对不同创业教育对象分别制定。因此，培养目标应具有精确性。

5.2.2.2 多层次教学内容

受传统教学观念影响，中国高校开展的创业教育课程多重点关注对创业理论的教授，忽视了对实际创业能力与素养的培养和对创业经验的积累。另外，理论与实践脱节也是目前创业教育培养的一大特点，这使得大学生难以将创业理论应用到实际创业中，导致大学生在创业过程中受挫。为解决这一现状，创新创业教育需基于教育学、心理学理论基础，立足于国内外创业教学内容体系，根据创业教育的培养目标分层设置课程内容，建立“通识 + 专业 + 实践”的三层式教学内容，帮助大学生建立良好的认知能力，传授其创业知识与技能，并引导其参与创业活动，全方位提升大学生创业能力与素养。

5.2.2.3 个性化培养方案

大学生创业能力与素养培养方案是高校落实党和国家关于创新创业人才培养总体要求，组织开展教学活动、安排教学任务的规范性文件，是实施人才培养的基本依据[84]。目前，较少有高校专门制定大学生创业教育培养方案，即使有高校制定了创业教育培养方案，其培养方案也是面向全体大学生的，缺乏针对性，无法满足大学生创业教育的个体化和差异化需求。为使大学生创业能力与素养培养有据可依，切实满足大学生的差异化需求，创业能力与素养培养方案应基于不同开发阶段的大学生创新创业能力的现状和目标需求，采用模块化的课程设置方式设计相关创业课程，制定个性化培养方案。

5.2.2.4 多元化教学方式

教学方式是教师和学生为了共同完成教学目标采取的方式和方法。教学方式决定了先进课程体系和教学内容能否得到发挥，是锻炼学生创新思维的重要手段。传统的课堂教学忽视了学生的课堂主体地位，教学方法单一、枯燥，容易使学生失去学习兴趣，不利于学生对教学难点的掌握。考虑到大学生创业能力与素养的培养更倾向于对大学生思维方式、领导能力、解决问题能力的培养，传统的课堂教学难以实现这一目标。因此，倡导大学生创业教育进行项目化和参与式教学，强化案例分析、小组讨论、角色扮演、头脑风暴等环节，实现从以知识传授为主向以能力培养为主的转变、从以教师为主向以学生为主的转变、从以讲授灌输为主向以体验参与为主的转变，调动大学生学习的积极性、主动性和创造性[85]。

5.2.2.5 开放型测评方法

教育评估是增强教师开展工作的积极性与学生学习有效性的重要手段，是保证创新创业精准教育成效的必要方法。虽然创业教育在中国已经开展多年，取得了一定的发展，但是创业教育教学成果的评估并没有引起专家和学者的足够关注，目前仍没有形成科学有效的创业教育成果评估方法。创业教育成果的监督和评价成为中国创业教育发展所必须解决的问题。由于大学生创业受多种因素影响，大学生毕业后或许并不会选择马上创业，因此大学生创业往往具有时滞性，这导致创业教育成果评估具有复杂性，创业教育成果科学评估的理论与方法存在较大的争议。为科学、客观、全面地评估创业精准教育成果，需将主观评价与客观评价相结合，动态评价与静态评价相结合，建立开放型测评方式，大力提升创业教育评估的有效性和科学性。

5.3 “五位一体”精准培养模式的内容说明

在明确“五位一体”精准培养模式的内涵和指导思想的基础上，本节结合创业者核心能力与素养的识别结果和大学生创业能力与素养现状调研结果和差异化培养需求，对大学生创业能力与素养的目标要求、教学内容、培养方法、教学方式及教学成果测评方法进行分析，对“五位一体”精准培养模式的设计框架进行研究。

5.3.1 精确性培养目标的明确

培养高素质创新型人才是高校创新创业教育的目标，创新创业教育的核心问题是“培养什么样的人才”，创新创业的教学理念虽然新颖，但是本质上与传统教育的性质是一样的，和高校人才培养工作的方向是一致的，它与高校的教育全局规划目标相一致[86]。高校创新创业教育首先应注重大学生创新创业意识和能力的增强；其次注重大学生知识结构的完善及综合素质的提升，目的在于帮助大学生奠定牢固的理论知识，开阔眼界；最后还应注重培养大学生的实践操作能力，提高大学生的创业能力[87]。总体来说，学校进行创新创业教育的目标是为了培养大学生的创新意识，激发大学生的创新创业潜在能力，为现代社会培养具有开拓创新精神、科技创新能力的新型高素质人才[88]。

“五位一体”高校创新创业教育精准培养模式的目标同样是要培养大学生的开拓创新意识，提高大学生的创业能力。虽然并不是所有的大学生都会去创办公司企业，但大学生具有一定的创新创业能力对他们今后的职业生涯大有裨益。所以，高校创新创业教育目标如下。

5.3.1.1 切实提高全体大学生整体创业能力与素养

这是出于为未来社会输送具有良好创新创业素质的新型人才考虑。大学生能力与素养现状的调研和分析结果显示，约 87% 的大学生的创业能力有待提高，提高大学生创业基本能力和素养仍然是创业教育的重点。因此，这一层次的创新创业教育目标是针对所有高校大学生而言的，适用性比较强，秉持的准则是为每一位大学生提供创新创业教育，这是最基础，也是最核心的目标，要求将创新创业教育理念和学校的日常教育、其他专业教学相互联系起来，贯穿于高校大学生的整个教育系统当中[89]、[90]。结合大学生能力与素养的调研结果，在创新创业能力中，大学生沟通能力、创新能力和敢为人先的勇气相对欠缺，社会责任意识也有待提高，在对大学生创业能力进行培养时，应着重从提高沟通能力、创新能力和社会责任意识这几方面入手。

5.3.1.2 培养自我工作岗位的创造者

这一层次的目标主要针对没有创业梦想及毕业后不能及时创业的大学生。各种各样的因素影响着大学生创业，考虑到自身经验、政策环境等因素，大学生或许并不会选择毕业后马上创业，毕业生往往会选择进入企业工作。因此，针对这种情况，高校需根据受教育对象的专业及特性开展专业知识讲授、创新创业能力培养，使大学生在毕业之后能够根据自己的专业特长，在竞争激烈的就业市场中找到属于自己独有的岗位，并及时抓住创业时机，开辟自己的创业道路，自己为自己创造工作职位。

5.3.1.3 使个体成为经营管理企业的创业者

这一层次的目标针对的是有创业想法的高校大学生。通常来说，这部分大学生具有开拓创新的思想和意识。因为并不是所有参与创新创业教育实践的大学生都愿意和希望成为企业家，所以针对创新精神强、领导才能突出、有创业计划的大学生，应为他们提供高阶创新创业指导，支持他们加入创新活动，积极参与经营创业项目，逐渐步入创业的道路，逐渐积累创业经验。

5.3.2 多层次教学内容的设计

以精准高效培养大学生创新创业能力与素养为目标，构建以“通识＋专业＋实践”的多层次创业教学框架。具体来说，大学生创新创业教学应以培养创新创业能力为主线，充分体现专业特色，培养大学生的实践能力和创新创业能力[91]。能力的培养需要系统的过程，创新创业能力的培养同样应遵循这样的过程。因此，创业能力与素养的培养应首先借助通识教育提升大学生创新创业的基本知识；其次，通过创业能力与素养的专业培养，高效提升其创新创业能力；最后，借助实践教学检验大学生的创业能力与素养，对创新创业能力进行查漏补缺，进一步提升大学生的创新创业能力[92]。

首先，在创业通识教学方面，专业教育旨在培养学生在某一知识领域的专业技能和谋生手段，通识教育则是要通过知识的基础性、整体性、综合性、广博性，使学生拓宽视野、避免褊狭，培养独立思考与判断能力、社会责任感和健全人格[93]。通识教育包括人文社科、语言交流、文化艺术、科学技术、经济管理、创新创业教育等模块。创业能力与素养培养的通识教育面向全体大学生，旨在使大学生充分了解创业，因此创业通识教育应主要关注创业需具备的基础知识，如法律知识、财务知识及管理知识等。

其次，在创业专业教学方面，结合以往研究及前面章节对创业能力与素养的总结，本部分将创新创业专业教学内容定义为培养大学生创业能力与创业素养的内容，即对感知能力、沟通能力、领导能力等能力的培养内容，以及对标准化思维、契约化习惯等创业素养的培养内容。

再次，在创业实践教学方面，高校创业实践教学是教学中的重要组成部分，实践教学能够增强大学生创新创业意识和能力，便于大学生综合素质的养成。实践教学既是检验大学生理论知识的一把钥匙，同时也能够提高大学生发现问题和分析、解决问题的能力，这是传统意义上的理论教学难以替代的。因此，我们提出高校应该充分认识和重视实践教学的重要性，确保实践教学在创新创业能力培养中的重要作用[94]。在教学内容方面，高校创业教育实践教学内容中有关于创业过程中管理方面的实训，例如，对人力资源的管理，对成功创业经验的讲解，通过对实际案例的解读，培养大学生参与实践的能力；还有分行业的创业指导，如当前热门的电子商务、短视频等行业的创业方法教学。

最后，基于对大学生创业能力与素养调研和分析的结果，发现大学生创业能力与素养的开发程度存在差异。通过问卷调研发现，专业性院校的大学生对本领域的知识内容了解得更深刻，而综合类院校的大学生对一般性知识和课程的了解程度更具优势，因此在课程体系设置时需要考虑学校的类型。综合性院校应该把重点放在创新创业基础课程部分，面向全体学生培养创新意识及创业素养；专业型院校要针对应用型专业设置强化课程，创新创业进阶型课程应面向创业素养出众的大学生。根据大学生创业能力与素养聚类分析结果，大学生创业能力与素养可以分为进阶型、强化型和基础型。本部分提出根据大学生异质性构建创业教育的“通识 + 专业 + 实践”教学框架。

图 5–3 展示了专业院校和非专业院校的课程设置情况，可以看出，行业院校的基础型课程和进阶型课程各占比 30%，强化型课程相对较多，而综合院校为了培养全方面人才，基础型课程占比较多（占比 60%），在充分掌握理论基础后加入强化型课程和进阶型课程（各占 20%）。

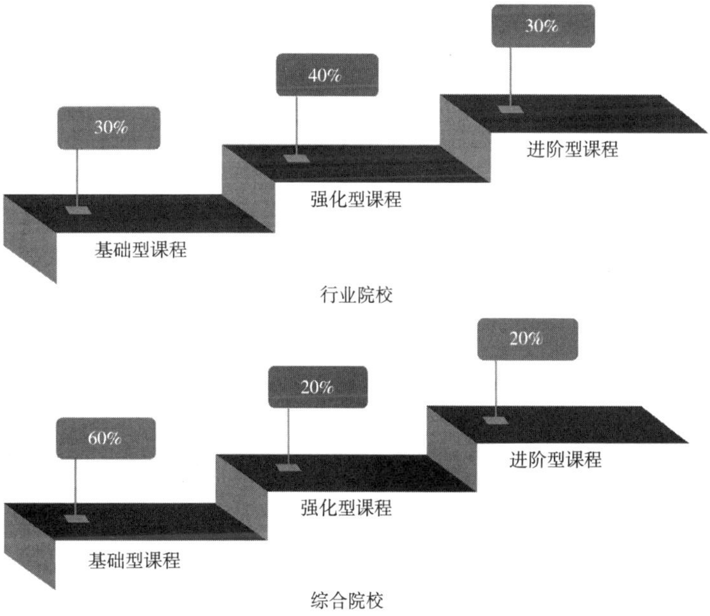

图 5–3 行业性院校和综合性院校的课程设置

5.3.2.1 针对无创业感群体的基础型教学内容设计

基础型教学内容的设计是针对无创业感的大学生群体的。根据聚类分析的结果，这部分大学生的法律、营销、金融等创新创业知识有待补充，他们的学习能力、领导和协作能力、机会识别能力及互联网应用能力也有待提高。根据词云分析的结果，这部分大学生在创业时需要良好的社会环境，希望得到国家和政府的大力支持，从而降低他们创业的风险。除此之外，他们还认为创业需要来自他人的支持，在掌握他人创业经验的基础上才能更好地进行创新创业。

因此，这部分大学生教学内容的重点是对基础知识理论的培养，许多大学生由于缺乏足够的知识和能力，对创业没有信心和激情。教学目的是使大学生充分掌握创业所需的基本知识，课程涵盖的内容相对广泛，在扩展知识的同时培养大学生创业能力和素养。具体的教学设置如下。

（1）创业通识教学内容

在创业所要具备的基础知识方面，基础型培养内容需要涵盖创新创业需要的相关法律知识、金融知识和管理知识。其中，法律知识包括创新创业法律基础和创业的道德规范及法律约束。金融知识中，大学生应充分掌握创业所需的会计与财务知识，学习创业各个流程的资金使用和提升利润的方法和途径。管理知识是基础型培养内容的重点，无创业感的大学生应学习企业管理的一般理论和原理。通过对相关知识的学习，提高大学生的基础知识水平，完善大学生的知识结构，使大学生掌握更全面的创业知识。具体如下。

第一，法律政策及道德修养。法律和政策方面的教学重点首先是使大学生充分了解创业，包括创业的相关政策、创业基本流程和阶段、创业的经验分析及实践，与这方面有关的课程可参考“创新创业指导”。其次要讲授创业的相关法律，如仲裁和诉讼、股权设计等创业过程中可能遇到的法律问题，着眼于大学生法制观念的自我提升及对框架性、方向性和方法性法律知识的掌握，为大学生创业过程中出现的问题与风险，提供有针对性的法律指引和支持。这方面的课程有“创业法律与政策”和“创新创业法律基础”等。

创新创业的大学生有必要学会保护自己的知识产权，避免创业成果被他人非法窃取。知识产权的教学内容包括知识产权概念、研究范围与研究对象，以及法律保护方式，根据知识产权内容的特点，分别阐明不同的知识产权客体下各种制度的保护对象、权力内容及限制，以及法律保护措施，为大学生创新创业的知识产权保护提供指导，相关课程有“知识产权法介绍”。

为了培养大学生在创业中正确的人生观和价值观，需要开设“思想道德修养”

或者“思想道德修养与法律基础”类课程，以马克思主义为指导，以人生观、价值观、道德观、法制观教育为重点，结合运用相关学科知识，依据大学生成才的基本规律，教育引导大学生加强自身思想道德修养和法律修养。大学生各种职业的预备队，学生时期的道德状况直接关系他们以后走上各种职业岗位的职业道德面貌。在社会主义条件下，大学生道德是建立在培养共产主义事业接班人基本要求的基础之上的，是共产主义道德在学校教育中的表现，是与德、智、体、美、劳全面发展的根本方针相一致的。

第二，企业管理相关知识。企业管理泛指对企业的生产经营活动进行组织、计划、指挥、监督和调节等一系列职能的总称。企业管理其实是一个非常宽泛的概念，无论是制度还是流程、成本、人员等，归根结底就是目标、执行、激励这三个层面的事情，而企业运营出现问题的源头也在此，因此大学生充分掌握企业管理技能对于成功创业很有必要。企业管理基本知识包括企业管理概论、企业管理的产生和发展、企业管理的原理与职能、现代企业制度和企业组织结构、现代企业人本管理、人本管理概述、激励原理、生产系统管理、生产过程的组织、当代先进制造方法、质量管理、设备管理等。由此可见，企业管理知识能够帮助大学生具备基本的管理技能。

企业经营管理与实践的相关知识是大学生创业所必备的，教学内容的重点是将企业日常经营与管理的所需知识融入各专业大学生的创新创业教育。通过对本课程的学习，大学生应了解一般中小生产企业的创办、生产与运营管理、资源与运作管理、企业文化、通识经营管理技能和知识。此外，掌握对产品管理的能力也是大学生在管理企业时所需要的，包括机会识别、产品规划、概念开发等基本原理与方法，通过这些培养内容可以提高大学生的产品规划和实现能力。大学生应充分结合实际案例讲述产品定义的核心要素与方法，并通过对产品设计、实施和品牌运营规划的具体实践，从而具备整合市场各要素的综合产品能力，提升其创新设计与商业策划的系统能力。

第三，经济金融相关知识。创业也是经营的过程，大学生需要掌握足够的金融知识，制定合理的投资、信贷或理财方案，从而将资金效益最大化，这对创业过程中的资金管理是非常重要的。首先，宏观经济学知识是大部分大学生需要掌握的，通过对各种国民经济总量相互关系的研究，揭示宏观经济运行过程中的矛盾、规律。大学生要掌握对整个社会的产量、收入、价格水平和就业水平进行分析的能力。其次，大学生应了解经济发展的宏观规律和企业经营的经济学理论，掌握财务会计的一般方法，对金融学、国际经济学、资产评估等内容有初步了解。财务会计知识能够培养大学生财政、金融的基本知识的分析与运用能力，包括财务会计概念、货币资金、存货、固定资产、无形资产、金融资产等。

此外，大学生还应掌握与创业更加紧密相关的经济金融知识。例如，创业融资有哪些阶段，如何控制融资节奏，融资前需要做好哪些准备，融资不同阶段有哪些注意事项，该如何估值和报价，怎么寻找投资人等与创业相关的金融知识，以及与公司金融相关的投资决策、筹资决策、股利分配决策等内容。与创业相关的金融知识还包括公司金融，即公司运营中的主要金融活动，包括投资决策、筹资决策、股利分配决策，以及如何实现价值最大化；货币时间价值和折现现金流的计算，债券、股票的估值模型与投资项目的多种评价方法等内容。

（2）创业专业教学内容

第一，创业能力培养教学内容。通过大数据分析的结果可知，无创业感的大学生主要表现在领导沟通能力、组织能力和创业机会识别能力等开发不足，因此基础型培养方案中创新创业能力的培养是重点内容。具体内容包括创业机会识别、商务沟通与谈判、公共组织行为学、执行能力训练及互联网的应用等知识。具体如下。

①感知能力。培养大学生的感知能力是为了使大学生迅速发现创业机遇，这种能力的培养一方面要通过前沿知识和理论来打开大学生的创业思路，如各类学科前沿讲座中主要针对各专业各研究领域的前沿热点、重点与难点问题，主要作用是使大学生了解本专业各研究方向的最新进展，拓宽大学生的知识面和视野，促进大学生对感兴趣领域的最新动态的充分了解，有利于更好地识别创业机会。

除了学习学科的前沿知识外，大学生创业还必须了解市场发展现状和趋势，以便对创业机遇做出准确的判断。此时大学生需要对行业发展趋势与机遇有充分的认识和了解，发展趋势能够帮助大学生准确把握行业的市场现状，统筹分析行业发展态势，为创业者进行投资做出行业前景预判，为行业投资策略、生产策略、营销策略等方面提供理论参考。

为了让大学生理解创业机会的内涵，掌握创业机会发现、识别和评价的一般方法，并真正做到理论与实践结合，在创业开展过程中能识别有价值的创业机会和正确进行创业项目选择，一些高校会开设“创业机会识别”课程，使大学生掌握创业机会发现、识别和评价的一般方法，并做到理论与实践结合，有助于识别有价值的创业机会和选择正确的创业项目，其主要目的也是培养大学生的机会识别能力，提高创业的成功率。

②谈判与沟通能力。大学生在创业中应掌握各类商务活动的沟通流程与谈判技巧，如创业各阶段谈判策略的制定、技巧和语言的运用，以及谈判的组织与管理等内容。谈判与沟通能力的提升可以使创业者具备严谨细致的工作作风、理性的思维及行为方式、灵活运用策略的能力等创新创业能力和素质。

大学生的谈判与沟通能力的培养内容主要是商务沟通及谈判的有关知识、技巧和方法，提高大学生创业能力和职业素养；掌握基本的沟通表达、当众演讲、团队协作的方法技巧，增强沟通表达能力、当众演说能力、团队协作能力，养成良好的沟通表达习惯及团队协作素养，从而提高大学生的个人软实力，为创新创业和未来职场发展奠定基础。

③团队协作与组织领导能力。创业往往不是一个人能实现的，需要有团队的协作与配合，团队协作是指建立在团队的基础之上，发挥团队精神、互补互助以达到团队最大工作效率的合作模式。对于团队的成员来说，不仅要有个人能力，更需要有在不同的位置上各尽所能、与其他成员协调合作的能力。

一方面，这种能力应该通过培养大学生团队协作精神，以及诚信、相互关爱和相互信任等优良品格来获得，还应进行相关拓展培训，有助于培养大学生职业岗位的创造性思维和实践动手能力，有利于创业过程中的团队协作。另一方面，针对团队内部的协作与沟通，了解团队特征、常见问题，使大学生掌握打造高级团队的核心方法、学会清除部门之间的沟通障碍，完善沟通机制与渠道。除了理论学习之外，培养内容中不能缺少在企业中的模拟环节，要让大学生体验团队的力量和商业的艰难，在团队中学习沟通协作，从而更好地发现和发展创业所需的领导力。

公共组织行为学也是培养大学生协作能力和领导能力的重要知识，结合公共组织特点能够深入系统地研究公共组织中人的心理和行为活动规律，从而提高创业者对各级管理者控制和引导的能力。例如，针对行政领导能力，有的大学开设了“行政领导学”课程，主要研究行政领导行为及其活动规律，重点培养大学生的适应能力、判断能力、组织能力，从而使大学生在未来创业或就业中具有出色的领导才能。在部分高校开设的“商业模拟与领导力反思”课程中也能够充分培养大学生的组织领导能力，通过对这门课程的学习，大学生将发现自己的知识盲区，从而有针对性地加以补充和改进。不仅如此，在该课程的企业模拟中，大学生可以体验团队的力量和商业的艰难，从而激发自己的领导力潜能。

④互联网应用能力。随着互联网技术的发展，大学生对互联网技术的应用能力也应该随之增强，许多大学开设了互联网相关的课程。大学生要想实现创业，在掌握互联网的基础应用技能以外，还要更加深入地学习多种场景和领域下的互联网应用知识。为了满足广大创业者的需求，各大网站开设了与之相关的课程，“‘互联网 +’创新应用”就是比较典型的课程。这门课程从行业、企业、政府、公众四个层面探讨“互联网 +”战略带来的机遇、挑战及创新模式，以及“互联网 +”为我们带来的智慧生活和创新创业新环境。

专门针对互联网应用进行创业的培养内容包括互联网创新与创业、电子商务运营、网店开设等，培养内容应以案例分析引导大学生理解信息技术和商业模式创新的重要性，探讨典型互联网企业的成功经验与失败教训，结合“互联网 +”最新发展和企业发展趋势，培养大学生创新习惯，掌握互联网创新评判方法。电子商务的发展使开网店成为大学生首选的创业途径，电子商务与网店开设的相关知识让大学生掌握网络店铺定位的一般原理、网络开店的基本流程，掌握网络促销、网络产品定价、渠道策划方法，并通过实验经营网络店铺，是一门非常实用的实践创新创业课程。

第二，创业素养培养教学内容。基础型培养内容中应包含对大学生创业所需的全方面素养的培养。首先是逻辑思维能力的培养，逻辑思维能力是指正确、合理思考的能力，考查的是大学生在创业过程中对事物进行观察、比较、分析、综合、抽象、概括、判断、推理的能力，以及是否能够采用科学的逻辑方法，准确而有条理地表达自己思维过程的能力[95]。其次是培养大学生学会理性思考并具备理性思维。理性思维是一种有明确的思维方向，有充分的思维依据，能对事物或问题进行观察、比较、分析、综合、抽象与概括的一种思维。能够自律自控也是基础型培养内容的重点，自律能力强是大学生创业成功的一项保障。最后，创业精神的培养是为了促使创业者在其主观世界中培养那些具有开创性的思想、观念、个性、意志、作风和品质等[96]。具体分析如下。

①思维能力。思维能力指的是通过分析、综合、概括、抽象、比较、具体化和系统化等一系列过程，对感性材料进行加工并转化为理性认识来解决问题。因此，良好的思维能力有助于大学生进行创新创业。思维能力有很多种，其中最有助于创新创业的是发散性思维和逻辑思维。

创新思维导图是对大学生发散性思维锻炼和培养的重要内容。思维导图遵循条理清晰、重点突出和联想丰富的规则，学习思维导图能够激发大学生的发散性思维能力，有利于大学生对创新创业行为进行系统的规划。

逻辑思维训练也是大学生必备的创业素养，培养内容应以逻辑思维、管理思维和创新思维等思维管理的技巧和工具与显性化学习方法融会贯通为重点。此外还需要培养大学生另一种逻辑思维能力——批判性思维，培养目标在于培养大学生批判性思维的能力和创造性，使其成为具有丰富知识和强烈上进心的企业领导者，能够批判地思考和分析各种商业现象和商业模式，寻找商业问题和社会问题产生的根源和解决方案，勇于承担社会责任。

②创造力。大学生具有创造力是他们进行创新创业的前提，创造力是可以通过课程学习和培养锻炼获得的。例如，对大学生的创造学和创造力的开发训练能够通过系统的创新思维训练和创新技法学习来进行，给予大学生攻克难关、打破传统思维桎梏的工具，通过综合案例的剖析，使大学生认识科技创新各个阶段中创新思维所起到的作用，鼓励大学生投身科技创新。

创新思维也是塑造大学生创新和创造力素养的培养内容，主要是从创新思维的内涵、创新思维的形成机制、创新智能的培养、创新思维的方法，以及创新思维与灵感思维、创新思维与形象思维、创新思维与知识创新及管理、创新思维与科技、制度、教育创新的关系等方面展开教学。这方面的培养可使大学生的创新思维能力得到系统的提高。

从领导者角度看，应为大学生讲授成为创新领导者的秘诀、寻找灵感和促进创新的技巧及组建和管理高效团队的最佳实践，从而使创业者具有出色的创造力和领导力，并保证企业具有一定的竞争力。

③创业精神。创业精神是一种以创新为基础的行为与思维方式，这种思维方式促使创业者积极寻求处理问题的新途径。创业精神也是一种理念，这种理念贯穿于高等学校的课堂教学和课外活动之中，培养大学生的创新意识、创造精神和创业能力，使大学生毕业后大胆走向社会、自主创业。企业家精神是成为出色的创业者所要具备的创业精神，企业家精神反映了创业者所具有的独特的个人素质、价值取向及思维模式的抽象表达，是对理性和非理性逻辑结构的一种超越、升华。

这方面的培养内容包括创业精神和企业家精神，创业精神的培养内容主要是向大学生讲授创造奖励创新和创业精神的组织环境及创新过程如何运作，使大学生学会设计适当的创新流程、利用内部和外部的创新资源、构建创业型组织和成熟组织以实现有效创新。企业家精神要通过讲授创业知识和创业实践来培养大学生的辩证思维能力及自信、自主、自立自强的精神和道德情操。

④理性和自律。科学理性是大学生创新创业的必备素养，能够帮助大学生做出科学正确的判决或制定最合适的实施方案。但理性思维是一种批判性思考的能力，而非仅仅是一种态度，很难通过简单的理论传授或自行思考就能养成。对大学生的理性思维实训能够提供这种思维训练的场景和机会，在理论讲述和逻辑推理训练的基础上，通过六大现实场景应用，以重大社会问题为案例，让大学生在思维碰撞中自觉形成理性思维。

大学生的自律虽然对创业没有直接影响，但自律是一种自我约束及自我调整的能力与行为，这种能力体现的是一个人的综合品质，自律性强的大学生更容易创业成功。因此，需要培养大学生的自控能力，例如，讲授自控力如何发生作用，以及自控力为何如此重要。通过心理学、神经学和经济学知识，深入浅出地帮助大学生应对生活、学习和工作中的种种困难，克服自身不足，积极主动地做出改变。同时还要通过管理情境的设计，结合管理过程中的实际问题，使大学生参与分析讨论，提升大学生的自我管理能力和素养。

⑤良好的心理素质。大学生良好的心理素质主要体现在两个方面。一是抗压能力，抗压能力反映的是大学生面对创业压力或者失败的态度和心理承受能力。大学生不仅在创业过程中需要良好的心理素质，在生活中也需要一定的心理抗压能力，保持健康的心理状态。二是风险应对能力和风险偏好。每个人应对风险的态度不尽相同，有人可能敢于尝试风险较大的事物，有人可能属于保守型，不愿意承担过多的风险。

很多高等院校都很重视大学生的心理素质和抗压能力，有的大学开设了“心理素质与生涯发展”的慕课，帮助大学生了解心理健康教育的价值和意义，理解心理健康理论，掌握维护心理健康的方法和自我调适的策略。这类课程能够提高大学生在生活中利用心理健康知识实践的能力，并对大学生的职业生涯发展提供有意义的指导和帮助。

每个人应对风险的态度不尽相同，但是对于创新创业而言，大学生应该学会对风险进行管理，根据风险等级准确做出判断。为了更好地提高大学生的抗压能力和风险管理能力，培养内容中还应包含风险管理的相关知识，为大学生构建风险管理的基本框架，对各类风险管理工具进行较为系统的介绍。同时要在风险管理理论知识的基础上加入金融知识，使大学生掌握创业中的金融风险种类及应对措施。旨在让大学生学会量化及识别风险的发生概率和后果，对项目诸风险进行比较评价，确定它们的先后顺序，从项目整体出发，挖掘项目各风险之间的相互关系。

有些大学开设的“风险管理”慕课是一门知识涉及较为广泛的综合性科目，内容涵盖保险学、金融学、公司财务等相关知识，在专业学习及实践应用中都具有越来越重要的作用。大学生在掌握运用各种经济决策模型进行实际风险管理决策的基本原则后，就会对处理创业中可能发生的风险问题有一定的把握，改变其“什么都不敢去尝试”的窘境。

（3）创业实践教学内容

随着我国素质教育的不断推进，在大学阶段的教育中，不仅要让大学生掌握牢固的理论知识，还要对大学生的创业实践能力进行多方位的培养，从而适应新形势对大学生综合素质的要求[97]。创新创业实践相对于创业能力和素养而言，虽然并不是无创业感大学生的培养重点，但需要在大学生充分掌握创业知识、能力、素养的基础上对大学生进行实践训练，学好创新创业相关的理论课程的同时也要注重实践课程的学习。

在创业实践方面，培养内容应从理论、创新、创业、实践和发展多个角度给大学生讲述创新创业实践的过程，可以使大学生掌握人力资源管理的基本知识、基本原理、基本理论和方法，使大学生树立起现代人力资源管理的理念，学会用人力资源管理理论分析和解决企业实际问题的方法，提高创新创业实践能力，同时培养大学生爱岗敬业的精神。

培养内容中还应包括对大学生的创业指导相关课程，引导大学生对创业政策进行解读，借鉴创业成功的经验，为大学生解决如何通过科技创新实现创业及如何进行创业实践等问题，内容涵盖团队组建、创新设计、方案实现、项目优化、作品展示、成果保护、市场调查、创业团队、商业模式、公司创立、创业计划、创业融资、企业管理、市场推广、创业风险等多个与创业密切相关的诸多培养环节。同时还应为大学生提供创业训练的实战机会，以及观察实际创业和自己创业的机会，大学生通过组成团队，完成一个实际项目的准备和计划工作，从而获得实战经验和独立思考的能力。

分行业的初创企业的管理知识，对于有创业计划的大学生提升创业能力非常实用。例如，如何选择跨境电商平台，如何解决资金需求问题；服务型创业的概念、优势、如何起步等问题；餐饮行业创业的立项筹备（包括预估是否盈利、选址、起名、开业前的准备工作）和基础运营（包括提高员工的积极性与贡献率、给菜品定价、制定菜单、会员规则的制定）；互联网创业中注册公司的方法与细节、创业的热点、互联网创业的突破口等；电子商务创业需要具备的条件及如何减少成本和产品引流；短视频行业创业的机遇与挑战、如何获取投资及相应的技术问题。通过这方面的培养，大学生能够根据自己的特长和爱好选择合适的行业和方向进行创业。

（4）创新创业与课程思政

课程思政就是将思想政治教育元素，包括思想政治教育的理论知识、价值理念及精神追求等融入各门课程，潜移默化地对大学生的思想意识、行为举止产生影响的教育模式。因此，培养大学生的创新创业能力与素养的同时应该加入课程思政的内容。高校应将课程思政理念有效融入创新创业教育。在课程思政理念引导下的高校创新创业教育，要求采取多元而开放的教学方式，将知识与实践有效融合，以完善的考核制度为保障，培养具有高尚情操与拼搏精神的创新创业人才。

课程思政是一种新的教育理念，能够深刻揭示教育规律、思想政治教育规律、人的成长成才规律，在学习创业课程的同时，进一步强化“以人为本”的思想。它虽然不是一门具体的课程，但能够实现创业课的知识教育与思想政治教育的融合，既教书又育人，在日常教学中使大学生形成正确的世界观、人生观和价值观。课程思政也是一种以大学生的全方位发展为目标的思维方式，在不改变专业课程的本来属性的情况下，课程思政要求充分发挥课程的德育功能，运用德育的学科思维，提炼专业课程中的德育基因和文化元素，在日常的知识学习中融入更高层次的精神指引，将“立德树人”渗透到知识、经验或活动过程中。

在创新创业的能力与素养的培养中，与之相关的课程思政主要内容包括以下几个方面。

首先，课程思政旨在从理论高度培养创新创业人才。在高校的创新创业教育中，课程思政的主要内容包括以下几个主要方面：①理想信念教育为大学生提供了精神指引，增强了大学生的社会责任感与历史使命感，充分将个人理想与国家社会发展结合起来，引导大学生形成具有创业导向的积极价值观；②职业道德与法制教育要求大学生具备良好的职业道德，增强法律意识，学会运用法律手段在创新创业中维护自身合法权益；③爱国主义教育的目的是培养大学生的爱国情怀，使其能够将爱国主义信念与生活学习相结合，以实际的创新创业行动为科技进步、社会发展贡献自己的力量；④心理健康教育能够使大学生树立自信，使大学生在创业成功或失败时保持良好的心态，提高其抗挫折能力、抗压能力及社会交往能力等综合素质。

其次，课程思政也应注重对大学生的创新创业实践教育。要建设并完善创新创业教育实践基地，将实践操作与理论学习充分结合，为创新创业实践教育提供载体。同时要在“课程思政”理念引导下，开展“创新创业计划”“挑战杯比赛”等丰富的实践活动，刺激大学生创新创业的积极性，促进创新创业教育发展。除此之外，还要充分利用多样化的新媒体技术，把课程思政、创新创业教育课程与网络平台相结合，以现代化的教育手段推进创新创业教育的发展。

最后，以多种开放的教学方式推进创新创业教育的多元化发展。一方面，教师应参与到教学活动中，应用多种教学工具、教学方法、相关资源等丰富教学方式。创新教学方式可以通过现有教育资源在思维观念及管理方式等方面进行改革，旨在为每个学生提供最优质的教学条件与教育机会，培养更多创新创业人才。多元的教学方式要求始终把学生作为教学的主体，教师在教学中是引导者的角色，要构建多元化的创新型教学体系，将多种教学活动有机结合，培养学生的创新思维与创业精神。多元而开放的教学方式与教学体系，有助于更大限度地挖掘学生的潜力，真正实现教育创新。当前，多元而开放的教学方式主要包括课堂教学、自主学习法、网络课程答疑、参观教学法、读书指导法等。

5.3.2.2 针对有创业感群体的强化型教学内容设计

强化型教学设计是针对有创业感的大学生的。这部分大学生的特点是具备一定的创业素养，但还需进一步激发其创业灵感和热情，他们在创业时除了需要国家政策支持外，还希望得到学校的大力支持，如老师能够在课堂上多传授创业相关的理论知识。行业实践与社会援助也必不可少，如在创业中得到更多的法律援助。因此，针对这部分大学生所设计的强化型教学内容需在学习更高层次的理论知识的同时加强创业实践培训，从理论、政策、法律等多知识结构和学校、企业、社会等多种创业环境出发，培养他们的创新创业能力和素养。具体如下。

（1）创业通识教学内容

强化型教学中对创新创业知识的培养除了基础知识外还应具有针对性。例如，在法律知识中突出对创业法律知识及实务的培养，更进一步培养大学生的法律意识，避免在创业过程中出现法律纠纷；在金融知识中应针对创业融资、创业资金使用及税收等方面进行强化训练，在大学生掌握基本财务知识的基础上学以致用；在管理知识中，注重对大学生的实践训练，利用课堂中所学的知识培养大学生的管理能力。

（2）创业专业教学内容

第一，创业能力培养教学内容。与基础型教学不同的是，强化型教学是为了使大学生的能力得到进一步提升，如高效执行能力的训练、有效沟通与演讲技巧、行政领导学艺术、互联网技术等。通过这部分课程的培养，大学生能够对自身能力有更清楚的认识，有助于创新创业能力的提高。

第二，创业素养培养教学内容。需要强化培养的大学生往往已经具备了一定的创新创业素养，因此在培养过程中旨在对其所具备的素养进行延伸训练。例如，逻辑思维导图和批判性思维与商业伦理的学习能够激发大学生思维能力的提升；创造学和创造力的开发训练是为了进一步培养大学生的创新能力；自我管理理论和自控力的理论学习能够让创业者变得更加自律；创新思维与理性决策的培养，以及压力与情绪管理的学习能够提升大学生的抗压能力。针对不同的大学生，强化型培养方案中建议增加金融风险管理的相关课程学习，目的是使大学生充分掌握创业过程中的金融风险，做到“心中有数”，从而使大学生更好地防控和应对风险问题。

（3）创业实践教学内容

相对于基础型教学内容，强化型教学内容要增加适当的创业创新实践内容。一方面可以通过创业指导使大学生对创业的方向、途径、方法、资源、管理等各方面有更加全方位的了解，另一方面可以通过创业案例详细讲解创业的过程，向大学生展示创业过程的基本步骤，分析可能遇到的问题及解决方案。

5.3.2.3 针对强创业感群体的进阶型教学内容设计

进阶型教学内容的设计是针对强创业感的大学生的。根据聚类分析的结果，这部分大学生对法律、营销、金融等创新创业知识的掌握情况较好，他们的学习能力、领导和协作能力、机会识别能力及互联网应用能力都很出色，并且具备抗压能力、思维能力、自律性等创业所需要的基本素养。此外，根据文本挖掘的结果，这部分大学生对创业环境的要求很高，对创业所涉及的各方面都能考虑到。因此，这部分大学生的教学内容的重点不再是传授创业知识和培养创业能力，而是要帮助这些大学生弥补不足，帮助他们分析如何利用自身的能力和素养去更好地实现创业，课程设计要注意综合性和系统性，能够结合创业成功的案例向大学生讲解从创业开始到成功的具体流程和可能遇到的各种问题。具体的教学内容如下。

（1）创业通识教学内容

进阶型教学是针对创业能力较强且具备良好的创业素养的一部分大学生，因此对知识的培养重点是更加专业的知识体系。在法律知识、经济知识和管理知识中，值得学习的法律知识有知识产权的保护和创业法律条例，旨在教会创业者如何保护自己的知识产权，以及如何用法律手段保护自己的创业成果。培养金融知识可以通过公司金融知识的讲解，完善大学生关于公司管理的金融知识，而企业管理能力的重点是培养大学生的创业实践。

（2）创业专业教学内容

第一，创业能力培养教学内容。在创新创业能力中，进阶型方案注重培养大学生在创业中解决实际问题的能力。首先，机会识别能力对强创业感的大学生是很有必要的，创业能力和素养水平较高的大学生需要学会发现创业机会并抓住机会进行创业。其次是组织领导力，大学生应掌握良好的组织和沟通能力，能够做到领导团队进行高效率的工作。最后是沟通能力，作为创业者不可避免要与其他合作者或竞争对手进行沟通，有效的协调与沟通对创业的顺利开展十分重要。

第二，创业素养培养教学内容。面对创业中可能遇到的困难与瓶颈，在创业素养中，进阶型教学要增强大学生的抗压能力、自控能力和决策能力，帮助大学生克服各种难题。如压力与情绪管理、管理能力的自我提升、科学决策等内容的学习，都有助于大学生在创业中取得成功。

（3）创业实践教学内容

创业实践是进阶型教学的重点，通过实践的锻炼使能力素养水平俱佳的大学生迅速掌握创业的技巧和经验，从而提高成功创业的可能性。此时需要开设各种行业的创业实训课程，分领域、分行业地开展培训和学习，使大学生能够根据自己的特长和喜好选择合适的创业项目。培养内容应根据创业指导、创业资金获取、产品市场等创业环节开展创业训练营或创业模拟。因此，创业实践类课程比较适合能力和素养水平较高的大学生，因为实践的过程是将知识、能力、素养应用到创业实践中，能够进一步提高大学生的创业水平和能力，打造高层次创业人才。

创业实践的培养主要是将理论学习的知识和能力进行具体的运用和实践，利于提升经营能力、管理能力、沟通能力等。在新形势下，在对大学生创业实践能力进行培养时，需要着重对大学生的经营管理能力进行良好的培育，使每个大学生可以结合自身所学到的知识分析并解决实际问题。大学生需要从经营和管理方面学习知识内容，这样可以正确应对毕业之后在岗位中遇到的困难及问题，提高大学生的综合能力。交际与沟通能力对大学生今后的发展有着重要的影响，大学生在创业之后有可能和客户进行频繁的联系，构建良好的合作关系，因此良好的交际协调能力显得尤为重要。在学校对大学生交际协调能力进行培育时，要引导大学生和其他同学及教师形成良好的人际关系，这样可以在实践中获得一些启发，有效地解决和应对在后续工作中遇到的问题，促进大学生的健康发展。

5.3.3 个性化培养方案的制定

培养方案应针对不同类型大学生的创新创业能力现状制定，本部分基于大学生创业能力的差异化，采用模块化的课程体系设计不同类型大学生的创业教育培养方案。大学生创新创业的能力和素养水平聚类结果显示，约 23% 的大学生掌握了基本的创业能力且具备良好的创新创业素养，一半（50%）的大学生的创新创业能力和素养处于中等水平，还有 27% 的大学生的创新创业能力和素养有待提高。在创新创业能力中，大学生的团队协作能力、学习能力和互联网应用能力最为突出，谈判能力和机会识别能力相对欠缺；在创新创业素养中，大学生在追求卓越、科学理性、抗压、独立思考和逻辑思维方面表现较好，但在创业激情、自律能力方面有待提高。针对大学生创业能力与素养现状，本部分分别制定相应的个性化培养方案。

5.3.3.1 针对无创业感大学生群体的基础型培养方案设计

根据第四部分的分析，无创业感的大学生群体的法律、营销、金融等创新创业知识有待补充，学习能力、领导和协作能力、机会识别能力及互联网应用能力也有待提高。针对这部分大学生存在的问题，课程体系和培养方案的设计应主要侧重于提高其基本创业能力。因此，在这部分大学生的课程体系和培养方案中创业基础知识和理论应占据大部分内容。

大学生创业能力与素养的培养要循序渐进，首先应进行创业通识知识的教授，其次开展创业专业能力与素养的培训，最后通过实践进一步提高创业能力与素养。具体来说，在大学生刚入学时，即大一年级，应重点开展创业通识课程，如创业相关的法律和政策、企业管理，使大学生充分了解创业政策和企业管理的基本内容；在大二和大三年级，应重点开展创业教育的专业课程，如创业机会识别、逻辑思维培养等课程，高效提升大学生的创业能力与素养；在大四年级，通过开展创业实践，指导大学生将理论与实践结合，完成对创业能力与素养的查漏补缺。该类大学生的培养方案如下。

（1）培养目标

夯实大学生基础，引导大学生积累创业法律、营销、金融等方面知识；

提高大学生学习能力、领导和协作能力、机会识别能力及互联网应用能力；

提升大学生自律性、抗压能力，培养大学生的逻辑思维能力。

（2）培养年限

4 年。

（3）教学进程

第一阶段：无创业感的大学生首先要掌握创新创业的基础知识。通过修读“思想道德修养与法律基础”等思政类课程提升对创业价值的认知。创新创业是在国家民族价值认知环境下的价值选择，其背后有着深刻的文化认同和价值认同，展现了人对精神价值的追求，体现了人的本质力量的对象化。思政类课程有利于帮助大学生树立正确的人生观和价值观，将大学生的行动与国家意识形态相结合。通过修读“创新创业法律基础”等法律类课程提升对创业规则的认知。创新创业的大学生有必要学会保护自己的知识产权，避免创业成果被他人非法窃取。法律类的课程有利于为大学生在创业过程中出现的问题与风险，提供有针对性的法律指引和支持。通过修读“会计与财务”等经济金融类课程，提升大学生对创业风险的认知。资金的投入、使用和存续关乎于企业的生存和经营，因此，大学生应当掌握基本的经济金融知识。通过修读“企业管理”等管理类的课程提升对创业管理的认知。管理类的课程涉及中小生产企业的创办、生产与运营管理、资源与运作管理、企业文化、通识经营管理技能和知识。作为创业的主体之一，大学生应当具备管理企业的能力。

第二阶段：要初步培养无创业感大学生的创业能力和创业素养，增强大学生的创业信心。无创业感的大学生主要表现在领导沟通能力、组织能力和创业机会识别能力等能力开发不足，因此基础型培养方案中对创新创业能力的培养是重点内容。在创业能力方面，无创业感的大学生应修读“创业机会识别”等创业能力初级课程，培养创业感知能力，进而在创业开展过程中能识别有价值的创业机会和正确进行创业项目选择。大学生要修读“高效执行力训练方法”等执行类课程。行动力不强是创业的禁忌，第二阶段是大学生良好行为习惯的关键养成时期，无创业感的大学生执行力有待加强，因此，需要执行类课程培养他们的执行力和行动力。无创业感的大学生需通过沟通类课程掌握基本的沟通表达、当众演讲、团队协作的方法技巧，增强沟通表达能力、当众演说能力、团队协作能力等基本的创业能力。因此，应修读“商务沟通与谈判”等沟通类课程。谈判与沟通能力的提升可以使创业者具备严谨细致的工作作风、理性的思维及行为方式、灵活运用策略的能力等创新创业能力和素质。大学生还应修读“‘互联网 +’创新应用”等互联网相关的课程。随着互联网技术的发展，大学生对互联网技术的应用能力也应该随之增强。因此，互联网相关课程的设置，符合当代社会对创业人才的需求。在创业素养方面，在这一阶段，应通过“逻辑思维”“自控力”“管理创新和创业精神”等课程，培养无创业感大学生的逻辑思维能力、自律能力及创业精神。

第三阶段：要加强无创业感大学生创业能力和创业素养的培养，并通过实践巩固获得的知识。在创业能力方面，要进一步加强对谈判与沟通能力、团队协作与组织领导能力等创业能力的培养。因此，需开设“商务谈判”“公共组织行为学”“大学生素质拓展”等课程。在创业素养方面，要加强大学生的逻辑思维，提高大学生的创造力，培养大学生的理性和自律，打造良好的心理素质，因此需开设“创新思维概论”“创新创业导论”“心理素质与生涯发展”“风险管理”等课程。值得注意的是，在这一阶段，应给予大学生实践的机会，在创业指导中通过实践巩固所学理论。因此，应开设“创业指导”等创业指导类课程，让大学生将所学理论与实践结合起来。

第四阶段：培养无创业感大学生在实践中运用创新创业知识的能力。第四阶段是大学生在精准培养过程中的最后一个阶段，要在无创业感大学生充分掌握创业知识、能力、素养的基础上对大学生进行实践训练，给大学生提供发现问题的机会，并在关键时刻引导其提出解决方案。因此，需开设“创新创业实践”“大学生创业实务”等创业实践类课程，培养大学生综合运用知识的能力。

5.3.3.2 针对有创业感大学生群体的强化型培养方案设计

有创业感的大学生是指掌握了一定的创业基础知识，具备一定的创业素养，但还需进一步激发其创业灵感和热情的大学生。另外，这部分大学生对国家创业政策具有一定的敏感性，对创业相关的理论知识和行业实践具有浓厚的兴趣。

针对这部分大学生的培养应注重在学习更高层次的理论知识的同时加强创业实践培训，从理论、政策、法律等多知识结构和学校、企业、社会等多种创业环境出发，提升他们的创新创业能力和素养。针对此类大学生，其培养方案具体如下。

（1）培养目标

强化大学生的创业能力与素养，强化大学生对创业法律、营销、金融等相关知识的掌握能力，提升大学生自律性、抗压能力，培养大学生的逻辑思维能力，激发大学生创业激情，拓宽大学生创业思路。

（2）培养年限

4 年。

（3）教学进程

第一阶段：与无创业感大学生不同，有创业感的大学生除了基础知识外要掌握更具针对性的创新创业知识。进入大学的第一年，有创业感的大学生应当修读“创业法律与政策”等法律类课程。法律类的课程有利于为大学生创业过程出现的问题与风险，提供有针对性的法律指引和支持，更进一步培养大学生的法律意识，避免在创业过程中出现法律纠纷。有创业感的大学生应当掌握“创业融资”等经济金融类的课程，保证大学生在创业融资、创业资金使用及税收等方面游刃有余。大学生还应当初步掌握“企业经营管理与实践”等管理类课程。管理类的课程涉及中小生产企业的创办、生产与运营管理、资源与运作管理、企业文化、通识经营管理技能和知识。对于有创业感的大学生来说，应当注重实践训练，利用课堂中所学的知识培养其管理能力。

第二阶段：要提升有创业感大学生的创业能力和创业素养。为了使有创业感大学生的高效执行能力、有效沟通与演讲技巧、行政领导学艺术、互联网技术等创业能力得到提升，应开设“行业发展趋势与机遇”“高效执行力训练方法”“沟通与演讲”“互联网创新与创业”等课程。通过这部分课程的培养，有创业感的大学生能够对自身能力有更清楚的认识，有助于有针对性地提高创新创业能力。为了增强有创业感大学生的创业素养，需开设“创新思维导图”“批判思维与商业伦理”“自控力”“自我管理能力提升”“创新思维与理性决策”“管理创新和创业精神”“企业家精神与创业”等课程，加强大学生的逻辑思维，激发大学生的创造力，培养大学生的自我管理能力，使大学生具备理性决策和抗压能力。

第三阶段：进一步加强对有创业感大学生的创业能力和创业素养的培养，并通过实践巩固获得的知识。在创业能力培养方面，有创业感的大学生需修读“行政领导学”“大学生素质拓展”“商务沟通与谈判”等课程，进一步提升谈判与沟通能力、团队协作与组织领导能力等创业能力。在创业素养培养方面，因为有创业感的大学生往往已经具备了一定的创新创业素养，因此应当修读“创造学和创造力开发训练”“心理素质与生涯发展”“压力与情绪管理”“金融风险管理”等课程，进一步拓展延伸创业素养。同样，在这一阶段应给予大学生实践的机会，在创业指导中通过实践巩固所学理论知识。因此，应开设“创业指导”等创业指导类课程，通过创业指导使大学生对创业的方向、途径、方法、资源、管理等各方面有更加全方位的了解。

第四阶段：加强有创业感的大学生在实践中运用知识的能力。第四阶段要在大学生充分掌握创业知识、能力、素养的基础上对大学生进行实践训练。需开设“大学生创新与创业实践”等创业实践类课程，通过创业案例详细讲解创业的过程，向大学生展示创业过程的基本步骤，分析可能遇到的问题及解决方案，培养大学生综合运用知识的能力。

5.3.3.3 针对强创业感大学生群体的进阶型培养方案设计

强创业感大学生的创业能力较强且素养良好，这部分大学生对法律、营销、金融等创新创业知识掌握情况较好，他们的学习能力、领导和协作能力、机会识别能力及互联网应用能力都很出色，并且具备抗压能力、思维能力、自律性等创业所需要的基本素养。针对这部分大学生的特性，课程设计和培养方案的重点应侧重帮助这些大学生弥补不足，帮助他们分析如何利用自身的能力和素养去更好地实现创业，具体的培养方案设置如下。

（1）培养目标

弥补大学生在创业能力与素养上的不足，进一步提升大学生的创业能力与素养。

（2）培养年限

4 年。

（3）教学进程

第一阶段：为强创业感大学生构建更加专业的创业基本知识体系。因为强创业感大学生对法律、营销、金融等创新创业知识掌握情况较好。因此，这部分大学生要学习知识产权的保护和创业法律条例，如“知识产权法介绍”等课程，进而学会如何保护自己的知识产权，以及如何用法律手段保护自己的创业成果。要为强创业感大学生设置“公司金融”等金融类课程，通过对公司金融知识的讲解，完善大学生对公司管理的金融知识；开设“企业经营管理与实践”等管理类课程，学习管理公司的能力和经验。对于强创业感的大学生来说，课程重点应落在创业实践。

第二阶段：培养强创业感大学生在创业中发现问题的能力。强创业感大学生的学习能力、领导和协作能力、机会识别能力及互联网应用能力都很出色，并且具备抗压能力、思维能力、自律性等创业所需要的基本素养。因此，他们的教学内容的重点不再是传授创业知识和培养创业能力，而是要帮助这些大学生弥补不足。在创业能力培养方面，需设置一些诸如“大学生创新与创业实践”“高效执行力训练方法”“团队协作与沟通”“互联网创新与创业”等能力培养类课程，也要倾向于开设“电子商务与网店开设”等具体实操的能力培养类课程，培养大学生在创业中发现问题的能力。在创业素养方面，需开设“创新思维导图”“批判思维与商业伦理”“自控力”“自我管理能力提升”“创新思维与理性决策”“企业家精神与创业”等课程，进一步促进大学生的创新素养体系的形成。

第三阶段：培养强创业感大学生在创业中解决问题的能力，并通过实践巩固获得的知识。在创业能力培养方面，需开设“创业领导力与团队管理”“商业模拟与领导力反思”“大学生素质拓展”“商务沟通与谈判”等课程，进一步拓展和加强大学生的领导能力、写作能力、沟通和谈判能力。在创业素养培养方面，需开设“创新创业导论”“压力与情绪管理”“项目风险分析和质量保证”等课程，增强大学生的抗压能力、自控能力和决策能力。在创业实践环节，从综合性和系统性来看，要设置“创业指导”“分行业的初创企业管理”等课程，结合创业成功的案例向大学生讲解从创业开始到成功的具体流程和可能遇到的各种问题，帮助他们分析如何利用自身的能力和素养去更好地实现创业。

第四阶段：在实践中检验强创业感大学生的知识掌握，及时查漏补缺。在创业培养的第四阶段，需要开设各种行业的创业实训课程，分领域、分行业地开展培训和学习，使强创业感大学生能够根据自己的特长和喜好选择合适的创业项目。培养内容应根据创业指导、创业资金获取、产品市场等创业环节开展创业训练营或创业模拟。因此，需开设“创业训练营”等课程，将知识、能力、素养应用到创业实践中，进一步提高大学生的创业水平和能力，培养心怀国家、责任心强、具有创新创业能力和创新创业思维的创业实干家。

5.3.4 多元化教学方式的建设

教学方式是教师和学生为了共同完成教学目标而采取的方式和方法。皇甫全教授认为，教学方式从具体到抽象可以分为原理性教学方式、技术性教学方式及操作性教学方式[99]。教学方式决定了先进课程体系和教学内容能否得到发挥，是锻炼学生创新思维的重要手段。考虑到大学生创业教育多忽视实践教学的现状，本节提出了“课堂教学 + 企业实践 + 创业模拟”的教学方式，以课堂教学和企业实践为主渠道，以创业模拟为重要途径，希望通过课堂教学和企业实践完成大学生创业教育的理论教学和实践教学，借助创业模拟将创业理论与企业实践相结合，激励大学生发现创业中的问题，并引导大学生继续学习创业理论与方法，从而进一步提高大学生创业能力与素养。各教学方式之间的关系如图 5-4 所示。

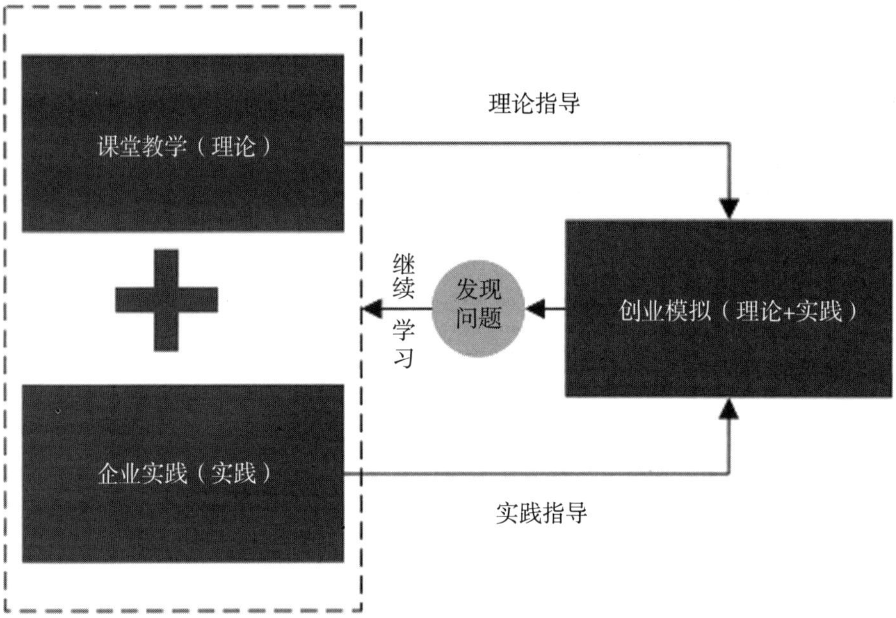

图 5-4　多元化教学方式设计

5.3.4.1 课堂教学

课堂教学是教育教学中普遍使用的一种手段，它是教师给学生传授知识和技能的方法，它主要包括教师讲解、学生问答、教学活动等，是高校素质教育的主阵地。通常课堂教学中多采用讲解教学、讨论教学、案例教学等方法。但传统课堂教学有很多不足，例如，忽视了学生的课堂主体，教学方法单一、枯燥，容易使学生失去学习兴趣，不利于学生对教学难点的掌握[100]。具体来说，传统的课堂教学主要具有以下不足。

（1）教路单一

传统课堂教学教师的“教”是照本宣科，教师只把学生当作接受知识的容器，教师的教和学生的学在课堂上最理想的进程是完成教案。教师总是希望学生能够按照自己课前设计好的教学方案去展开教学活动，每当学生的思路与教案不吻合时，教师往往会千方百计地把学生的思路“拽”回来。教师期望的是学生按教案设想做出回答，努力引导学生得出预定答案。

（2）学法单一

学生学习方式单一、被动，教师与学生之间、学生与学生之间经常处于一种紧张甚至对立的状态，课堂上很少看见学生之间的交流、观点的交锋和智慧的碰撞，学生的学习始终处于被动应付状态[101]。学生缺少自主探索、合作交流、独立获取知识的机会，很少有机会表达自己的理解和意见，致使课堂气氛沉闷、封闭。

（3）过程单一

传统的课堂教学过分强调了教师的教，以教为中心，学围绕教转，教师讲学生听，教师问学生答，教师写学生抄。以教为主，先教后学，学生只能跟随教师学，复制教师讲授的内容，先教后学，教了再学，教多少，学多少，不教不学，使学生丧失了学习的主动性、自主性和创造性。

虽然传统的课堂教学具有一定的不足，但其仍然是现代教育中最主要的教学方式。考虑到创新创业教育的主要目标是培养大学生创新创业精神和能力，我们认为在创新创业教育中，课堂教学应主要完成创新创业知识、企业管理、融资管理、互联网应用等理论方法的教授，完成对大学生创新创业能力与素养的基本培养。

因此，在模块化定制培养方案的基础上，倡导大学生创业教育进行项目化和参与式教学，强化案例分析、小组讨论、角色扮演、头脑风暴等环节，实现从以知识传授为主向以能力培养为主的转变、以教师为主向以学生为主、以讲授灌输为主向以体验参与为主的转变，调动大学生学习的积极性、主动性和创造性。具体来说，建议从以下三个方面改善教学方式。

第一，鼓励采用启发式教学方式。高校传统的创新创业教育教学方式较刻板，主要就是以在课堂上进行知识的讲授为主，没有注重对大学生的启发性教育，无法发挥大学生的主观能动性。

启发式教学主要是为了培养学生的创新思维，提高学生的独立思考能力，避免学生出现厌学情绪，让学生在学习的过程中能够不断发现新问题，积极分析问题，有效解决问题。高校在创新创业教育过程中应该鼓励教师多采用启发式的教学方式，教师处于主导地位，在课堂上要多与大学生进行互动和交流。例如，采用案例教学法和小组讨论法，组织创新创业竞赛和商务谈判大赛，引用企业家的创业成功案例，鼓励大学生进行商业计划书策划，激发大学生的创新思维。总的来说，在创新创业教育中大学生应处于主体地位，教师应该培养大学生的独立思考能力，鼓励大学生勇敢地提出问题，积极发言，通过启发式的教学方式，促进大学生创新精神的养成，以及创新意识的提高。

第二，鼓励运用情境式教学方法。高校创新创业教育主要还是沿用传统教学方法，以传授理论知识为主，重理论轻体验，教学方法不灵活。

情境式教学就是让教师在教学过程中利用各种有利条件，创建生动的教学场景，引导学生在情境中感受和把握教学中的难点和重点。传统的教学方法注重的是教学结果，而情境式教学方法注重的是教学过程，能够让学生在情境中体验，通过学生自己的观察、发现、反思、总结、分享，加深对教学情境中知识的感知和感悟。对于从事高校创新创业教育的教师来说，要在教学过程中通过情境再现的方法，让大学生由被动地学习变成主动地参与，让大学生体验到学习的快乐。例如，高校的老师可以组织大学生在课堂上模拟工程招投标的情境，让大学生系统地模拟建筑行业的招投标过程、项目施工单位的投标策略等流程和方法，通过情景模拟演练，培养大学生的动手实践能力，为日后的实践活动打下基础。

第三，鼓励采用创新多样化的课堂教学手段。大多数的高校教师开展创新创业教育时的教学手段都比较单一，他们往往更为倾向于使用传统板书和幻灯片的方式，通过讲述、展示的方式来进行教学活动，这大大降低了大学生的学习兴趣，课堂氛围也比较沉闷。

随着网络化、数字化及智能化等信息技术的快速发展，从事高校创新创业教育的教师应该创新多样化的教学手段，转变大学生的学习方式，应该充分借助和利用大数据、云计算、人工智能、多媒体等技术，创建适合高校创新创业教育发展的线上线下、课内课外、校内校外的教学手段。例如，可以运用网络远程教育手段，邀请企业家开展创新创业教育活动，通过网络把创新创业的信息传递给大学生。它的主要优点是不受时间和地点的限制，还能够节省一定的成本，还可以引进慕课和微课等，通过这样的方式可以强化教学成果和传播效率，增加大学生的学习乐趣，提高大学生的学习积极性。

5.3.4.2 企业实践

企业实践能够帮助大学生认识企业的运作模式、经营理念，有效地提高大学生企业运营、管理的实际能力。因此，高校应充分利用校内外资源，依托校企联盟、科技园区、创业园区、创业项目孵化器、大学生校外实践基地和创业基地等，开展学习参观、市场调查、项目设计、成果转化、企业创办等创业实践活动。

一方面，高校可以与优秀的企业签订创新创业教育战略合作协议，让大学生“走出去”。高校选派一些对创新创业教育意愿浓厚且具有较高专业素质的大学生到企业进行学习，并在企业进行一段时间的锻炼，实际锻炼能够使大学生快速地融入企业，通过学习企业的运作模式、经营理念等不断地提高自身的实践能力，丰富自身的实践经验，提升自身的专业化水平，以便切实提升自身的创新创业能力与素质。

另一方面，高校可以通过加强校企合作、增加校友联络，把教师“引进来”，大力引进优秀的兼职教师，建设一支具有较强实践经验的动态化的兼职师资队伍。其一，可以充分利用合作的企业，积极聘请行业前沿的创新创业领域专家和企业经理人到校内开展讲座，交流和提供创新创业的实践经验，为全校师生分享更多的创新创业信息；其二，可以充分利用校友资源，联络选拔一批创业成功的校友回校分享创业经历，给大学生更多的创新创业指导，既能够充分调动大学生的积极性，又能够提升教师队伍的整体水平。

5.3.4.3 创业模拟

创业模拟活动可以增强大学生创新意识、创新能力和创新素质，增强大学生团队合作意识和人际交往能力，是课堂实践教学的有效补充。学校应充分整合校内外教育资源，组织开展灵活多样的创业讲座、创业训练、创业模拟、创业大赛等活动。积极创造条件，支持大学生创办并参加创业协会、创业俱乐部等社团活动[102]。

首先，借助沙盘模拟、系统仿真等教学软件，开展创业模拟，使大学生了解创业的实际流程。借助仿真教学软件使大学生体验创业机会识别、决策分析、品牌管理的实际过程，完成创业实务的演练，使大学生对创业中存在的问题有更加深刻的认识。

其次，鼓励大学生积极参与国家级、省级创新创业模拟竞赛。目前，主流的创新创业大赛主要有：教育部等部门联合主办的“挑战杯”创业计划大赛、“创青春”全国大学生创业大赛、“互联网+”创新创业大赛等。大学生在教师的指导下积极参与，自主完成构思、设计、开发、运行等项目的全过程，使大学生的创新能力得到综合锻炼。通过撰写商业计划书、模拟经营等活动，促使大学生更加深刻地了解创业中存在的问题，认识自己在创业能力上的不足。

最后，应在国家级、省级创新竞赛的基础上，结合本校的实际，开展形式各样的创新竞赛活动，形成多层次、多类型、低门槛的创业模拟竞赛体系，鼓励大学生根据自己的兴趣爱好自由跨学科进行组合；设立创新训练项目，充分发挥创新训练项目在培养人才创新能力方面的作用。

5.3.5 开放型测评方法的构建

开展教育评估是保证创业教育成效精准的必要手段，也是明确高校创业教育培养方向的指南针。由于大学生创业受多种因素影响，大学生毕业后或许并不会选择马上创业，这导致创业教育成果评估具有复杂性。为科学、客观、全面地评估创业精准教育成果，本节首先对创业教育的评价原则进行分析，然后对创业教育的指标体系进行构建，综合考虑创业教育投入和产出，构建创业教育开放型测评方法。

5.3.5.1 评价原则制定

（1）目标性

高等教育的任务是培养具有创新精神和实践能力的高级专门人才，发展科学技术文化，促进社会主义现代化建设，其中创新精神的培养具体可通过高校创新创业教育及其实践实现。2017 年，教育部将“培养学生开拓创新的进取意识”“引导师生积极参与科技创新团队和科研创新训练”“加强创新创业教育”“培养学生自强不息、创新创业的进取精神”列为高校思想政治工作质量提升的主要内容和基本任务，再一次明确将创新创业教育作为高校思想政治教育目标实现的一个重要部分。高校创新创业教育始终立足于高校人才培养的根本要求，立足于思想政治工作的中心环节及创新创业教育的发展目标和定位。高校创新创业教育的目的决定了高校创新创业教育的质量与效果评价需要全面考虑高校创新创业教育的当前形势、发展趋势，重点关注学生整体素质、学生创新精神和创业能力的提高效果[103]。

（2）科学性

对高校创新创业教育进行全面、客观的分析需基于数量与质量、过程与成果、长期与短期、主观与客观等多个视角展开，因此其体系制定的科学性尤为重要，需要思考如何体现科学可行、做到权威客观、符合发展目标、反映实际水平。因此，高校创新创业教育评价体系应做到上下级彼此独立又互相联系，相互包含隶属而不重叠交错，覆盖全面且没有遗漏，杜绝混乱，提高信度与效度。

（3）可测性

在高校创新创业教育评价中，往往会涉及定性指标与定量指标、模糊性指标和确定性指标等。具体来说，如是否设置就业创业领导小组与开设专业课程门数等指标、教育经费情况等，但无论如何体现，都应将定性的指标定量化，模糊的指标确定化，使最终的评价结果呈现为量化的分值，从而可以根据量化分值得出定性分析结论及未来提高创新创业教育的可行性对策。

（4）促进性

良好完备的评价指标体系应对教育环节起到促进作用。因此，在大学生学习动机、教师素质提升、环境资源配备、实践活动设计等方面，高校创新创业教育评价体系应体现其促进性与发展性，保证评价内容顺应时代要求与大学生需求。如设置年度学生参与度提高比例等“发展值”、教师培训次数不低于某一比例等“底线值”，避免部分高校驻足“舒适区”，形成持续良性促进机制。结合评价的促进性，高校创新创业教育评价体系的制定要在回应国家对高校人才培养的要求及大学生全面发展需要的同时，随着实践的发展和理论的积累，调整评价内容、细化评价对象、整合评价维度，实现对高校创新创业教育系统内外部各要素的调控与促进[104]。

5.3.5.2 评价指标体系构建

在评价大学生教育质量时，要关注大学生的成长需求，找准教育工作与大学生成长发展需求的结合点。基于这一观点，在研究高校创新创业教育评价体系时，应着力构建一个兼顾创业教育开展基础与大学生需求的创业教育评价体系，并据此将评价体系划分为“以高校为主体的创业教育基础建设”情况与“以学生为主体的创业教育产出”情况。

在对创业教育效果进行评估时，以往研究往往过分关注创业成功率，然而创业成功率受到政策环境、市场环境等多种因素影响，仅以创业成功率衡量创业教育效果具有一定的局限性。此外，大量研究证明大学生创业具有时滞性，因此在构建创业教育效果评价体系时需充分考虑大学生创业的这一特性。为科学合理地评估创业教育成果，本部分将大学生反馈纳入创业教育产出评价，从大学生创业教育反馈和创业教育成果两方面全面测度创业教育的产出成果，破除以往以创业成功率为唯一评价标准的评价方式，构建综合考虑创业教育开展基础和创业教育成果的创业教育开放式评估体系（见图 5-5）。

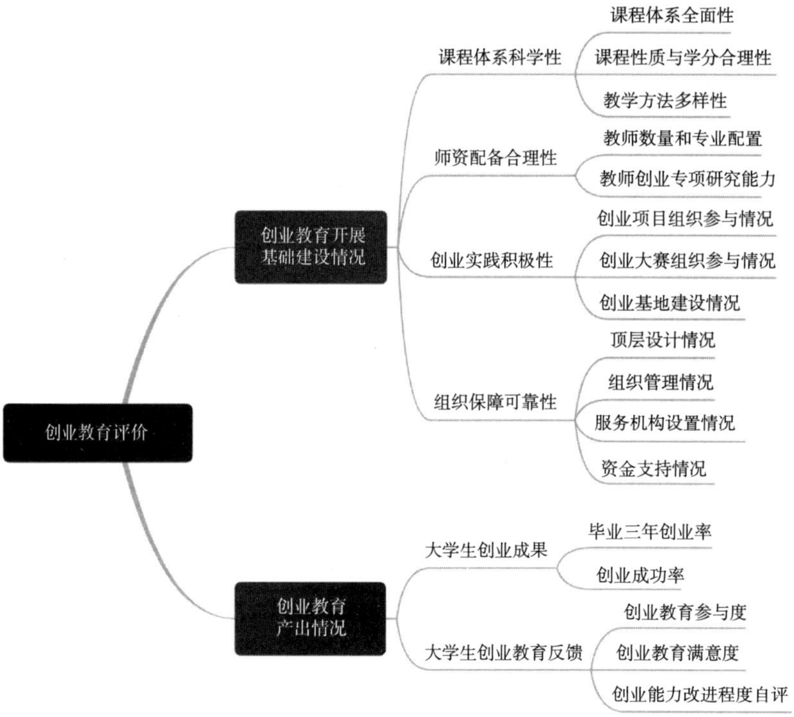

图 5-5 创业教育测评指标体系

（1）创业教育开展基础建设情况

在创新创业教育中，高校是最重要的施教主体，其针对创新创业教育的设计与实践直接影响大学生接受教育的水平与效果。因此，对高校主体做过程性评价，关注高校主体的设计与实践，是高校创新创业教育评价体系中极为重要的维度。高校主体的创新创业教育评价，主要从课程体系设计、师资配备、创业实践开展、创业教育组织保障等方面进行开展，分析创新创业教育实施时对其目标的完成情况，挖掘高校在创新创业教育实践中遇到的困难与问题，探寻提高高校创新创业教育质量的方法。

国务院相关文件指出，要“建立健全课堂教学、自主学习、结合实践、指导帮扶、文化引领为一体的高校创新创业教育体系”。结合这一目标，兼顾高校在创新创业教育进程中的发展性需要，构建评价创业教育基础建设的指标。

第一，课程体系科学性。一是课程体系的全面性。根据《教育部办公厅关于印发 < 普通本科学校创业教育教学基本要求（试行）> 的通知》（教高厅〔2012〕4 号）文件要求，高校创新创业教育课程的开展应以“面向全体、注重引导、分类施教、结合专业、强化实践”为目标，即将人才培养体系贯穿融入人才培养全过程，正确理解创业与国家经济社会发展、职业生涯发展的关系，将办学定位、办学特色与专业教育紧密结合，强化实践教学与创业实践的总体原则，在全体大学生中广泛系统开展创新创业教育，以促进大学生全面发展，努力培养“大众创业、万众创新”的生力军，着力提高大学生的创新精神、创业意识和创新创业能力，同时注重将创新创业教育与大学生思想政治教育、就业教育和就业指导服务有机衔接。因此，在课程体系全面性这一维度，应关注：①创新创业课程体系是否全面覆盖创新创业能力与素养；②是否结合专业教育与大学生思想政治教育、就业教育指导，做到有机衔接；③课程体系是否针对不同类型大学生创业能力与素养差异化现状。

二是课程性质与学分设置的合理性。完整的课程体系、一定数量的课程是创新创业教育的基础。一定的课程数、学分数、学时数能够反映高校对大学生创新创业教育工作的重视程度和课程建设的成熟度。因此，在课程性质与学分设置合理性维度，应重点关注：①是否开设创新创业教育基础课；②是否结合高校特点、大学生需求设置课程性质；③是否设置学分，满足学时。

三是教学方法多样性。教育部相关文件指出，在教学方法方面，应将课堂教学、课外活动和社会实践相结合，广泛开展启发式、讨论式、参与式教学。结合以往创业教育主要依赖课堂教学及传统课堂教学的不足，为吸引大学生学习兴趣，在评估创业教育开展基础时应关注教学方法的多样性和有效性。因此，在教学方法多样性这一维度，应关注：①创新创业的通识、专业和实践教学内容是否都相应设计了合理的教学方法；②课程教学方法是否能够调动大学生的积极性、主动性、创造性。

第二，师资配备合理性。一是教师数量和专业配置。相关文件并未对师生比进行明确的规定，但明确要求要按照学生人数和实际教学任务核定教师编制，配备足够数量和高质量教师。鼓励教师在专业教育中融入创新创业教育内容。聘请企业家、创业人士和专家学者承担一定任务[105]。此外，要加强培训，提高教师业务水平和教学能力，如参加社会团体和培训机构的创业讲师培训、国家与各省市信息咨询与就业指导中心举办的培训班及相关“创新创业指导教师”培训。因此，在师资的数量与专业配置这一维度，应关注：①“创新创业课堂”中的专任教师和兼职教师配备；②创新创业教师中是否有企业家、创业人士和专家学者；③教师培训次数、覆盖面与培训质量。

二是教师创业研究能力。为贯彻落实国家对创新创业教育提出的新要求、新目标，高校对相关领域进行更为广泛、深入的研究愈发重要，这也是高校创新创业教育科学化、专业化、个性化的体现。因此，要加强创新创业教育教材建设，借鉴国外成功经验，编写适用和有特色的高质量教材，建立教研室或相应研究机构，同时，要组织参与创新创业教育理论研究、材料汇编、案例分析等，总结交流教育经验，推广教育优秀成果。因此，在教师创业研究能力这一维度，应关注：①教师在创新创业教育领域发表论文、承担课题、出版专著情况及相关获奖情况；②是否形成学校创新创业教育研究室，组织研究力量；③是否组织参与一定范围的理论研究与经验交流。

第三，创业实践开展积极性。一是创业项目组织与参与情况。创新创业教育项目是丰富大学生创新创业知识体验、提升大学生创新精神和创业能力的有效途径，是创新创业教育在实践层面的延伸。一方面，高校要积极参与、宣传各部门组织的创新创业项目；另一方面，高校要积极组织相关项目的校内选拔赛或突出学校特色、符合学校实际的创新创业项目，如科技创新、创意设计、创业计划项目。因此，在高校创业项目组织与参与情况这一维度，应关注：①是否积极宣传、组织、承办国家级项目；②是否组织校级创新创业项目；③相关项目成果。

二是创新创业大赛组织和参与情况。创新创业大赛是一种将“练”与“赛”相结合，能够及时获取创新创业项目具体评价的一种创新创业能力提升与成果评价的方式。因此，高校一方面要积极组织团队参与大型创新创业大赛；另一方面要积极组织相关竞赛的校内选拔赛或突出学校特色、符合学校实际的创新创业大赛，如科技创新、创意设计、创业计划专项赛。因此，在高校创新创业教育大赛组织与参与情况这一维度，应关注：①是否积极宣传、组织、承办国家级竞赛；②是否组织校级创新创业竞赛；③相关竞赛成果。

三是创新创业基地建设情况。创新创业基地是高校实现大学生创业实践的重要平台。因此，高校要组建队伍负责基地的建设与管理，加强多方联动，出台相关政策措施和激励机制，结合学科专业和科研项目的特点，促进师生的科研成果、科技发明、专利等转化为创业项目。此外，要依托各类创新创业教育基地为大学生提供创业场地，建设校外实践教育基地和实训基地等。因此，在高校创新创业教育基地建设这一维度，应关注：①是否建设能够满足需求的创新创业教育基地；②是否为创新创业基地建设给予足够投入；③创新创业教育基地是否在项目转化、实践积累方面给予足够支持。

第四，组织保障可靠性。一是顶层设计情况。教育部相关文件指出，高校在创新创业教育方面应进行顶层设计，形成符合实际、切实可行的创新创业教育工作整体构想思路，用以指导创新创业教育改革与发展。近年来，高校创新创业教育持续受到国家与社会的高度重视，相关部门陆续出台一系列扶持政策，对高校创新创业教育的蓬勃发展起到了先导性、引导性、指导性作用。相关政策文件出台后，各省、各高校的理解程度与落实程度直接影响高校创新创业教育的开展。因此，需要建立健全领导体制和工作机制以保证工作组织的规范性。此外，应促进人才培养、基地建设、协同合作等工作的制度化、系统化，使高校创新创业教育稳定发展、创新发展。因此，在高校顶层设计这一维度，应关注：①高校创新创业教育是否有整体工作思路；②是否学习领会相关部门出台的文件政策精神；③是否制定学校层面相关制度文件，如《各专业教学质量标准》《人才培养方案》《校企合作方案》《创新创业教育大纲》《创业学生学籍管理办法》等。

二是创业教育组织管理情况。高校创新创业课程组织的平台不仅仅在于课堂，组织者也绝不仅仅局限于教师。在组织过程中，要“聚集创新创业教育要素与资源，统一领导、齐抓共管、开放合作、全员合作”，落实高校创新创业教育主体责任，明确责任分工，以形成全体支持教育、全员关注学生的良好氛围[106]。因此，在高校创新创业教育组织管理这一维度，应关注：①是否组建“创新创业工作领导小组”或其他形式的组织领导机构；②是否是学校、学院多个部门协同配合；③是否形成详细的人员分工与任务划分。

三是创业教育服务机构设置情况。相关文件要求，各高校要建立健全大学生创业指导服务专门机构，做到“机构、人员、场地、经费”四到位，实现对自主创业学生持续帮扶、全程指导、一站式服务。此外，要健全持续化信息服务制度，利用指导服务平台，收集创业项目和创业信息，开展测评模拟、咨询帮扶，设立创业咨询室，开展“一对一”创业指导和咨询，增强创业服务的针对性和有效性。因此，在高校创新创业教育服务机构设置这一维度，应关注：①是否成立相关创新创业教育服务机构；②相关场地、经费、人员配备是否齐备；③创新创业教育针对指导、信息提供等工作是否到位。

四是资金支持情况。高校要在创新创业资金方面加大投入力度，在经费和基金方面上予以倾斜，在筹措上要吸引其他社会资本支持在校学生创新创业实践，在分配上可以为创新创业项目设置小额资助，并设置“创业基金”等大额资助项目，在形式上做到扶持与奖励相结合[107]。因此，在高校创新创业教育资金支持这一维度，应关注：①是否筹措一定数量的创新创业教育基金；②是否能够保证对师生进行“精准”扶持；③是否制定相关资金管理办法。

（2）创业教育产出情况

在创业教育产出方面，以往研究多以大学生的创业率衡量创业教育的成果，忽视了大学生个人需求和社会客观条件对创业的影响[108]。为使创业教育产出评价更为科学，从创业教育成果及大学生对创业教育的反馈两个方面对创业教育效果进行考核，同时考虑被教育者反馈和教育成果，弥补以往创业教育评价仅关注创业成果的不足。

第一，大学生创业成果。人们对自主创业的价值认识、实践选择是一个复杂的问题，受到社会客观条件的制约和内部主观要素之间相互作用的影响，如国家政策扶持、社会舆论引导、家庭亲友干预、资金项目积累、所受教育水平、大学生个人素质等，其程度受人的情感态度、社会认知影响[109]。针对高校大学生这一群体，其所受的高校创新创业教育质量与效果，很大程度上影响大学生创新意识与创业能力。在实践中发现，教育行政部门和社会舆论评价高校创新创业质量与效果往往以“应届毕业生创业率”为切入点，同时高校在执行教育行政部门相关要求时呈现出不平衡、不充分的现象[110]。因此，仅仅以“应届毕业生创业率”评价高校创新创业教育质量与效果失之偏颇。

虽然以“创业率”评价创新创业教育质量有所偏颇，但并不能说明用这一指标评价创新创业的效果是错误的。实际上，作为结果性评价的重要维度，创业率确实可以得出我国大学生创业比例及不同年份、不同群体的创业率变化趋势，进而深入分析原因、进行中外比较，可见确有其存在的必要性与合理性，但绝不能仅以应届毕业生创业率作为评价创新创业教育质量与效果的唯一指标。在此，本部分引入“毕业三年创业率”“创业成功率”两种创业率计算方式，摒弃以往以一个数据评价大学生的创业情况的做法，体现整体情况背后的特殊性。

一是毕业三年创业率。在实际工作中发现，并不是所有高校大学生都具备在校期间创业或毕业后马上创业的条件，可能存在资金不足、项目不成熟等原因[111]。但是创新创业教育能够激发大学生自主创业的强烈意识与自我效能，为大学生提供另一种就业思路与实现人生价值的路径，增加大学生未来自主创业的自信，在校期间接受创新创业教育对大学生创业具有积极作用。《中国大学生就业创业发展报告》（2015—2017 年）数据显示，应届毕业生在回答“最佳创业时机”时，部分大学生选择在工作一段时间或自由职业后再选择创业，三年比例分别为 33.79%、63.58% 及 45.11%，而选择在毕业当年创业的学生分别为 16.38%、19.28% 及 13.11%。由此可见，大学生在创业时机的选择上主观仍希望存在一定的时间缓冲，其原因可能是希望积累工作经验、人脉、资金、项目等[112]。

高校大学生接受创新创业教育后的意向转变与创业成果应当被长期追踪，而不应只关注短期效果[113]。对此，在此引入能够关注创业教育的本质特征和内在统计学规律的“时滞效应”。“时滞效应”是指大学生在接受创新创业教育之后，可能需要经过一段时间的积累才会真正实施创业行动，即创新创业教育与创业行为间存在一段时间的“时滞”[114]。这种“时滞”是统计意义上的大概率事件，并不能排除有部分大学生在接受创新创业教育后毕业即创业，或不毕业便创业，但确实存在部分接受创新创业教育并创业的人存在这样的延滞现象。这一概念的引入为高校创新创业教育评价提供了一个崭新视角。

二是创业成功率。教育部相关文件指出，要把创业成功率和创业质量作为评价高校创新创业教育效果与质量的重要指标[115]。部分媒体曾在报道中提出“为什么中国创业成功率低于 1%”的问题。如何界定“创业成功率”中的“成功”对明确指标结果有重要意义[116]。查找资料发现，暂未了解到报道中相关“创业成功率”的计算方式。结合创业现状，本部分从以下两方面测算高校创业教育的成功率。一方面是计算大学生在校参与科研项目或科研竞赛后将相关成果进行实际转化的比例，充分体现创新创业教育在科技创新和科研拉动方面的作用与贡献；另一方面是关注大学生创业对国家和社会的贡献情况，分析大学生创业带来的纳税收入，探讨大学生创业对于地区就业的带动情况。

第二，大学生创业教育反馈。教育对象，即大学生群体在接受创新创业教育中的期望、表现、参与、结果等，可以直观地反映高校创新创业教育质量与效果[117]。

因此，在对高校创新创业教育进行评价时，大学生群体的满意度、参与度等维度不容忽视[118]。本部分着重研究与大学生相关的“人”的主体因素，契合“大众创业、万众创新”中“大众、万众”的主题，真实反映大学生对高校创新创业教育的真实感受和现实需求，是高校创新创业教育评价的重要维度。该部分的指标主要有以下几个。

一是创业教育参与度。保证大学生能够主动广泛地参与创新创业教育课程，是高校创新创业教育开展的前提。近年来，“学生参与度”（Student Engagement）在教育质量评价实践中日益受到重视，也应受到创新创业教育工作者的重视，具体指大学生在有效教育实践中投入的时间和精力，简言之，就是回答大学生“是否参与、是否投入”的问题[119]。《中国大学生就业创业发展报告》（2015—2017 年）显示，大学生在校期间认为接受过“较为系统”的创新创业教育的比例并不高，更多大学生主观评价个人接受创新创业教育仅仅是“听过一些”，甚至有部分大学生表示“从未接受过”创新创业教育[120]。因此，本部分从大学生的角度出发，关注大学生对创业教育的参与情况，以大学生评价的方式反馈学校创业教育的实际开展和落实情况。

二是创业教育满意度。大学生对教育质量的看法是一种主观的评价，但大学生是受教育的主体，教育质量的高低会影响他们的知识获取能力、知识应用能力及就业竞争力[121]。因此，从一定意义上讲，从大学生的课程体验角度对教育质量进行评价已成为一种必然趋势。近年来，各高校发布的就业质量年度报告已经关注到大学生对学校就业工作、人才培养、专业设置等层面的满意度的评价，设计了在“大学生职业生涯规划”“就业指导”等课程的教师满意度、课程满意度反馈，丰富对就业教育与就业工作的评价角度，也基于相关调研数据提出了改进优化措施[122]。借鉴上述成功经验，我们也应关注并设计高校创新创业教育课程满意度调研，以期为高校创新创业教育的提质优化服务。

三是创业能力改进程度自评。创业能力的培养是高校创新创业教育的重要目标之一，是培养大学生创业竞争力、提高创业质量、提高创业项目的成功率与创新性、推进创新型国家建设战略的基础工作[123]。高校创新创业教育是一个对高校大学生创新意识与创业能力进行培育的过程，因此对其质量和效果的评价不能忽视教育“前一后”大学生在创新创业领域的知识技能、情感态度价值观转变的方向与程度，要重点关注大学生经过系统的高校创新创业教育后，大学生的创新意识与创业能力是否提升、对待创业的态度是否改观、创业意向是否萌发等变化。

第 6 章　“五位一体”精准培养模式的实施建议与实践探索

基于构建的大学生创业能力与素养的“五位一体”精准培养模式，本章从高校、政府、社会等多元主体视角，提出大学生创业能力与素养“五位一体”精准培养模式的实施建议。在此基础上进行了相关探索实践，基于“立德树人”的目标，打造了电力经济管理人才创新创业教育的“问题链基地”，为“五位一体”精准培养模式的落地提供了优秀载体，以期为创新创业教育实践提供参考。

6.1 多元主体推动“五位一体”精准培养模式实施的相关建议

本节在明确高校、政府和社会在大学生创新创业教育中的职能定位基础上，分析大学—政府—社会在教育合作中的互动关系，并阐述多主体全面参与创业教育的基础模式。在此基础上，从发挥政府职能、发挥社会作用、发挥高校作用三个方面，提出大学生创业能力与素养“五位一体”精准培养模式的实施建议。

6.1.1 多元主体协同推动培养模式实施的格局构建

本部分从多元主体在创业教育中的职能定位、互动关系及基本模式三个方面出发，构建高校、政府、社会全面参与创业教育的基本格局，为大学生创业能力与素养“五位一体”精准培养模式提出实施建议奠定基础。

6.1.1.1 多元主体在培养模式实施中的职能定位分析

大学生创业服务体系作为一个系统工程，需要政府、社会、高校的共同参与，三者之间的地位、功能各不相同，各有侧重，但共同服务于大学生创业需要[124]。政府作为政策制定主体，应在创业融资、机构完善和环境监测上给予支持，畅通融资渠道，设立专门机构，监测服务运行，从而发挥其主导功能；高校作为教育引导者，应在教育资源优化、孵化基地建设上投入精力，适时调整教育资源，重点做好理论教育与实践培养的衔接与融合，从而发挥其基础地位；社会组织应在政府的引导下，发挥自身的优势，主动参与大学生创业服务，从而发挥其补充作用。

本小节从三个主体角度分别对其在参与创业教育中的职能进行定位。

（1）高校在大学生创新创业教育中的职能定位

“大学之道，在明明德，在亲民，在止于至善。”“身修而后家齐，家齐而后国治，国治而后天下平。”在这个利益驱动的时代，教育的职能，尤其是高等教育在经历了产业化发展模式的时代洗礼之后，更多要思考的是如何“追本溯源”，承担起“精神和思想”引领的职能，处理好培养“人”和“人才”的关系，抓好大学校园的“人文精神”和“科学精神”建设工程，已经成为高等教育刻不容缓的重要任务[125]。因此，高等教育在科学精神的培育和培养上应该起到主导作用，企业、社会、政府更多扮演着资源环境的角色，高等院校应该成为培育和培养创造精神和创造能力的家园和殿堂。

创新创业教育是我国建设创新型国家一系列战略举措的重要组成部分[126]。对于高校来说，应把创新创业教育作为创新办学体制机制、全面推进综合改革的重大课题，作为全面提高人才培养质量、建设一流大学的重大机遇，作为服务国家发展战略的自觉行动，全面加以推进[127]。

（2）政府在大学生创新创业教育中的职能定位

地方政府是大学生创业的主导者，在政策制定、环境营造、基础保障等方面发挥着不可替代的作用，其在服务大学生创业中的根本途径是政策引导[128]。大学生创业政策包括创业促进、创业教育、创业服务、创业环境政策等。创业促进政策起到积极推动大学生创业的作用；创业过程中除了需要硬件支持以外，还需要为大学生创业提供法律咨询、税收优惠等“软”服务[129]；创业的融资政策为大学生顺利创业提供资金保障；通过开展大学生创业教育培训，为大学生创业提供动力源；通过构建恰当的创业环境，为大学生创立一个激励的外部动机[130]。

（3）社会在大学生创新创业教育中的职能定位

社会是高校创新创业教育的有力支撑。社会力量不但可以影响高校创新创业教育理念，而且能够给高校创新创业教育提供充足的资金和人力支持。例如，美国考夫曼基金会的“考夫曼校园计划”和科尔曼基金会的“教师创业学者项目”就提供了大量经费用来支持大学将创业教育拓展到不同学科，以发展全校性的创业教育项目[131]；美国很多高校的创业教席和创业中心都是由创业者捐资成立的。此外，作为“创业美国计划”的一部分，“创业美国伙伴计划”强调发展创业生态系统，加强创业导师与创业者的联系。该计划使独立的创业者、中小企业、高校、基金会和其他机构联合起来，共同去创造创新型、高增长的企业。近年来，我国企业与社会组织不断以基地、资金、师资、平台等形式协助高校学生进行创新创业活动，并取得了一定的成效。

6.1.1.2 多元主体在培养模式实施中的互动关系梳理

知识经济时代的大学发挥着社会动力站、思想库、辐射源的作用。在一个日益开放的社会系统环境中，大学与政府、社会形成了密切的相互依赖关系[132]。大学只有真正地融入社会，与政府、社会之间形成良性的互动合作关系，才能在创新型人才培养、科学研究和社会服务中为经济和社会发展创造更好的价值，为学校自身发展创造更好的环境。大学与政府、社会的良性互动，是这三种基本力量相互作用、共同努力的结果，同时又能够获得互惠共赢的效应[133]。政府通过获得大学在人才、科技、信息、文化等方面优势的支持，能够更好地实现政治、经济、文化建设的和谐进步；通过大学源源不断的人才供应和科技成果转化等人才和智力支持，能够使社会创造更多更好的经济和社会价值；大学则会在互动合作中赢得更好的发展空间和更有利的社会支持，实现办学水平和办学质量的不断提升。

（1）政府宏观管理职能能够为多元主体全面参与创业教育营造良好环境

现代政府的职能正在发生深刻的变革，从“划桨型政府”向“掌舵型政府”的转变是政府职能转变的基本特征。高等教育的本质特征是公益性，政府在管理国家高等教育事业中始终居于核心地位[134]。在市场经济条件下，政府对大学的管理应从过去的高度集权、大包大揽、事事干预的“划桨”式管理向以宏观调控、质量监督、全面服务的“掌舵”式管理转变，这种转变是实现大学与社会良性互动的先决条件。

为了促进大学与社会的良性互动，最大限度地实现大学的人才、科技、信息等优势向现实生产力转化，政府应充分发挥宏观管理职能，为大学与社会之间的互动合作提供法律和政策支持，搭建合作平台，创造良好环境。大学真正地融入社会，离不开政府的支持和推动。近年来，中国的大学在开放办学、融入社会、服务地方的理念引导下，日益注重同各级政府建立密切的互动合作关系，为学校发展争取更好的政策支持和空间。当然，学校融入社会的过程，是一个同政府不断实现互动合作的过程，在很多方面既需要政府自身的改革和转变，也需要大学主动打开围墙，在与地方政府密切联系中为学校发展赢得更广阔的政策空间、资金支持和制度环境。大学—政府—社会机构的协同育人关系如图 6-1 所示。

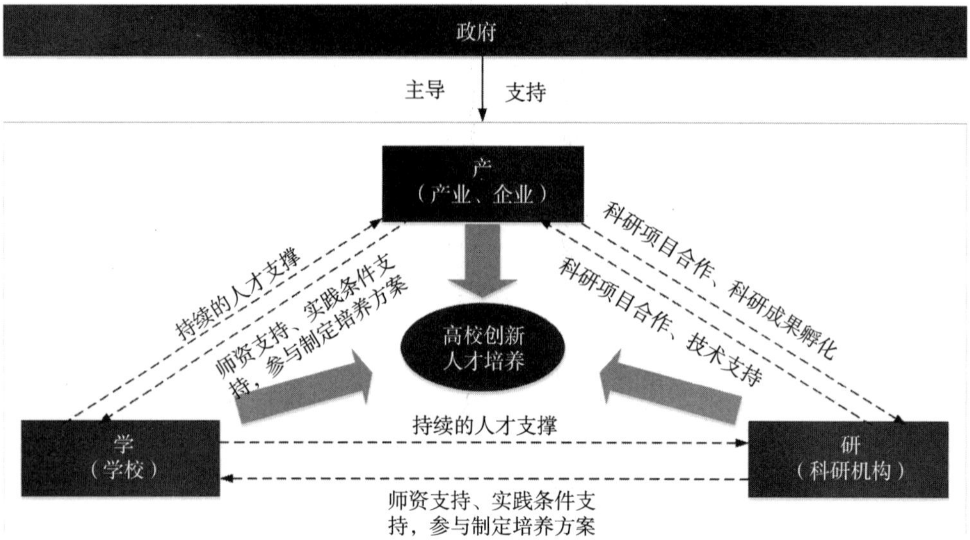

图 6-1 大学—政府—社会机构的协同育人关系

（2）社会市场环境条件能够为多元主体全面参与创业教育构筑互动机制

在市场经济条件下，大学与社会的良性互动，需要市场发挥基础性作用，使大学能够作为独立的办学实体，适应社会需求，在市场机制的协调和作用下，形成大学与社会之间的互动合作。

市场需求是推动大学开展社会服务活动的巨大动力。大学应根据社会经济的发展，及时掌握社会对人力资源的需求状况和对科技创新的要求，根据社会需求的不断变化调整学科专业设置、人才培养目标和科学研究规划。企业是社会经济活动的主体，大学应面向企业对创新型人才的需求和提升企业自主创新能力的需求，加强同企业的互动与合作[135]，这既可以通过产学合作教育模式来实现，也可以通过校企科研合作模式来实现。这种多层次、全方位的互动与合作，真正使大学的人才培养和科学研究同市场的现实需求和长远需要紧密联系起来，更充分地实现学校的办学效益。

（3）高校创业教育的基本职能能够为多元主体共赢发展贡献智慧力量

素有“智慧之源”之称的大学正在成为推动社会经济文化发展的驱动力量，今天的社会已经成为开放的社会、合作的社会、互动的社会，大学与社会的良性互动与合作昭示着大学发展模式的未来[136]。一个共识已经明确：政府、大学、企业是互惠共赢的互动合作关系，只有将服务社会与人才培养、科学研究紧密结合，大学才能够保持旺盛生命力。

实现大学与社会的互动合作，首先，需要大学转变观念，要有一种开放的观念、合作的胸怀和共赢的意识。社会是一个整体，大学的建设与发展、人才培养和科学研究等都离不开社会各界的理解与支持，学校培养的人才、科技成果也最终要在社会实践中得到检验。近年来，中国很多大学明显加大了开放办学的力度，积极创造良好的外部发展平台，实现与地方政府、企事业单位的“亲密接触”，全方位、多渠道争取社会各界支持。其次，要着力提升学校的内涵，提高为社会服务的质量和水平，在为社会作贡献的过程中求发展，在“有为”中实现“有位”。在中国新一轮高等教育发展中，大学要确立内涵建设的核心地位，集成各方面资源全力提高学校的学科建设、教学育人和科学研究水平，用高水平的办学实力和鲜明的办学特色打造学校品牌。大学应进一步加强同社会的互动合作，实现校地双方的“密切接触”，产生良性互动，实现服务社会与学校发展的“双赢”。通过这些举措，构建新的形势下大学与社会共同促进、和谐发展的格局，不断提升学校融入社会的力度，增强学校为地方经济社会发展的贡献力。

6.1.1.3 多元主体推动培养模式实施的协同体系建立

研究构建创新创业教育公共服务体系，有利于引领带动政府、高校、行业企业等参与单位优化教育理念，加强各参与单位互动，主动发挥各自角色积极作用，提高创新创业服务总体水平；有利于整合和共享各参与单位优质资源，通过扩容增能，满足创新创业发展新趋势对创业创新公共服务提出的需求，激励共建实习实训基地、实践实验平台，打造专兼职结合的双师型师资队伍，加大创新创业教育与专业教育相融合交叉力度，提高学校创新创业教育人才培养质量。在构建“双创”体系时，可以从微观、中观和宏观三个层次构建。微观层面构建创业教育教学服务体系；中观层面形成创业实践支持服务体系；宏观层面建立创业教育公共服务体系。

现有开放式创业教育研究主要关注“产学研”及“官产学”合作教育模式。①“产学研”模式：可以通过产学研相结合和建立创业者联盟的方式进行创业教育。在教师指导下，组织学生参与科研开发，或协助教师进行课题研究，也可以吸收学生参与学校产业公司的经营和管理，指导学生体验创业过程。创业者联盟是创业学生之间的互动平台，通过互动平台把风险投资机构、科技园、孵化器及相关政府部门联系起来，争取获得它们的支持，为创业者营造良好的创业生态环境。②“官产学”合作：英国高校就是充分利用各级政府、各种组织和民间力量，形成全社会的创业支持体系。在地区创业项目中，要将大学生创业纳入地方经济发展战略。企业也要积极参与大学生创业教育，提供创业咨询、指导、资金赞助和创业实习。新加坡贸工部下属的“小企业服务”和“商业连接”成为大学生创业的主要支持服务机构。此外，建立基于政府、高校和企业的“三元化”体系，除了高校自身投入，政府可以通过各种渠道加大对创业教育的资金投入，通过信息共享平台为创业教育提供指导，并提供法律保障。企业应建立与高校长期稳定的合作关系，为大学生提供实践场所，为高校提供经验丰富的创业导师。

在政府层面，目前欧盟的创业教育政策具有较高的借鉴意义，能够充分整合各方力量，较好地开展社会全面参与的创业教育。欧盟国家鼓励高校与政府、企业、当地社区等利益相关者建立紧密联系，充分发挥各方力量共同促进创业教育。从政府方面来看，欧盟敦促成员国政府出台政策、简化创业审批程序、营造良好的创业氛围；从企业方面看，欧盟鼓励企业各界人士积极参与高校创业教育，也积极支持潜在创业者创办企业；从社区方面看，欧盟倡导构建学习型社区，建立地区创业中心，培养创业意识，并支持学校和教师开展创业教育。

高校是创业教育的核心主体，推动高校创业教育的发展，应围绕创业师资、创业课程、创业研究及创业实践等方面展开，在为大学生传授创业知识的同时，还应当重点培养大学生的创业能力和创业素养。中国政府和高校应吸收多方力量参与创业教育，而不仅仅重视“产学研”或“官产学”等有限的三方力量。国外很多高校开始转变为开放型的创业教育系统，越来越具有外向性，更加关注利益相关者[137]。利益相关者可以分为两种类型：内部利益相关者，包括学生、教学员工、管理者；外部利益相关者，包括家长、校友和创业者、企业、商业、专业实体、政府和社区的代表。总体而言，创业教育模式中的角色扮演者应当包括成功创业者、中小企业、高校、政府机构、服务机构及当地社区等各种利益相关者。高校作为创业教育主体，应加强与各利益相关者的互动，充分发挥利益相关者在创业教育过程中的作用，形成良性互动机制。

此外，大学生创业缺乏足够的资金储备、丰富的工作经验及很高的社会声望，需要得到一些社会机构的支持。社会支持可以通过提供孵化设备、基金赞助、创业咨询和培训等方式来实现。

协同性是创新创业教育的显著特质，形成高校、政府、社会多主体参与，创业环境、创业政策、创新创业教育协同发展的良好创新创业生态，为大学生创新创业提供心理、知识、技术、资金支撑与支持，是创新创业教育长远发展、创新型国家建设的着力点。高校肩负创新型人才培养使命，今后还需进一步完善创新创业教育体系，改革创新创业教育人才培养模式，形成全过程、全方位的创新型人才培养格局，不断推动创新创业教育成为国民经济发展的重要引擎。多元主体全面参与创业教育的基本模式如图 6–2 所示。

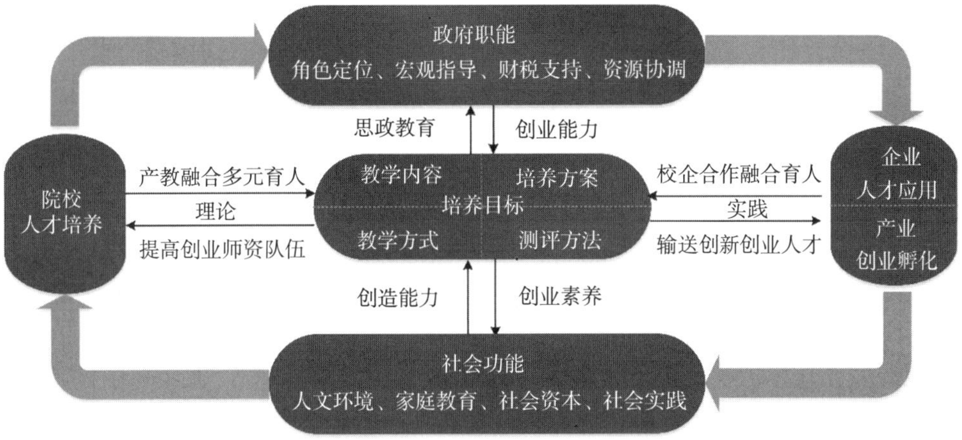

图 6–2 多元主体全面参与创业教育的基本模式

大学生创业能力与素养精准化培养模式需要建立社会、学校、政府的互动融合育人体系，具体的方案实施也需要三者的协作推进。精准培养模式的实施应逐步推进高校和社会机构、政府单位联手，展开分工合作，进行资源优化配置，通过将社会上的先进教育资源引入高校，丰富高校的创业课程体系，增加大学生的实践实习机会，增强大学生与社会的联系。通过合作，社会机构可以对大学生创业团队有针对性地开展持续的跟踪服务，建立校企合作、校地合作创业服务机制。

6.1.2 基于高校视角推动培养模式实施的相关建议

高校作为大学生创新创业教育中的直接引领者，要承担起科学精神的培养重任，不断提高大学生的创新与创造能力。高校需要全面完善创业教育的运行保障机制，加强其师资团队，丰富教学手段与实践资源，落实立德树人根本任务，培养新时代创业人才。

6.1.2.1 落实立德树人根本任务

《国务院办公厅关于深化高等学校创新创业教育改革的实施意见》（国办发

〔2015〕36号）文件指出，全面贯彻党的教育方针，落实立德树人根本任务，坚持创新引领创业，并强调高等学校创新创业教育改革要以推进素质教育为主题，以提升人才培养质量为核心。

各地高校响应国家政策，加快创新创业教育改革步伐，不断完善创新创业教育体系，搭建创新创业各类平台，组织大学生参加创新创业大赛，高校创新创业教育成效得以提升。但也应看到，在高校创新创业教育中也存在着重视程度不够、发展理念滞后、人才培养定位模糊等问题。创新创业教育形式、内容日趋多样化、丰富化，人才培养模式也在不断创新，但在实践中过度强调创业知识和技能的学习与训练，思想价值观念的引导稍显不足、主体自主性还未形成。高校创新创业教育应与思政教育相融合，落实立德树人根本任务。

立德树人强调德智体美劳全面发展。马克思主义关于人的全面发展的基本理论认为，人的全面发展是与人的片面发展相对而言的，强调人的全面发展是身体发展与精神发展的统一，揭示了德智体美劳教育的科学性和重要性。每个行业都有需要遵守的行业道德，市场主体只有遵守行业道德，才能形成良好市场秩序和发展环境。创新创业教育应注重社会公德教育和个体私德教育，使大学生能够明大德、守公德、严私德，深化大学生对创新创业自主性和道德性的认识。

“德”是思想价值观念和行为方式的统一，其中价值观是核心内容，社会主义核心价值观是高校德育的重要内容。新时代中国特色社会主义核心价值观涵盖了个人层面、社会层面和国家层面的价值准则，体现了个体与集体的统一、个人价值与社会价值的统一。对大学生而言，社会主义核心价值观教育的根本在于使大学生认识到个人与社会、国家的关系，增强大学生的担当使命感和社会责任感。过度强调创业活动的工具性意义，容易造成大学生对创业活动认识不全面、创业意志不坚定。教育引导大学生认识到创新创业对于自身和社会的价值和意义，提高大学生对创新创业的认知水平应是高校双创教育的应有之义。

目前大学生创新创业项目技术含量不高，社会效益还有待提高。大学生的使命感和责任感一旦被激发出来，将在很大程度上调动大学生投身社会实践的积极性，拓展大学生创新创业思路，增强大学生创业过程中的动力和抗挫能力，更好地服务于地方经济社会发展需要，这与以需求为导向的人才培养理念相吻合，也体现了创业活动经济效益与社会效益内在统一的基本要求。

6.1.2.2 打造新时代创业人才培养理念

培养创业型人才需要学校、社会和国家的共同努力，打造创业型人才培养的新理念。理念是可以指导人的行为的意识形态，有什么样的理念就有什么样的行为或方式方法，就会产生什么样的结果。因此，对大学生的创业能力培养也要秉承正确、科学的教育理念。

（1）以学生为主导的培养理念

传统的教育理念是学校安排、老师讲授、学生听和学，这样的学习效果并不是很理想，影响了学生对知识学习的主动性和积极性，并且创造性思维和潜能不能很好地发挥，不利于创新型人才的培养，同样也不适用于创业人才的培养。因此，学校在制定培养内容和培养方案时，要站在学生的角度考虑问题，考虑到他们的需要和需求。那么，如何才能了解大学生的真正需求呢？一方面可以结合心理学知识，去发现大学生所处的年龄层次及他们的生理和心理发展状况，另一方面可以通过对大学生的调研和交谈，以了解他们真实的需求；还可以根据大学生在学习和生活中的表现来衡量其对创新创业方面的真实想法。

在培养内容的制定时，要站在大学生的角度考虑两个方面的因素，一是如何使大学生具备宽广坚实的基础知识、系统深入的专业知识，还要掌握学习和解决问题的方法；二是怎样培养大学生的爱国情怀，使其有宽广的胸怀和奉献的精神，不畏劳苦攀登的勇气和创新的意识。

（2）跨学科、跨文化的培养理念

学校不仅向学生提供专业知识，更重要的是教会他们多元的思维方式。不同学科、不同地区、不同国家的文化将给予学生多元的思维方式。不同思维和不同文化的碰撞将产生创造性思维。在这种培养理念下，提倡学校多开一些跨学科的公共选修课，实施多种分组练习的项目进行合作性学习。

学科交叉融合是孕育新的知识增长点的重要方式，人才作为实现学科间相互交流合作的载体，是真正推动学科交叉，促进科学前沿取得重大突破的资源基础。在创新创业过程中会面临各种各样的社会问题、技术问题、经济问题等，需要跨学科、多学科、多技术的综合知识予以解决。单一学科背景下培养出来的人才，已很难适应新的时代要求，懂得越多的人越能够做出正确的决断，越能够完成高难度的挑战。当前，无论是激发原始创新，掌握核心关键技术，还是争取世界科技竞争的主动权，培养跨学科人才都起着十分重要的作用。因此，对大学生创业的培养也要注重跨学科教学。

跨文化的培养理念旨在让大学生了解不同文化背景下的知识、习俗、行为方式和生活习惯等，有利于提高大学生在创业中的综合素质和多元的思维方式。培养内容和课程的设计应考虑到文化背景，课程应该保证大学生能够学到全方位的知识，促使他们更谨慎地思考自己的认知方式，以及这种方式是否与他们的文化背景相关，并学会如何有效调整自己的认知方式。此外，课程体系设置还需要包括一些间接的方法，如语言学训练及阅读文学名著。

（3）创新型人才培养理念

创新型人才要求具有创新意识、创新精神、创新思维、创新知识、创新能力，并具有良好的创新人格，能够通过自己的创造性劳动取得创新成果，能够为社会发展和人类进步做出创新贡献。国内外对创新人才的培养模式具有一些差异，我国明确提出了创新型人才、创造型人才的概念，而国外只有创造性思维、创造型人格等外延较窄的概念。相对于国外培养模式，中国对人才的知识结构、能力结构、个性品质的全面关注不够。因此高校要建立起培养创新型人才的机制，把具备创新能力和创新素养作为对人才基本素质的内在要求。思想观念的更新，将为创业教育的全面推进和重点落实提供科学的指导。

（4）注重创业素养的培养

成功的创业者不仅需要创业所必备的知识和能力，更应该具备创业者的素养，包括企业家精神、契约化习惯、敏锐的思维和社会责任意识等。其中，企业家精神对创业者是十分重要的，中共中央、国务院曾出台了《中共中央　国务院关于营造企业家健康成长环境弘扬优秀企业家精神更好发挥企业家作用的意见》，指出企业家是经济活动的重要主体，要营造企业家健康成长环境，弘扬优秀企业家精神，更好地发挥企业家作用。企业家精神包括热情坚定、勇敢自信、志存高远、艰苦奋斗、专注品质、追求卓越、科学理性、视野宽广、爱国情怀等。而契约化在企业内部管理中能够确定双方的责任、义务和权利，对于管理运营有着重大意义，培养大学生的契约化习惯有助于在创业中规避面对企业人员、消费者时可能出现的风险。敏锐的思维主要包括标准化思维、发散性思维、演绎思维、归纳思维和批判思维，培养这些思维有助于创业者做出冷静准确的思考，制订合理的创业计划。最后，作为一名优秀的创业者必须具备足够的社会责任感，学校在对大学生进行培养时要讲授什么是经济责任、法律责任、道德责任和社会责任，并说明其重要性。

6.1.2.3 营造校园创新创业的文化氛围

培养大学生的创业能力与素养，还要在校园文化中制造浓厚的创新创业气氛。首先，打造良好校园文化环境是营造校园创新创业文化氛围的前提，培育适宜创新的校园文化环境，养成思辨、争鸣、交锋的习惯和能力，是营造校园创新创业文化的基本前提。先秦时期，百家争鸣，引来百花齐放。众多文人学者，各自以独特的视角，对宇宙、社会、人生、人性、政治、经济、教育、科学、军事、伦理、道德、逻辑等诸多领域进行了比较深入的探讨，从而使先秦时期成为中国文化的黄金时代。宽松的政治、社会环境，良好的文化氛围，尤其是百家争鸣的学术气氛，是形成百花齐放的文化繁荣局面的极为重要的社会条件。良好的校园文化氛围，是活跃思想、产生新思维、形成新思想的温床，是知识创新、思想创新、文化创新的必要条件。作为大学创新创业文化主体的师生，必须具有创新精神、创新意识，才能产生创新思维；要有“争鸣”的意识、愿望和要求，学会交流，敢于交锋，在交流和交锋中学习思辨，提高思辨能力；要敢于怀疑，敢于批判，通过怀疑、批判、交流、交锋，提出问题、见解、观点、主张，以达到大学生创新创业意识的形成。

其次，人文素质熏陶是营造校园创新创业文化氛围的基础。注重校园文化，让大学生各取所需，整体提升人文品位，提高人文修养。在高校的校园文化建设中，应该首先注重传统文化的学习，讲学内容可以涉及历史、文学、艺术等方面。学校应利用现代传媒，拓展大学生的文化视野；可以聘请一批社会知名人士担任文化素质教育兼职教授，采取“走出去、请进来”的方式，定期邀请艺术团、交响乐团、话剧团等文艺团体活跃校园文化内容，不断提高大学生的艺术素养，利用地理、文化、教育层次等优势树立属于自己的“文化牌”。人文教育秉承书院文化传统、发扬高校大教育文化精髓，大学生在这样的文化学术气氛中既感受到传统文化的厚重，也体会到不同观点、思想、理念交叉融合碰撞的思想火花。

再次，独立人格塑造是营造校园创新创业文化氛围的主体。营造校园创新创业文化氛围，需要有创新人格的主体去经营。创新人格指创新精神或创造性个性倾向，是校园创新文化氛围营造的动力和方向性保证。培养创新创业人才需要培养创新的人格。高等教育时期是一个人形成独立人格的关键时期，班级管理要从自身的特点和优势出发，遵循人格的形成和发展规律，以人为本，优化管理，不断营造良好的环境氛围，塑造大学生的创新人格，培养创新人才，主要从以下两点出发。一是以人格去塑造人格。高校教育工作者应以自身的人格魅力“随风潜入夜，润物细无声”地深入到大学生的灵魂深处，以其示范作用、激励作用、熏陶作用塑造大学生美好的心灵，促进创新人格的形成和发展。二是在优化校园管理中塑造大学生的独立人格。高校教育工作者应抓住大学生自组织教育的契机，选准切入点，通过大学生自组织管理与大学生自我教育的良性互动导向自我意识、自我评价、自我控制、自我内省，从而促进大学生独立人格的形成。

再其次，激发大学生潜能是营造校园创新创业文化氛围的关键。如何激发创新潜能，是学术界乃至各行各业都在探究的重要问题。激发潜能是每个人所面临的最大挑战，我们生活的社会，接受的文化传统，都会影响个人的成长。在校园文化中，我们要让大学生认识到自己是自己的产物，造就自己的东西是自己的遗传基因、肉体、有意识心理和下意识心理、经验、时空上的特殊位置和方向等，当然也包括已知的和未知的能力。大学生需要有能力去影响、应用、控制和协调所有这些东西，用积极的心态去指引自己的思想，控制自己的情绪和掌握自己的命运。人的心理包含着双重潜在的巨大能力：下意识能力和意识能力。一个是绝不酣睡的巨人，它是下意识心理。一个是正在酣睡的巨人，当醒着的时候，它的潜在能力是无限的。

最后，继承、借鉴和吸收能促使校园创新创业文化氛围的升华。从一定意义上说，继承、借鉴、吸收是创新活动的前提，只有在继承、借鉴、吸收的基础之上才能创新。创新要以“传统”为基础，要以客观现实存在为出发点，了解传统，把握现实，才能超越传统，才能提高和发展。传统文化是历史的积淀，社会意识的潜流，它渗入社会心理的深层，其烙印是无法被抹去的，其影响是随处可见的。大学生只有学习、钻研传统文化，才能正确地判断和鉴别它，剔除其糟粕，吸收其精华，才能清楚创新的需求，确定创新的目标，把握创新的方向。只有了解彼此关系，才能帮助大学生树立“继承、吸收、借鉴是为了创新，创新离不开继承、吸收、借鉴”的观念，从而升华校园创新创业的文化氛围。

6.1.2.4 加强创业教育师资队伍的建设

教师队伍建设是高等教育一项带有全局性、战略性意义的工作，优质的教师队伍也是社会和学校的灵魂和财富。开展创业教育离不开创业师资队伍的建设，教师的学识和创业经验关系着创业教育质量。高校创业师资队伍建设应在以下几方面加强。

（1）培育与引进双管齐下，形成多元化、多层次，协同推进创新创业教育的高规格师资团队

首先，在短期内无法拥有成熟专职教师队伍的困境下，高校要充分利用、整合校内优秀师资，跨学院、跨专业选拔一批以专业领域内的资深教授为首，有相关专业基础、兴趣浓厚并致力于长期投身创新创业教育的教师或行政管理人员作为稳定师资，组建专职教师队伍。从专业的角度出发，根据教师自身的知识结构、能力结构等条件开展分阶段、分层次培训，将创新创业教育元素渗透到专业教学的各个环节中。鉴于我国对高学历专业化创新创业人才培养的缺失，条件成熟的高校可以通过制定优惠的人才引进政策，吸收海外相关专业留学人才补充到专职教师队伍中。新鲜血液的输入必将在教学理念、教学方式上带来积极影响。

其次，创新创业教育作为一种开放式教育，离不开政府、社会及产业界的广泛参与和支持。多元化、多渠道兼职教师的加入能够有效缓解和补充高校创新创业师资力量不足、知识结构失衡的缺陷。为此，高校可以考虑从以下几类人员中进行选拔和聘用。第一，跨校间进行互聘，使有限的优质教师资源得到最大限度的发挥利用。第二，从具有高等教育背景、勇于开拓且经验丰富的成功创业者、企业家中选聘。他们具备强大的实战应变能力和创新思维能力，丰富的创业经验是最直观、最鲜活、最具说服力的课程资源，能够准确把握创新创业核心点，并结合高校创新创业教育中的共性问题给予大学生中肯的建议。第三，从懂经济、懂教育的各级领导中选聘，他们具备宏观经济管理的实践，对创新创业教育的政策、运作有方向性把握，可以给予大学生政策、流程方面的指导。第四，校友作为高校开展创新创业教育最宝贵的人力资源财富，在引导大学生职业规划、给予个性化辅导、提供丰富实践资源等方面发挥了作用，可以视为其潜在的优秀导师。

最后，在专兼职教师配备基本到位的基础上，贯通他们之间合作交流的桥梁，以参与创新创业培养方案制定、课程建设开发、实践教学环节为依托，构建起以校内教师理论指导为基础，校外教师实践指导为提升的创新创业双导师制度。高校要充分利用校内资源整合及校外师资聚合的强大力量，形成纵横交错的有效支撑，共同组建一支学术与实务相结合、创新与创业相结合的导师团队，实现不同学科知识背景下的师资人才资源之间多元化重组和配合，从而帮助大学生实现从理论到实践的顺利过渡。专兼职教师通力配合的价值还在于以经验交流为契机，构建起校—校、校—政、校—企之间的信息交流反馈机制，为专兼职教师队伍知识共享搭建基础平台。

（2）拓宽培训发展渠道，广搭实践成长平台，促进教育教学水平提质增效

首先，充分发挥高校、政府、企业、行业等多方协同育人功能，弥补高校教育力量和资金的不足。第一，加大师资培养培训力度。高校应本着边学习、边实践、边提高的原则，分批选送教师参加权威机构组织的创新创业类专项培训，观摩参访“双创”示范性高校；也可以选拔优秀教师参加国际上声誉好、影响力大的师资培训项目，掌握国际创新创业教育教学前沿，开阔国际化视野。同时，政府要定期组织跨校交流研讨及创新创业教育集训活动，可由高校内部或专门机构海量搜集国内外创新创业教育发展的最新理论成果、大学生创业实践的典型成败案例、教学内容与教学方法等，搭建融专业化、规模化、制度化的师资培训平台。当然，此项工作的推进离不开政府给予政策上的优惠和大量资金的扶持。第二，依托“产学研”建设，深度开展校企合作。一方面教师可以去企业进行挂职锻炼，增强产业化的实践能力和对市场前沿的掌控能力；也可以安排教师带队参加专业顶岗实习，教师和学生的同步深入能有效促进师生互动、思想碰撞、共同提升。另一方面企业高层、研发人员、高技能型人才可以步入高校，走进讲堂，传承创新精神、创业理念、企业精神及自我价值的有效提升。同时，要充分利用企业力量，建立创新创业教育基金、教育基地，为教师的专业成长提供资金及硬件保障。第三，引导教师进行相关理论研究，有条件的高校可以设立创新创业教育专项课题，并鼓励号召广大教师申报政府或上级主管部门发布的创新创业性研究课题，积极推进教师科研成果转化与创新创业教育的紧密结合，形成科研反哺“双创”的长效机制。

其次，加快建设全国、区域、校内的网络化学习平台，发挥网络的开放性、快捷性、交互性、灵活性，促进教师自主学习、自主发展。可以搜集国内外高校优秀的创新创业教育课程大纲、教学案例、讲座视频、研究报告等嵌入网络学习平台，整合零散资源，实现大规模数据共享，满足教师多样化、个性化的教学需求。教师还可借助网络学习平台进行实时在线交流互动答疑解惑，也可上传教学心得，分享教学经验。随着创新创业教育的深入开展，网络平台建设的不断完善，利用平台信息反馈及数据分析，可以不断调整、更新教学资源。

最后，以国家创新创业竞赛为引导，以校内创新创业竞赛为重点，充分利用竞赛平台，鼓励教师指导大学生参加各类大赛，如“挑战杯”“互联网 +”大学生创新创业大赛等。不论是赛前计划书方案的制定，还是赛后工作的转化与拓展，都离不开指导教师大量的精力投入。实际上，大学生在赛场上角逐的过程正是对教师指

导能力的现场检验。教师在指导竞赛过程中不断发现问题、解决问题，自身的实战指导能力必将有大幅度的提升。

（3）构建科学合理的创新创业教育师资评价和激励机制，创造有利于教师专业发展的良好环境

教师评价与激励机制的合理构建为促进创新创业师资队伍的建设提供外在动力，为稳定师资队伍的可持续发展提供政策保障。政府和高校应联合建立一套系统的、规范的创新创业教育评价激励机制，从政策资金扶持、合理规范评价、待遇、精神激励等方面调动教师参与创新创业教育的积极性。

第一，建立体现创新创业教育特点的考核评价标准。以大学生创新意识、创新精神、创业素质、创业能力提升为主要标志，将创新创业教育业绩纳入教师专业技术职务评聘、岗位聘用和绩效考核，对业绩突出的教师，高校可通过单定政策、单设指标、单列经费，予以重点激励支持。

第二，评价主体多元化。除了要进行常规的学生评价、自我评价、同行评价、督导评价外，评价主体要从校内延伸到校外，增加企业评价、社会评价，尤其要建立毕业生就业创业情况跟踪反馈机制，进行全方位的多元主体评价，能为创新创业师资的培养和发展提供有价值的决策依据。

第三，建立利益驱动激励机制。高校要制定符合创新创业教育劳动投入的报酬标准、工作量计算标准，使教师在带领或指导学生开展创业项目、参与课题研究、竞赛指导、组织专题讲座、开展创业咨询等工作时，教学工作量折算有章可循。同时，支持教师转化其科研成果并产业化，取得相应合法股权、薪资或奖金。

第四，建立创业实践激励机制。允许教师在符合法律法规和政策规定条件下，离岗创业或到企业兼职开展技术研发、产品开发、技术咨询等活动，充分调动教师参与创新创业教育的主动性。

第五，通过筹集创新创业奖教基金、定期组织教师进行教学技能比赛、举办创新创业实践教学成果展评、评选一批创新创业教育教学名师和创新创业教育教学团队等多种形式，激励教师更好地投入到创新创业教育活动中。

6.1.2.5 完善创业教育的运行保障机制

高校创新创业教育是培养大学生具有创业意识、创业素养与创新创业能力的教育。构建高校创新创业教育保障机制应主要从培养体系、配套体系、服务体系三方

面着手。

（1）以培养体系为核心

明确创新创业教育的培养目标是开展创新创业教育的基础，是评价创新创业教育水平的依据与标准。为保障创新创业教育的发展方向与质量，必须明确创新创业教育的培养目标。目前，由于对创新创业教育价值取向的理解存在偏差，导致不能准确定位创新创业教育的目标。实际上，创新创业教育不仅是培养企业家的职业型教育，也是提高全体大学生创新创业素质的素质型教育。以此理念为指导，创新创业教育的培养目标，即培养具有创业基本素质与开创性个性的创新创业型人才。换言之，应该在培养全体大学生创新创业素质与能力的基础上，针对少数具有创业意向的大学生进行个性化培养，提高其创办企业的能力。

（2）以配套体系为支撑

高校创新创业教育的深化发展需要以相应的配套体系为支撑，主要体现在经费与制度两个方面。第一，加大创新创业教育经费投入力度，拓宽筹措创新创业教育经费的渠道，构建政府、社会与高校相结合的多元化融资渠道。高校应合理利用政府的资金，充分调动社会中的积极力量，如企业、校友与慈善团体等，为创新创业教育的开展筹措资金，对大学生创业予以专项经费支持。

第二，要完善创新创业教育制度。一是要建立评价制度，保障创新创业教育质量。创新创业教育具有实践性、创新性与时滞性特征，传统的评价体系已然不能适应创新创业教育评价的需要。结合目前已有的评价体系，纳入创新创业教育的相关内容，即在评价内容、评价标准及评价方法的选择上结合创新创业教育的特性，确立创新创业教育评价指标体系。二是要建立激励制度，鼓励教师与大学生积极投身于创新创业教育活动中。高校可通过各种形式提高教师参与创新创业教育的积极性。例如，设立奖励基金与相关奖项，表彰在创新创业教育教学与研究中有突出表现的教师。对于大学生而言，参与创业实践是否得到认可，是否可以转化为学分、获得相应的职业资格证书是其关注的焦点。因而，高校需落实创业学分积累与转化制度，并构建创业教育与职业资格证书相接轨的机制。三是要规范创新创业教育运行管理机制。在学校层面，建立创新创业专门领导小组，由主管教学的副校长任组长，全面统筹、指导创新创业教育工作的开展。在各二级学院成立创新创业教育工作小组，具体负责大学生创业项目的咨询、指导、监督与考核。

（3）以服务体系为辅助

创新创业服务体系可为创新创业教育的有效开展起到辅助作用，高校应建立健全包括中介服务机构、信息服务平台与后续服务部门的创新创业服务体系。

一是要建立大学生创新创业中介服务机构，整合校内、校外资源，为大学生创业团队提供资金、场地与人力资源支持。

二是要借助当前“互联网 +”时代的浪潮，建立网络化的信息服务平台，拓宽信息发布与交流渠道，使全体师生可在线了解最新、最全面、最权威的创业扶持政策、创业讲座、创业典型、合作企业等信息，营造良好的创业氛围。

三是要安排专人对创业的大学生及创业项目进行跟踪帮扶，对创业失败的大学生给予及时指导，帮助其发现问题，重拾信心，再创新业。

尽管高校创新创业教育取得了极大的进展，但仍难以突破理念性、制度性、环境性障碍。因此，应以高校为主体，协同政府与社会的力量，构建完善的高校创新创业教育保障机制，以期推动高校创新创业教育的发展，进而为创新驱动发展战略的实施提供智力保障与人才支撑。

6.1.2.6 丰富教学手段和实践平台资源

实验教学内容的创新可以给学生带来创新的灵感，而实验内容要根据科技前沿的动态，根据培养创新创业人才的需要去进行设计，对教学大纲要进行认真修改和补充，并加强对实验室教材和器材的完善工作。通过对实验教材的完善及引进先进的设备，来激发学生的创新激情。在实验的过程中，可以很好地培养学生的观察能力和设计能力，这些能力是在传统的课堂上无法传授的。跟传统的课堂相比，实验室具有更强的探索性、创新性，能充分地调动学生的积极性，扩展学生的思路，实验室可以更好地帮助学生培养分析问题与解决问题的能力，培养学生各方面的能力，提高他们的自信心。高校丰富教学手段和实践平台资源的具体措施建议如下。

（1）加强实验室建设，优化教学资源配置

高校应借助创新创业相关政策及全社会协同育人的理念，加强与政府、企业之间的互动，通过校企地三方合作，解决设备及经费上的问题。一方面，引入企业实际案例及政府创新创业政策和相关申请流程等，丰富教学内容，打破教条化教学的局限性，实现大学生专业实践技能的全面培育。 另一方面，高校应将教师派遣到企业与政府中，适应社会发展的新环境，明确创新创业实验教学的目的和方向，选取合适的实践项目及实验内容，建立新的实验教学体系。高校还应注重现代教育技术设备的建设，加强对实验室建设的经费和专用资金投入，实现实习实训的专业化和体验式教学，实现实验教育理念及模式的深层次革新。

（2）独立实验教育体系，实现理论与实验并举

以往创新创业教育的理论与实验课程处于依附关系，实验教学缺乏独立性，为构建创新创业教育实验教学模式，应将实验教学独立出来，实现理论与实验的相互独立和相辅相成，确保实验教学的地位。高校应单独开设实验课程及内容，针对创新创业教育制定独立的大纲及确定教学时间等，将实验教学定位成培养创新能力与素养的复合型人才。所以，针对不同专业，创新创业教育应设置不同的创业实验项目，开阔大学生的视野，提高创新创业教育的实验教学效果。创新创业实验教学的目的是为了提升大学生的创新创业能力，高校应注重大学生的个性与选择，在学科与专业教育中为大学生提供研究、创业的培训服务，不拘泥于形式，以教师对创新创业项目的评定，进行研究项目的资金扶持与实践指导。

（3）选拔优质创业人才，构建创新创业教育活动体系

高校应加强顶层设计规划，将实验教学体系转变为以学生为主体，高校为主导的实践实验平台，为学生构建知识体系并培育实践能力，搭建优质的创业实验平台。一是要加强校园实验室平台与校外实践基地的建设，合理地引进社会各方面资源，依据政府的创新创业扶持政策，加强校企合作互动，实现社会资源与项目研究的融合，为实验教学模式提供政策、技术与经费等支持。二是应该加快创新创业教育课程的革新，将理论教学体系与实践教学内容融合，为实践教学提供优质的制度保障。高校不仅要实现创新创业教育与人才培养方案的一致性，还要从大学生个体角度整合创新创业实践课程，将校园教育与市场宏观环境有效对接，引导大学生将所学知识及技能应用到市场实际创业中。

（4）差异化教学方案，规范实验教学流程

学校应依据各专业大学生的特点，明确实验教学应达到的知识、能力与素质多方面的目标，制定更加具有真实性及针对性的实验课程体系，以便于引导大学生进行实验锻炼。教师应从企业真实工作入手，保证实验教学中涉及的专业知识与技能能满足现实工作实际，加强对大学生实践能力及职业素养的培育。一方面，在实验教学评价体系中，应在学校、教师及大学生不同层次上进行评价，分别以实验课程体系、实验教学情况、实验教学效果等，进行多主体和多层次评价，以全面革新实

验教学模式。另一方面，应以实验操作技能及分析解决问题为核心，加强对大学生创新创业思维的培养，建立创新创业教育实践新平台，从预习报告开始，规范整个实验教学流程。

（5）运用虚拟仿真技术为创新创业教育搭建平台

在高等学校大学生实践能力和创新创业能力培养过程中，实践教学是非常重要的环节，但目前高校的实践教学依然是人才培养过程中相对薄弱的环节，与创新创业人才培养的要求存在一定的差距。高校开展创新创业教育是按照国家战略要求，服务社会经济发展，变革人才培养模式，培养具有创新创业意识和能力的创新型专业人才的重要措施。然而在创新创业教育中，由于存在实训成本高、实验过程不可逆及部分实验项目不可及的问题，亟须通过虚拟实验教学予以解决。针对这一现实，高校应加快虚拟仿真实验教学资源和平台的建设，探寻创新创业人才培养的创新之路。

虚拟仿真实验教学平台能够有效整合各类实验教学资源，建立有利于创新型人才培养的实验教学体系，构建技术先进、资源优化、运行高效、开放共享、虚实结合的实验教学平台及高度仿真的虚拟实验环境，为大学生自主学习、自主实验和创新实践提供基础条件。通过虚拟仿真实验教学的引导和示范作用，努力实现专业教育与创新创业教育的有机融合，在知识传授的过程中，培养大学生创新精神、创业意识和创新创业的能力。利用虚拟仿真实验教学，将创新创业知识内容融入课程实验、实训、学年实习、综合实习等环节，建立全方位的实习、实验、创新创业课程体系。在虚拟仿真实验中让大学生了解创业政策和与创业有关的法规，学习创业融资、组建创业团队、规避创业风险、提升创业素质，熟练掌握与公司运营有关的经济学、管理学、法学等学科知识，提高大学生创新创业能力，初步具备创业家品质和职业素养。

此外，虚拟仿真教学也有助于跨专业深度融合。在大学生完成了相应的前置课程，且具备了相关专业技能的基础上，充分利用虚拟仿真平台的优势，从全局出发进行整体规划设计，通过跨专业的资源整合，在同一时间内分工完成实训项目。通过虚拟仿真进行跨专业综合实训，将模拟经营与现实工作紧密结合在一起，宽领域、全方位、多层次地让大学生体验“真实”的企业运营管理的全流程，实现专业知识的深度融合，进而增强大学生的实践能力和创新创业能力。比如，“公司创建与运营”综合实践课程包括 ERP（企业资源计划系统）沙盘企业模拟、企业运营与竞争模拟和创业实战模拟等内容，涵盖模拟运营流程、生产管理、营销管理、战略管理、原材料采购管理、财务管理、竞争对手分析等实验项目。在软件设定的虚拟企业商务经营环境中，通过模拟经营、对抗演练、教师评析、学生感悟等一系列的环节，使大学生将所学的理论知识与虚拟仿真经营活动相结合，让大学生在分析市场环境、制定企业战略、进行营销策划、组织内部生产、进行财务管理等一系列活动中感悟科学的管理规律，培养团队精神和创新创业能力。

6.1.2.7 探索提升创业教育的校企合作新模式

在校企合作方面，高校主要有两种模式。一是高校参加教育部推动的“卓越工程师教育培养计划”，通过创新校企联合培养人才的机制，改革人才培养模式，学校按通用标准和行业标准培养工程人才，强化培养大学生的工程能力和创新能力。二是校企以各类教育实践基地、产学研基地为资源汇聚平台，搭建创新创业教育基地，开展协同培养。例如，一些大学建立了一批校企合作人才培养示范基地和创新创业教育基地，联合培养学制等。部分地区高校建立了协同育人平台，如广东省连续两年遴选了一批建设平台，主要围绕战略性新兴产业、高端服务业等领域，有针对性地协同培养高层次人才。

高校创新创业教育要从价值引领、知识传授和能力培养角度，以创新创业项目和活动为载体，通过构建校企合作协同平台，凝聚共识，优势互补，寻求多方需求契合点，构建满足企业、高校、师生等多方需求、高效协调的运行机制，充分发挥“政策、人才、技术、资金、设备、信息”等方面资源的最大效益，推动创新创业教育可持续发展。

一是根据社会需求，校企合作完善人才培养方案。国家社会、行业、用人单位的需求是制定人才培养目标，构建专业教育知识、能力和素质结构的重要依据。高校通过了解企业人才需求情况，将当前需求与长远需求相协调，与学校办学定位相匹配，优化专业结构和课程设置，修订完善专业人才培养方案，在人才培养方案、课程体系改革过程中，把创新创业教育融入人才培养体系。高校要面向全体学生，引导全体教师参与，把创新创业教育贯穿到人才培养全过程。要根据社会需求共建适合企业和学校发展的专业课程，形成功能相对独立的模块化课程体系，校企共同开发实训课程，丰富课程教材、课件和案例，强化实践教学和创新创业训练等环节，更加注重创新精神、创业意识和创新创业能力的培养。

二是通过实际项目，进行创新训练。校企合作开展创新创业教育，要完善现有的创新训练实践和科技创新等形式，积极开展项目式、案例式等实践教学，大力开展学科竞赛活动等具有专业特色的创新创业教育，形成“项目＋团队＋企业”的格局。例如，结合企业具体的项目任务，通过项目实践等方式，培养大学生的专业实践能力。针对企业产品设计升级、技术改造需要及研发生产中遇到的实际问题，教师进行项目分解，引导大学生自主选题、独立设计、自行实施完成各项创新创业实践活动，使大学生尽早了解和参与实际相关工作，启发大学生的创新思维。在毕业设计中，结合大学生的兴趣，将企业实际需要解决的相关问题作为选题，在校企导师共同指导下，使毕业设计内容更具实际性。同时，结合社会需求，教师指导大学生申报各级创新性研究项目。

三是校企合作找准契合点，整合各类平台资源。校企双方要始终根据国家和社会发展需求，在企业发展面临的重要、急需领域开展合作，整合资源，协同育人，促进创新创业教育发展，培养创新创业人才。高校要从学科专业实力、依托的教学科研平台，以及合作方的资源优势等方面，找准各方需求的契合点，利用高校的学科、人才、科技等方面优势，解决企业亟须的技术、管理、生产问题。校企双方优势互补、资源互用、利益共享，在促进企业发展的同时，高校实现人才培养目标。例如，成立校企合作研究院，建立长期有效的合作机制，针对企业发展转型、产品提质增效、管理流程优化、生产效益提升等企业亟须解决的问题开展深入、长期的合作。

高校要进一步整合校企共建的国家地方联合工程研究中心、工程实验室、产学研创新平台、各类人才培养模式创新实验区、实验教学示范中心、大学生校外实践教育基地、校企合作人才培养示范基地、大学生创新训练中心、校内创客空间及校企合作孵化基地等平台资源，将其建设成为创新创业教育基地，形成“创新创业学院＋学院创新实验室（创新中心、实训中心）＋创新创业教育基地”的架构。校企互相配合、统筹推进，使各类资源在创新创业教育中发挥积极作用。

四是校企合作协同育人，推动良性互动发展。高校要积极对接企业共同开展产学合作协同育人，设立校企联合创业基金，为大学生进一步研发提供资金和政策支持，通过真实的创业活动，提升大学生的创新创业能力。企业可以为大学生提供真实的岗位训练、职场氛围和企业文化。高校以生产、科研、管理等实际工作为背景，利用企业的行业优势与项目素材，结合针对大学生创新创业的各项扶持政策，采用灵活的机制实现学校和企业无缝的产业对接，特别是依托区域性经济技术开发区、大学生科技创业园、创意产业园、软件园，创建大学生创业孵化基地，引导大学生在高新技术产业、战略性新兴产业、先进制造业和现代服务业等领域进行创新创业。

6.1.3 基于政府视角推动培养模式实施的相关建议

在创新创业教育中，政府作为政策制定的主体，是大学生创业的主导者，在基础保障与政策制定等方面有着不可替代的作用。针对我国大学生创业能力培养存在的问题，需要政府进一步完善制度体系，转变原有的工作思路，营造创新创业环境氛围，在各个方面为大学生创业提供支持。

6.1.3.1 塑造服务意识和转变工作思路

一是在创新创业教育上，政府要做服务者，可以参考上海自由贸易试验区的负面清单管理模式的先进经验和做法，要给市场和民间留出足够空间。政府明确在这个领域禁止做什么、不应该做什么，除此之外，给予积极支持，支持创新机制和举措，促进高校创新创业教育公共服务体系更快更好发展。

二是政府要积极借鉴互联网思维，创造有利于创新创业教育的法治环境和监管环境。政府要适应以互联网为基础的新技术，尽快废除和破除相关约束，切实为公共服务体系创造适合快速发展和成长的外部环境，使新时代创新创业教育公共服务体系借助互联网思维和互联网架构，获得快速发展。

三是政府要创造有利于创新创业的生态环境，主动建设公共服务基础设施并提供软件支撑；主动打破部门、条块分割，实现资源的有效利用；主动打破区域界限和地域限制，实现优质资源共享；加强对创新创业公共服务基础设施的顶层设计，推进共享共建；加快形成功能分布更加均衡、结构更加合理的公共基础设施网络。

6.1.3.2 营造创业文化氛围

为营造创业文化氛围，一方面政府要将创业宣传系统化。政府要大力宣传中央及地方政府关于大学生创业的指导思想、优惠政策，并对各项大学生创业政策进行详细、准确的解读，让大学生能够充分理解；利用主流新闻媒体对大学生创业进行全面、及时、连续的报道，凸显创业氛围；通过网络互动交流平台与大学生交换观点，听取各界网民的意见和建议，准确掌握大学生创业情况，及时调整扶持政策；指导高校做好大学生创业氛围营造工作，通过校园广播、校报、宣传栏等形式对大学生创业政策进行常识性普及，在大学生聚集地（食堂、大学生活动中心等）设置宣传栏，举办专题讲座、创业比赛等活动，加深大学生对创业政策的理解，提升其创业的理念、精神和能力。通过政策宣传让大学生了解和掌握我国各级政府的创业扶持政策，增强大学生创业信心和创业能力，同时形成倒逼机制，促使政府各级部门切实落实好各种优惠政策。

另一方面要将创业文化培育系统化。社会的经济制度、政治制度、相关的政策、举措、服务、基础设施等是大学生自主创业的有力支持。各地教育部门与多部门联合起来形成联动机制，政府应塑造支持创业、鼓励创业、服务创业和保护创业的社会环境。具体来说，一是要采取多种形式，充分利用各类媒体，大力培育创新创业文化，宣传、普及有利于激发大学生创新创业热情的事业观、信用观、财富观和成败观，形成创新创业的社会氛围。二是要开展推荐、评选“创业先锋”“十大杰出创业者”“创业服务标兵”等各种活动，大力宣传大学生创业成功的典型事例，树立创业模范，并邀请他们走到大学生身边进行现身说法，用最有说服力的声音帮助大学生坚定创业梦想。三是要宣传服务创业高效优质的先进单位及个人，努力营造政府鼓励创业、社会支持创业、大学生积极创业的浓厚氛围。

6.1.3.3 完善政府宏观指导的制度体系

在高等学校创业教育体系中，国家在高等教育方面的指导思想、政策导向、管理取向对高等学校创业教育的深化具有主导作用。

一是要健全大学生创业教育体制。加强创新创业，关键在人才，基础在教育，各级政府要把创业教育作为教育体制深化改革的重要内容，在高等教育领域指导高校做好创业教育顶层设计的理论研究；把大学生的培养和创业教育有机融合，站在大学生长远人生规划的高度，将企业的创业教育培训纳入大学生四年的教育计划，构建系统的创业生涯规划；把政府相关扶持政策纳入教学内容，正确引导高校教学方向，构建高校创新创业教育的体制；要经常性地深入各地进行实地调研，对实践性强、效果显著的创业教学模式和创业人才培养模式应及时总结提炼，对符合创业教育发展要求的先进经验、典型做法要大力宣传、全面普及。同时，还要健全创新创业教育政策支撑体系，积极出台更多专门针对创新创业教育的政策，保持政策文本的针对性、独立性、连续性；利用多媒体大力宣传创新创业教育政策，扩大政策传播范围，并对相关政策进行详细的分析与解读。另外，各级政府、部门、高校、企业之间需建立畅通的协调监督机制，明确政策落实的牵头部门，由牵头部门负责其余各部门的沟通与协调，并定期召开政策执行分析会议，监督与反馈创新创业教育政策执行的情况。

二是完善大学生创业的保障体系。扶持创业的系列政策对于大学生创业意义重大，这不仅关乎政治和社会的稳定，而且从美国等发达国家的经验来看，大学生创业可以激发技术、管理、营销等方面的创新，涌现一大批充满活力、有独特盈利模式的“小巨人”新型企业，这是保持一个地区和国家创新能力的基础。但大学生在创业的过程中会遇到来自社会、企业、高校、政府甚至家庭等方面的问题，在政策、资金、场地、技术等方面可能会有各种各样的困难。对于创业的大学生，政府要在贷款融资、收费减免、税费减免、创业服务等方面加强扶持力度。如放宽大学生创业的行业限制，依据非禁即入、非限即可的原则，无论是个体工商户还是个人独资企业或合伙企业，除法律法规另有规定外，都应该享受创业扶持政策，降低申请条件，实行贷款利息减免措施，不断拓宽创业补贴发放权限，缩短补贴申请时间，提高相关税费的起征点，扩大税费类别的减免范围，清理户籍限制等歧视性规定，削减大学生创业中的资质认定项目，实行先照后证登记制度，降低相关审批门槛，努力为大学生创业营造宽松的环境。

此外，各级政府要加强教育行政部门与有关部门的协调，通过多种渠道设立大学生创业天使基金等资助项目，并建立健全创业投资机制，吸引国内社会资本和国外资本来投资大学生创业项目。虽然目前中国大部分省市采取了大学生创业小额担保贷款，但一方面远远不能满足要求；另一方面无论是哪种形式的贷款，都是由金融机构来面对创业风险，所以一旦政策热度有变，风投机构或金融机构就会回到以前的保守立场。而实际上，大学生从开始创业到形成相对成熟的盈利模式，必然需要一定的时间，这就需要政府有关部门、社会、企业和高校等建立一个孵化创业项目的平台，对创业项目进行初步的筛选后，为相对完善的创业项目提供办公场所、必要设施设备和启动资金，同时提供政策、法律援助，进行创业经营指导、风险管控等，帮助大学生创业者尽快平稳地走过创业初期。只有扶持大学生创业型企业初见成效，才能被风投方、金融机构认为“有利可图”，才会主动将贷款送到大学生创业者手中。另外，各级政府在安排一定比例的经费用于创新创业教育的同时，可以积极探索由政府、企业、高职院校共同承担的创新创业教育经费机制，对暂时没有参与创新创业教育的企业，可以缴纳工资总额一定比例的创新创业教育税，由当地政府统筹安排培养创新创业人才，使其成为大学生创业的基本资金来源之一。

三是建立健全政策实施考核制度。加强对下级职能部门政策落实的督查，对存在的问题及时研究解决，抓好整改落实，对责任落实不到位、工作推进缓慢的单位和个人要进行严格的责任追究，不断完善考核激励机制，将大学生创业纳入政府年度考核，并作为领导干部政绩考核和各项评选的重要指标，确保大学生创业工作取得实效。

四是完善大学生创业工作监督制度，大力推进政务公开，积极推行权力清单制度，通过公开栏、媒体、网络等多种渠道，把创业法律法规、创业优惠政策、政府的各项权力公之于众，畅通人民群众对大学生创业工作的举报和监督渠道，抓紧、抓好大学生创业各项政策与措施的落实。

五是建立大学生创业工作调研制度，各级政府要走进创业大学生群体，了解掌握扶持政策实际运行效果和大学生在创业过程中遇到的实际问题，加快调研成果转化应用，使调研成果更快更好地转化为指导推动大学生创业工作的具体措施。

6.1.4 基于社会视角推动培养模式实施的相关建议

大学生创业过程不是一个孤立的过程，是要和外界发生各种各样的联系的过程。除了政府政策支持、高校教育引导，社会资源、市场企业的影响不容小视。大学生能否顺利创业是和社会各界的支持分不开的，社会创业服务体系能弥补高校和政府功能的空白。针对中国大学生创业能力培养存在的问题，需要社会相关机构的协助，构建社会组织参与大学生创业服务的机制，营造浓厚的创业文化环境，支持和促进大学生创新创业。

6.1.4.1 发挥人文环境对创业教育的促进作用

全社会要营造良好的创业氛围，加强互联网、新闻媒体、报刊等对创业典范和创业故事的宣传，增强全社会的创业意识，使敢于创业逐渐成为共识。在社会中营造尊重创新人才、支持创业产业的氛围，使创业成为大学生的一种职业选择。创业教育的实施关键在于创业的外生环境要满足创业需求。创业的外生环境包括硬环境和软环境两方面。硬环境包括基础设施、产业配套、充足的资本等，可以通过招商引资等方法快速建设起来。制度软环境的变迁，尤其是内在演变出来的非正式内在制度的变迁进程相对较慢。因为当地千百年传承和演变下来的文化习俗、习惯、观念等，一旦固化为当地居民普遍接受和遵从的行为规则，就存在极大的惰性，改变起来很难，所以制度环境的变迁是一个复杂、漫长的过程。

为加速文化习俗、习惯、观念等内在制度的变迁，进入良性循环的轨道，避免其锁定在某种无效停滞状态，一是要反对经济落后而导致的文化“自卑感”，要在一个长期目标指引下坚持走自己的路，不否定自己的文化认同和独特性，发扬我们的传统，继承“经商文化”的精髓；二是要坚持开放态度，结合文化的“自恰性”和“多源性”，来吸收“传统文化”“地方经验”，进而加速实现制度的变迁。政府、企业家、社会精英、文化传媒等共同发挥作用，尤其是政府要实现向“扶持之手”的转变，用“报酬递增和自我强化”来激发“官本位”向“商本位”文化氛围的转变。

6.1.4.2 巩固家庭教育对创业教育的动力支撑

家庭是创业能力培养模式的基础支持，家庭对于大学生创业能力培养的作用是潜移默化的。家长如果从事相对自由的职业，那么在教育孩子方面，就能够鼓励孩子求新创新、勇于尝试，在家庭经济许可的条件下，他们还会在资金方面给予支持，在这种家庭教育中成长的大学生选择创业的可能性也就相对较大，创业的激情和热情也相对较高。

家庭的创业教育功能，是指家庭教育功能实现过程中所具有的实现创业教育目标的作用、能力和功效。它涵盖在家庭教育功能选择、功能承载、功能行动的各个环节中，通过家庭承担的教育责任、家庭的教养方式、家庭教育内容、家庭环境及家庭教育观念等教育资源来培养受教育者创业素养的内容、形式和过程。这是由家庭教育功能与创业教育的存在方式来决定的，是自然的内在逻辑。

创业理想是创业最初的动力，理想是在一定情感体验影响下产生的一种积极探索某种活动的倾向。子女的理想最初是在家庭生活中萌发的，根据班杜拉（Bandura）社会学习理论（Social Learning Theory）中榜样学习的原理：孩子的行为往往受周围环境中的人的影响。大多数情况下，父母对某事的浓厚兴趣和求知欲也会感染孩子。那么，父母对创业的态度也将影响孩子的创业态度，如果父母表现出对创业的肯定甚至是兴趣，这种态度就可能以潜移默化地塑造孩子创业的理想。家庭教育对理想导向的积极作用还表现在父母可以通过家庭日常生活和成员之间的交流引导子女认识创业对个体本身、生活和社会的意义，理解人生的价值，培养积极进取的精神，进而引发子女对创业的兴趣，帮助子女树立创业的理想。

在从出生到成人这一不断接受社会规范、适应社会要求的过程中，家庭作为最基本的社会单元和最微观的社会，对人的心理发展施加着重要影响。职业心理发展就是这一社会化的主要内容之一，其萌芽、发展直至鲜明化都渗透着家庭教育的印记，子女的职业认识很大程度上反映了父母对职业价值的认识。学者夏皮罗（Shapero）等人研究发现，家庭，特别是父母在建立个人创业行为的满意度和可信度方面起着最有力的作用。即父母“望子成龙”中“龙”的标准的不同选择会产生不同的影响：“重仕轻商”的家庭观念易于导致孩子对创业的抵触。但是，如果父母认为创业是充分实现人生价值的形式，则易于引导受教育者产生创业理想。

温州是我国创业活动最为活跃的区域，因为温州地区家庭文化中具有强烈的创业文化基因。早在北宋时期，温州地区受永嘉学派的影响，反对“重义轻利”“重农轻商”的儒家观点，主张经世致用，提出“利义并重”，强调“工商皆本”。这种家庭文化中体现出的对创业的积极态度对温州人的创业选择产生了积极的影响，并代代相传至今。温州地区的一项调研结果显示，温州大学生的创业意识和创业实践均高于其他地区，在温州高校就学的温州籍大学生的创业意识也高于在温州高校就学的其他大学生的创业意识。并且调查结果证明，这种创业意识的形成主要来自身边事例的影响，43% 的被调查者选择了“受家庭的影响”，29% 的被调查者认为是“受到朋友或身边人的影响”。

6.1.4.3 强化社会资本对创业教育的保障力度

综合以上社会资本的本质要素和创业的特性不难发现，社会资本的主体要素都与大学生创业的内在要求紧密相关，它在很大程度上制约着大学生创业的成败。现实中很多创业企业的失败主要不是“物”的原因，不是资金、设备不足导致的，而是“人”的因素，它会导致大学生在创业中信息资源缺乏、关系网络规范与信任机制难以形成，社会支持网络系统不健全和在市场竞争中的抗摔打能力低下。

因此，为强化大学生创业的社会资本，高校应通过自身与社会组织的联系为大学生创业提供积累社会资本的途径和方式。首先，高校在对大学生进行教育教学的基本环节中就应逐步培养大学生社会资本意识，增加大学生社会资本存量的教育。在课程教学方面，可以通过设置人际关系和公共关系方面的课程，提高大学生构建良好的人际关系网络、积累丰厚的社会资本的意识和能力。其次，抓好校内社团组织建设，引导大学生在参与社团活动中展开社会交往，建立个人社会关系的网络。

最后，学校应积极组织和引导大学生参与社会实践，帮助大学生锻炼沟通协调及实际操作等能力，有利于大学生提高自身的素质和增强社会责任感，更重要的是可以为大学生社会资本积累提供现实的切入点。

同时，大学生还应发挥主观能动性，对社会资本进行有意识的构建。大学生需巩固“强关系”，拓展“弱关系”。强关系维系着群体、组织内部的关系，弱关系则在群体、组织之间建立了联系纽带。大学生首先要积极开发家庭亲缘关系中的社会资本。大学生在学习之余应学会关爱家庭，尽力与家庭成员和亲属保持和谐、良好的关系；其次要拓展外围的与学界、业界或社会人员的弱关系，如积极参加社团活动。大学生如果置身于多个社团组织之中，其社会网络连结点必然增加，如此不断地延伸，就可能与原先素不相识的社团组织成员构筑“期望与义务”关系，并将它们纳入自己的社会资本系统，从而持续地积累、扩张社会资本，实现社会资本增值。此外，还需发挥关键人的作用。创业成功是团体效益的直接结果，但这并不否认某些关键人的重要作用。大学生创业中的关键人不是靠临时去寻找，而是需要大学生在日常的学习、交流、社会实践、创业探索中去发现和建立。

但是，还应注意规避社会资本的负面影响。社会资本的充分使用在给团体或组织带来新的增长点的同时，可能会对团体内部的少数个体产生伤害。另外，团体内成员之间的过度依赖也容易导致内部创新性减弱，这是制约创业持续发展的重要潜在因素，创业者通过建立良好的竞争机制和激励机制能够有效地缓解这一矛盾和推进创新。这就需要大学生创业组织之间打破壁垒、相互信任、相互扶持，形成互惠和共赢。社会资本在大学生创业中起着举足轻重的作用，当它与人力资本要素结合在一起时会创造更大的价值，并具有人力资本不可替代的作用。也只有当大学生把其人力资本要素和社会资本要素紧密结合在一起时，才能从内外部确保为创业成功打下坚实的基础。

6.1.4.4 打造社会实践与创业教育的互通途径

社会实践是创业的基础，社会实践活动对大学生今后创业者素质的形成具有决定性的作用。大学生毕业后多数是先就业，待条件具备后，才能创业。这些条件的形成必须在社会实践活动过程中积累和建立。只有在长期有效的社会实践活动中，二者才能作为实践主体的调节系统，启动、支配和协调实践主体的创造能力，并使之最大限度地发挥。创业能力的提高必须让大学生参与社会实践活动，在实践活动中不断学习和积累，不断反思和总结，不断丰富和完善。创业能力的形成必须经过社会实践活动，只有社会实践活动才能让创业能力表现出来和发挥作用，离开了社会实践活动，创业能力的形成和发展就失去了外部环境和现实条件，成为无根之源。

此外，社会实践活动可以使大学生真正成为学习的主体。对于大学生，他们的基本素质十分重要，没有他们的积极性、主动性和创造性，对他们进行硬性的创业教育是不现实的，更谈不上今后成功的创业教育。所以说必须让大学生发挥主观能动性，自觉地进行创业教育的学习，积极参加社会实践活动，这样才能算是成功的创业教育。学校开展的社会实践活动真正使教育教学过程从课堂、校园走进社会、企业和社区，使专业知识和专业技能的教育教学过程全部落实到开放的社会环境和背景之中，置身于特定的社会实践和社会空间之中。在这样的活动中大学生直接参与活动的设计、组织，要直接面对社会现实，要直接感受和体验社会生活的复杂变化和实践主体的创造激情，要能够理解和认可社会关系、社会利益、社会规范的特定要求和特定价值。

大学生的社会实践活动不仅是在校期间上专业课时的技能培训过程的实践，假期学校组织的短期的社会认知过程的实践，更应该是在校企合作单位即校外实习基地生产实习工作过程的实践等，这些实践活动对提高大学生解决问题的能力、创新能力、适应能力是行之有效的。

6.1.4.5 深化大学生创业教育的社会导师制度

高校实施创新创业教育是国家创新驱动战略的重要内容，由于种种原因，高校创新创业教育受制于师资、实践平台、实践经验、资金等诸多因素，高校大学生创新创业能力的培养如若仅依靠校内教师的指导，难以圆满完成任务。社会导师制可推进高校大学生创新创业教育工作的开展，促进大学生全面发展。

社会导师制是相对于学校培养特点而言的一种新型的人才培养模式，以区别于校内导师。从内容上看，社会导师制是由高校聘请各行业具有丰富经验的社会人士担任大学生导师，实现导师制度的嫁接，包括政府机关公务员、企事业单位或非政府组织中的专门技术人员、创新创业教育专家等，负责大学生创新创业能力的培养和提高。一对一或一对多的互动式教育模式，从形式上看，即让导师与大学生进行一对一或一对多的教育引导；从目标上看，大学生在学校获得专业知识的同时，通过有丰富阅历的社会导师的指导，能培养创新思维，提高创新能力，及早建立起对社会的整体认识，还能加大地区服务高校的力度，实现校地良性互动。

社会导师制是适应新时代发展产生的一种新的人才培养模式，国内外一些高校已经进行了很多探讨和实践。我国高校对大学生创业教育的社会导师制已经有近十余年的实践，并取得了较为理想的成果。但是，将高校大学生创新创业教育引进社会导师制应当注意以下几个问题。

一是注重社会导师的“选人”问题。当前高等教育大众化，学校扩招，大学生数量剧增，师生比例失调，师资递补后继乏力，社会导师制也将面临“生多师少”的难题。因此，要严格把关社会导师的遴选工作。对于社会导师的思想道德素质、心理素质、工作态度、工作能力、个人品行等方面要有调研和考察。只有品质优良的社会导师才能担任对大学生的指导工作，社会导师的人格魅力会深深影响大学生对工作、对社会的认知。要由政府出面，建立政府、社会、高校“三位一体”的一种新型的大学生创新创业教育机制，建立社会导师“专家库”。政府对入选的社会导师要明确身份和责任，赋予高校“社会导师”称号，给予适当的待遇，给予参与社会导师机制的企业和组织政策上的扶植。高校可以根据本校办学特点和实际情况，从政府建立的社会导师专家库聘请社会导师，也可以自己单独组建社会导师专家库。由于高等教育规模较大，社会导师制不可能覆盖全体大学生，这就要求高校根据实际情况，采取一定的程序，采取自愿报名、学校选拔的方式，选拔创新创业意愿强的大学生参与到社会导师机制中来，并通过他们影响和带动全体大学生的创新创业教育与实践。

二是要注重社会导师的“用人”问题。实施社会导师制，就是希望能发挥社会导师优势，给予在校大学生立体化的指导。因而，社会导师对社会适应、岗位知识、工作技能、职业指导、人际协作、抗压能力等方面都要予以传授和指导；要成立社会导师工作办公室，制定规划，颁发手册，负责对社会导师的征集、选拔、培训及考评工作；制定社会导师指导大纲，明确指导内容和指导要求。

三是要注重社会导师的动态监督管理，避免流于形式。建立社会导师考核制，通过考核，对社会导师队伍进行动态化管理；建立科学合理的社会导师考核奖惩机制，对各项指标进行细化与量化，进行年度考核。每学期伊始，要拟定结对工作计划，中期组织大学生对社会导师工作进行测评，定期组织导师与大学生交流并进行跟踪记录，发现问题及时改进，确保社会导师制的顺利实施。

6.2 “五位一体”精准培养模式的实践探索

高校作为大学生创新创业教育中的直接引领者，要承担起科学精神的培养重任，不断提高大学生的创新与创造能力，把创新创业教育作为全面提高人才培养质量的主体。基于“立德树人”目标，本书进行了大学生创业能力与素养“五位一体”精准培养模式的探索实践，打造了开展经济管理人才创新创业教育的“问题链基地”，本节通过对“问题链基地”建设过程中的主要措施及创新特色进行详细介绍，为创新创业教育实践提供借鉴。

6.2.1 “问题链基地”的建设历程

问题链由解决实际管理问题时派生出的一系列环环相扣的子问题形成，问题链教学是通过对问题链的解决，逐步引导大学生在情境中思考、在思考中创新、在创新中提升的新型教学方式。问题链教学基地于 2005 年成立，进行了一系列基于大学生价值塑造与创业能力提升的改革，先后经历 5 次蜕变，成功打造了以立德树人为目标，“与优秀企业家同行、与未来企业家同向”的大学生创业教育新格局。基地的发展历程示意如图 6–3 所示。

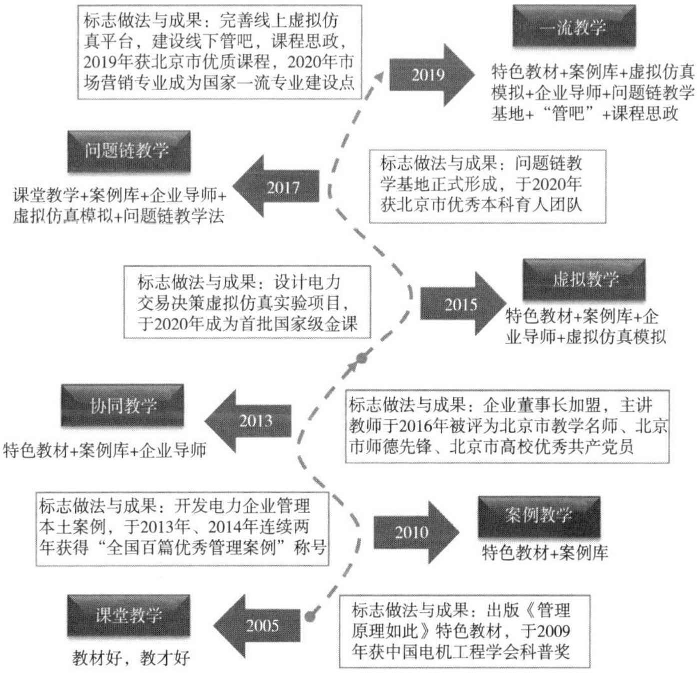

图 6–3 基地的发展历程示意图

6.2.1.1 “课堂教学”阶段（2005—2008年）

在教育改革初期，团队遵循“教材好，教才好”的理念，开发了《管理原来如此》特色教材，以漫画形式营造了一种清新曼妙的氛围，将管理真谛一一揭示，极大地激发了大学生的学习兴趣，培养了大学生的想象力。

6.2.1.2 “案例教学”阶段（2008—2011年）

随着教学质量的重要性越来越高，团队开始重视管理案例，组织撰写了数篇原创型本土案例，构建了企业管理案例库，引导大学生深入分析案例，实现了由“课堂教学”向“案例教学”的蜕变。

6.2.1.3 “协同教学”阶段（2011—2013年）

随着大学生对创业兴趣的日益增加，团队打造了“理论导师＋实践导师”复合型师资队伍，指导大学生解决实际管理问题，促进大学生实战能力的提高，实现了由“案例教学”向“协同教学”的蜕变。

6.2.1.4 “虚拟教学”阶段（2014—2015年）

随着互联网技术的快速发展，团队开发了互联网虚拟仿真平台，并应用于教学过程中，增强了大学生的主体意识，提高了大学生的参与感，实现了由“协同教学”向“虚拟教学”的蜕变。

6.2.1.5 “问题链教学”阶段（2015—2017年）

随着“立德树人”理念的不断增强，团队基于问题链思维，明确了“与优秀企业家同行，与未来企业家同向”的基地理念，创立了“575”育人新模式，增强了大学生的问题意识和思辨素养，大学生的培养效果得到显著提升，实现了由“虚拟教学”向“问题链教学”的蜕变。基地的现场环境如图6-4所示。

图 6-4 基地的现场环境

6.2.1.6 “一流教学”阶段（2017 年至今）

随着“双一流”建设的深入，团队建立了线上线下教学资源平台与课程思政体系，形成了复合型导师库、管理问题库、学生成长库等，实现了由“问题链教学”向“一流教学”的蜕变。

6.2.2 “问题链基地”的核心措施

为了从根本上解决创业教育中普遍存在的理论与实践脱节问题，基地进行了以下四个方面的探索与实践，保障了大学生创业能力与素养“五位一体”精准培养模式的有效实施。

6.2.2.1 优化师资结构——组建了“理论导师 + 实践导师”的复合型师资队伍

基地积极引进具有丰富管理经验的企业家作为实践导师，组建复合型师资队伍。目前，基地教师团队由数十名理论导师和实践导师组成，实践导师包括各行业的优秀企业家。这些企业家都会定期来基地现场为大学生进行管理实践的分析与指导，弥补理论导师对管理实践认知的不足。

6.2.2.2 拓宽教学资源——搭建了“互联网 + 管吧”的线上线下教学资源平台

基地不断拓展教学资源渠道，形成了“互联网 + 管吧”的线上线下协同教学资源平台。其中，互联网虚拟仿真线上平台克服了传统课堂的时空局限性和资源有限性，为大学生打造了丰富的虚拟仿真实验项目，让大学生在实操中激发兴趣、拓展思维、提升能力。开放、自由的“管吧”线下平台能够帮助大学生总结企业中的管理案例、学习中的管理困惑、生活中的管理感悟。“管吧”是基地提出的一个新概念，是一个以管理为主题，充满管理元素与管理色彩的教学活动场地。线上线下协同教学平台如图 6-5 所示。

图 6-5　线上线下协同教学平台

基地重点打造的虚拟仿真教学平台建设，树立了“科研反哺教学、教学科研相互促进”的指导方针，将大量科研成果进行教学资源转化，开发虚拟仿真教学项目和经济管理虚拟仿真教学软件，构建丰富的仿真教学场景，提升大学生综合分析问题、解决问题的能力。此外，基地在研究新时期大学生创业教育内涵的基础上，深入研究虚拟仿真实验教学的特点与优势，挖掘虚拟仿真环境下的实验教学潜力，把大学生创业教育课程放置在虚拟仿真环境下进行创新研究，加入先进的教学手段和方法，拓展创业教育类实验项目的广度和深度，设计一套适用的创业教育课程体系，并在电力经济管理实验教学中心虚拟仿真实验环境的优势下，开发出了内容新颖、特色鲜明的创业教育实验课程。

6.2.2.3 创新育人方法——创建了以问题链教学为核心的“575”育人新模式

基地以立德树人为目标，以问题链教学为核心，采用“5 主”育人方式，遵循“7 步”育人流程，实现了“5 见”育人目标，简称“575”育人新模式。其中，“5 主”是指以问题为主线、学生为主体、虚仿为主打、教师为主人、企业家为主裁的新型立体化育人方式。通过理论导师的科研课题和企业导师的实际项目，充分发挥“问题链”的指挥棒作用，形成“在情境中讨论，在讨论中创新，在创新中提升”的探究式教学模式。让大学生从企业管理实际视角思考企业管理相关问题，增强大学生的主体意识和思辨素养。“7 步”是指遵循“提出问题（学生）→确定问题（理论导师）→分析问题（学生）→解决问题（学生）→讲授理论（理论导师）→虚拟仿真或座谈交流（开放式）→验证问题（实践导师）”的育人流程。这里的核心是第 3 步与第 4 步的主角完全由大学生承担，教师不进行引导；这里的关键是第 7 步，由富有实战经验的企业家进行问题验证，担当主裁的角色，对大学生得出的解决问题方案进行分析。“5 见”是指经过基地的培养训练让大学生最终实现“见能力、见成长、见品德、见效果、见发展”的新时代大学生培养目标，全面提升大学生培养的质量。“575”育人新方法如图 6-6 所示。

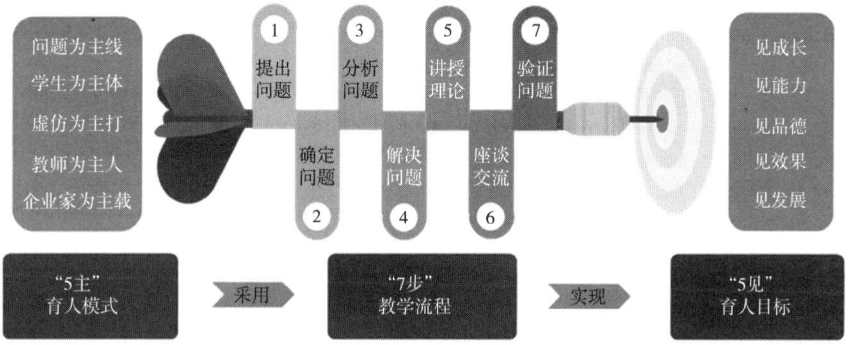

图 6-6 “575”育人新方法

6.2.2.4 完善制度体系——形成了“专创融合”的“教—研—用”互动机制

基地创建了创新创业与实验教研室，聚焦实验教学理论研究、实验教学体系研究、先进实验教学方法手段研究、实验“金课”开设及授课、对其他教研室实验教学的示范和引导五大职能。经过多年的运行，教研室对经济与管理学院创新创业教学起到了重要的实践意义。实验教研室作为新成立的部门，作为经济与管理学院实验教学改革和创新的排头兵，起到示范和引领作用，为教学改革寻找可行的突破口，为教学课程建设注入新的活力。同时，基地成立了大学生创新创业工作室、KVB 俱乐部等机构，配合“双创”教育的开展。

在此基础上，团队提出了专创融合机制建设方案，结合“五位一体”培养模式中的培养内容与方案，开设了创新创业系列课程，重构综合型人才提升的课程体系、加强培养大学生创新技能的教学实践，改变专业教育与创新教育相分离的现状。重点打造经管类大学生创业俱乐部，鼓励大学生在发现问题和解决问题的过程中找到创业商机，并进行社会实践。研究新时期人才培养投入机制，完善人财物投入协同机制，特别是推动教学平台、实验实训平台、实习团队建设。依托“创青春杯”全国大学生创业大赛、“挑战杯”大学生创业计划大赛，开展校内大学生创业实践活动的指导和培训；依托行业背景，发挥学科优势，利用企业资源，积极配合校团委、学生处、大学科技园整合完善学校已有创业服务资源，以科技成果转化为生产力为主要创新创业内容，将专业教育、创新创业教育和创业实践有机结合，全面提升大学生的创新创业能力和整体素质。此外，基地还提出了教科研互动机制，建设教学科研双向流动机制，让大学生参加科研项目，深度体验管理的科学性、复杂性和艺术性。鼓励教师、企业将科研成果进行教学转化，提高课堂教学的针对性和实用性。

在问题链教学方法的支撑下，大学生创业效果得到了很大的提升。一方面，在校大学生创新创业能力明显加强。近三年来，在全国“挑战杯”“互联网 +”大学生创新创业大赛、“尖峰时刻”全国商业模拟大赛等学科竞赛中，斩获国家级、省级奖项一批，大学生创新创业项目成功立项国家级、省级一批。另一方面，毕业学生创业效果得到了明显提升，有不少校友企业已成为行业龙头。

实践证明，问题链教学基地能够为大学生建立创新创业所需的知识体系提供基本保障，为大学生锻炼思维能力提供实践平台，为大学生避免纸上谈兵提供可行路径，真正达到了让大学生将管理学知识内化为所得，运用于实际的育人效果，得到了师生的一致好评。

附　录

附录 1：创业核心能力与素养调查问卷（一）

感谢您在百忙之中填写我们的问卷，本次问卷结果仅用于研究所用。

1.（问答题）您的年龄为？

2.（问答题）您从事创新创业相关研究、教学年限为？

3.（选择题）您是否认为“创新能力”是创业者应具备的核心能力？

A. 非常不同意　B. 不太同意　C. 一般　D. 比较同意　E. 非常同意

4.（选择题）您是否认为“转化能力”是创业者应具备的核心能力？

A. 非常不同意　B. 不太同意　C. 一般　D. 比较同意　E. 非常同意

5.（选择题）您是否认为“感知能力”是创业者应具备的核心能力？

A. 非常不同意　B. 不太同意　C. 一般　D. 比较同意　E. 非常同意

6.（选择题）您是否认为“沟通能力”是创业者应具备的核心能力？

A. 非常不同意　B. 不太同意　C. 一般　D. 比较同意　E. 非常同意

7.（选择题）您是否认为“理解能力”是创业者应具备的核心能力？

A. 非常不同意　B. 不太同意　C. 一般　D. 比较同意　E. 非常同意

8.（选择题）您是否认为“领导能力”是创业者应具备的核心能力？

A. 非常不同意　B. 不太同意　C. 一般　D. 比较同意　E. 非常同意

9.（选择题）您是否认为“决策能力”是创业者应具备的核心能力？

A. 非常不同意　B. 不太同意　C. 一般　D. 比较同意　E. 非常同意

10.（选择题）您是否认为“任用人才的能力”是创业者应具备的核心能力？

A. 非常不同意　B. 不太同意　C. 一般　D. 比较同意　E. 非常同意

11.（选择题）您是否认为“把控细节能力”是创业者应具备的核心能力？

A. 非常不同意　B. 不太同意　C. 一般　D. 比较同意　E. 非常同意

12.（选择题）您是否认为“失败能力”是创业者应具备的核心能力？

A. 非常不同意　B. 不太同意　C. 一般　D. 比较同意　E. 非常同意

13.（选择题）您是否认为“应变能力”是创业者应具备的核心能力？

A. 非常不同意 B. 不太同意 C. 一般 D. 比较同意 E. 非常同意

14.（选择题）您是否认为“互联网应用能力”是创业者应具备的核心能力？

A. 非常不同意 B. 不太同意 C. 一般 D. 比较同意 E. 非常同意

15.（选择题）您是否认为“学习能力”是创业者应具备的核心能力？

A. 非常不同意 B. 不太同意 C. 一般 D. 比较同意 E. 非常同意

16.（选择题）您是否认为“资源整合能力”是创业者应具备的核心能力？

A. 非常不同意 B. 不太同意 C. 一般 D. 比较同意 E. 非常同意

17.（选择题）您是否认为“服务能力”是创业者应具备的核心能力？

A. 非常不同意 B. 不太同意 C. 一般 D. 比较同意 E. 非常同意

18.（选择题）您是否认为“营销能力”是创业者应具备的核心能力？

A. 非常不同意 B. 不太同意 C. 一般 D. 比较同意 E. 非常同意

19.（选择题）您是否认为“执行能力”是创业者应具备的核心能力？

A. 非常不同意 B. 不太同意 C. 一般 D. 比较同意 E. 非常同意

20.（选择题）您是否认为“脚踏实地的作风”是创业者应具备的核心素养？

A. 非常不同意 B. 不太同意 C. 一般 D. 比较同意 E. 非常同意

21.（选择题）您是否认为“敢为人先的勇气”是创业者应具备的核心素养？

A. 非常不同意 B. 不太同意 C. 一般 D. 比较同意 E. 非常同意

22.（选择题）您是否认为“独立思考的习惯”是创业者应具备的核心素养？

A. 非常不同意 B. 不太同意 C. 一般 D. 比较同意 E. 非常同意

23.（选择题）您是否认为“谦逊的态度”是创业者应具备的核心素养？

A. 非常不同意 B. 不太同意 C. 一般 D. 比较同意 E. 非常同意

24.（选择题）您是否认为“公平正直的品格”是创业者应具备的核心素养？

A. 非常不同意 B. 不太同意 C. 一般 D. 比较同意 E. 非常同意

25.（选择题）您是否认为“百折不挠的信念”是创业者应具备的核心素养？

A. 非常不同意 B. 不太同意 C. 一般 D. 比较同意 E. 非常同意

26.（选择题）您是否认为“发散性思维”是创业者应具备的核心素养？

A. 非常不同意 B. 不太同意 C. 一般 D. 比较同意 E. 非常同意

27.（选择题）您是否认为“严于律己的习惯”是创业者应具备的核心素养？

A. 非常不同意 B. 不太同意 C. 一般 D. 比较同意 E. 非常同意

28.（选择题）您是否认为“分享精神”是创业者应具备的核心素养？

A. 非常不同意 B. 不太同意 C. 一般 D. 比较同意 E. 非常同意

29.（选择题）您是否认为“宽以待人的心胸”是创业者应具备的核心素养？

A. 非常不同意 B. 不太同意 C. 一般 D. 比较同意 E. 非常同意

30.（选择题）您是否认为“探索精神”是创业者应具备的核心素养？

A. 非常不同意 B. 不太同意 C. 一般 D. 比较同意 E. 非常同意

31.（选择题）您是否认为“精益求精的追求”是创业者应具备的核心素养？

A. 非常不同意 B. 不太同意 C. 一般 D. 比较同意 E. 非常同意

32.（选择题）您是否认为“钻研精神”是创业者应具备的核心素养？

A. 非常不同意 B. 不太同意 C. 一般 D. 比较同意 E. 非常同意

33.（选择题）您是否认为“积极乐观的态度”是创业者应具备的核心素养？

A. 非常不同意 B. 不太同意 C. 一般 D. 比较同意 E. 非常同意

34.（选择题）您是否认为“始终如一的初心”是创业者应具备的核心素养？

A. 非常不同意 B. 不太同意 C. 一般 D. 比较同意 E. 非常同意

35.（选择题）您是否认为“社会责任意识”是创业者应具备的核心素养？

A. 非常不同意 B. 不太同意 C. 一般 D. 比较同意 E. 非常同意

36.（选择题）您是否认为“分享精神”是创业者应具备的核心素养？

A. 非常不同意 B. 不太同意 C. 一般 D. 比较同意 E. 非常同意

37.（选择题）您是否认为“企业家精神”是创业者应具备的核心素养？

A. 非常不同意 B. 不太同意 C. 一般 D. 比较同意 E. 非常同意

38.（选择题）您是否认为“竞争意识”是创业者应具备的核心素养？

A. 非常不同意 B. 不太同意 C. 一般 D. 比较同意 E. 非常同意

39.（选择题）您是否认为“合作意识”是创业者应具备的核心素养？

A. 非常不同意 B. 不太同意 C. 一般 D. 比较同意 E. 非常同意

40.（选择题）您是否认为“标准化思维”是创业者应具备的核心素养？

A. 非常不同意 B. 不太同意 C. 一般 D. 比较同意 E. 非常同意

41.（选择题）您是否认为“契约化习惯”是创业者应具备的核心素养？

A. 非常不同意 B. 不太同意 C. 一般 D. 比较同意 E. 非常同意

42.（选择题）您是否认为“全局意识”是创业者应具备的核心素养？

A. 非常不同意 B. 不太同意 C. 一般 D. 比较同意 E. 非常同意

附录 2：创业核心能力与素养调查问卷（二）

感谢您在百忙之中填写我们的问卷，本次问卷采取匿名回答，对于结果我们仅用于研究所用。

一、基本信息调查

I1：您的性别是？

A. 男　B. 女

I2：您的年龄？

A.25 岁及以下　B. 26~35 岁　C. 36~45 岁　D.46 岁及以上

I3：您的学历？

A. 大专以下　B. 大专　C. 本科　D. 硕士　E. 博士

I4：您已经创业多少年？

A.3 年以下　B. 3~5 年　C.6~10 年　D.11~15 年　E.15 年以上

I5：您的创业规模是？

A. 个体工商户　B. 小微企业　C. 中型企业　D. 大型企业

二、能力与素养调查

A1：我总能有别人没有想到的新想法。

A. 非常不符合　B. 不太符合　C. 一般　D. 比较符合　E. 非常符合

A2：我具有产品开发、改进的创意和技术。

A. 非常不符合　B. 不太符合　C. 一般　D. 比较符合　E. 非常符合

A3：我能将想法转化成可创业实际并形成完整的商业模式。

A. 非常不符合　B. 不太符合　C. 一般　D. 比较符合　E. 非常符合

A4：我能有效地识别商业机会。

A. 非常不符合　B. 不太符合　C. 一般　D. 比较符合　E. 非常符合

A5：我能敏锐地发现生活、工作中存在的问题。

A. 非常不符合　B. 不太符合　C. 一般　D. 比较符合　E. 非常符合

A6：我能洞察到消费者的需求。

A. 非常不符合　B. 不太符合　C. 一般　D. 比较符合　E. 非常符合

A7：我能准确地预见到市场的发展趋势。

A. 非常不符合 B. 不太符合 C. 一般 D. 比较符合 E. 非常符合

A8：我能充分地表达自己的想法并使对方理解我的意图。

A. 非常不符合 B. 不太符合 C. 一般 D. 比较符合 E. 非常符合

A9：我能够通过谈判有效地为企业争取机会和利益。

A. 非常不符合 B. 不太符合 C. 一般 D. 比较符合 E. 非常符合

A10：我能代表团队通过社交、公关等与外界建立良好的关系。

A. 非常不符合 B. 不太符合 C. 一般 D. 比较符合 E. 非常符合

A11：我在创业团队中能获得队员充分的尊重和认可，队员自愿追随我，听从我的要求。

A. 非常不符合 B. 不太符合 C. 一般 D. 比较符合 E. 非常符合

A12：我能科学高效地管理创业所需的人、财、物等。

A. 非常不符合 B. 不太符合 C. 一般 D. 比较符合 E. 非常符合

A13：我能从战略的高度明确创业企业的发展方向和引导企业行动。

A. 非常不符合 B. 不太符合 C. 一般 D. 比较符合 E. 非常符合

A14：我能充分地认识到创业企业所处的内外部环境情况。

A. 非常不符合 B. 不太符合 C. 一般 D. 比较符合 E. 非常符合

A15：我能科学地评估项目方案实施的可能性。

A. 非常不符合 B. 不太符合 C. 一般 D. 比较符合 E. 非常符合

A16：我在创业过程中做出的决定通常受到大多数人的认同并且最终有着不错的结果。

A. 非常不符合 B. 不太符合 C. 一般 D. 比较符合 E. 非常符合

A17：我具有临危不乱的强大内心。

A. 非常不符合 B. 不太符合 C. 一般 D. 比较符合 E. 非常符合

A18：我能及时、有效地化解企业面临的危机。

A. 非常不符合 B. 不太符合 C. 一般 D. 比较符合 E. 非常符合

A19：我能承受失败带来的巨大打击。

A. 非常不符合 B. 不太符合 C. 一般 D. 比较符合 E. 非常符合

A20：对于新的知识、技能我能比较快速地理解和掌握。

A. 非常不符合 B. 不太符合 C. 一般 D. 比较符合 E. 非常符合

A21：我会为了事业、生活的需要，学习新的知识和技能。

A. 非常不符合　B. 不太符合　C. 一般　D. 比较符合　E. 非常符合

A22：我会从他人身上反思自己，不断改正和提高自我。

A. 非常不符合　B. 不太符合　C. 一般　D. 比较符合　E. 非常符合

A23：我乐于尝试新鲜事物。

A. 非常不符合　B. 不太符合　C. 一般　D. 比较符合　E. 非常符合

A24：即使这种事物存在未知的风险，我也有勇于尝试的信念。

A. 非常不符合　B. 不太符合　C. 一般　D. 比较符合　E. 非常符合

A25：在工作中，我会客观地对待身边同事，不会掺杂私人感情。

A. 非常不符合　B. 不太符合　C. 一般　D. 比较符合　E. 非常符合

A26：我不会动用权力谋取私人利益。

A. 非常不符合　B. 不太符合　C. 一般　D. 比较符合　E. 非常符合

A27：面对困难，我会选择迎难而上。

A. 非常不符合　B. 不太符合　C. 一般　D. 比较符合　E. 非常符合

A28：面对挫折，我能够经受住打击，重新再来。

A. 非常不符合　B. 不太符合　C. 一般　D. 比较符合　E. 非常符合

A29：我对自我能力提升和人格培养有着较高的要求。

A. 非常不符合　B. 不太符合　C. 一般　D. 比较符合　E. 非常符合

A30：我对创业的产品、服务等品质有着很高的要求。

A. 非常不符合　B. 不太符合　C. 一般　D. 比较符合　E. 非常符合

A31：在为人处世过程中，我不会斤斤计较。

A. 非常不符合　B. 不太符合　C. 一般　D. 比较符合　E. 非常符合

A32：我不会过分怪罪别人的失误。

A. 非常不符合　B. 不太符合　C. 一般　D. 比较符合　E. 非常符合

A33：我对世界充满好奇心。

A. 非常不符合　B. 不太符合　C. 一般　D. 比较符合　E. 非常符合

A34：对于未知领域我有进一步了解的欲望。

A. 非常不符合　B. 不太符合　C. 一般　D. 比较符合　E. 非常符合

A35：我会为满足上述欲望付诸实行并达成目标。

A. 非常不符合　B. 不太符合　C. 一般　D. 比较符合　E. 非常符合

A36：我对创业的产品、服务等品质有着很高的要求。

A. 非常不符合 B. 不太符合 C. 一般 D. 比较符合 E. 非常符合

A37：我对创业事业有着勇争第一、领先行业的态度。

A. 非常不符合 B. 不太符合 C. 一般 D. 比较符合 E. 非常符合

A38：我在做事时能够保持积极主动的态度。

A. 非常不符合 B. 不太符合 C. 一般 D. 比较符合 E. 非常符合

A39：任何事我都会往好的方面想。

A. 非常不符合 B. 不太符合 C. 一般 D. 比较符合 E. 非常符合

A40：我能保证股东、员工、消费者等各方的经济利益不受损害。

A. 非常不符合 B. 不太符合 C. 一般 D. 比较符合 E. 非常符合

A41：我能严格遵守法律法规。

A. 非常不符合 B. 不太符合 C. 一般 D. 比较符合 E. 非常符合

A42：我能够遵守社会、行业的道德要求。

A. 非常不符合 B. 不太符合 C. 一般 D. 比较符合 E. 非常符合

A43：我有着报效国家的崇高理想。

A. 非常不符合 B. 不太符合 C. 一般 D. 比较符合 E. 非常符合

A44：我能忍受苦难，顽强奋斗。

A. 非常不符合 B. 不太符合 C. 一般 D. 比较符合 E. 非常符合

A45：我对创业事业有着勇争第一、领先行业的态度。

A. 非常不符合 B. 不太符合 C. 一般 D. 比较符合 E. 非常符合

A46：我能跟人建立良好的人际关系。

A. 非常不符合 B. 不太符合 C. 一般 D. 比较符合 E. 非常符合

A47：我能发现他人的优点和自己的不足，与人互补合作。

A. 非常不符合 B. 不太符合 C. 一般 D. 比较符合 E. 非常符合

A48：我有较强的团队意识，在自己责任范围内合理发挥，以团队利益最大化为先。

A. 非常不符合 B. 不太符合 C. 一般 D. 比较符合 E. 非常符合

A49：我能为企业设计标准化的工作流程，使工作更高效。

A. 非常不符合 B. 不太符合 C. 一般 D. 比较符合 E. 非常符合

A50：在产品生产等方面我坚持标准化的思想，使产品更具通用价值，为更多人提供便利。

A. 非常不符合　B. 不太符合　C. 一般　D. 比较符合　E. 非常符合

A51：我能够信守与创业团队成员之间的承诺。

A. 非常不符合　B. 不太符合　C. 一般　D. 比较符合　E. 非常符合

A52：我能够诚信经营、不欺瞒消费者。

A. 非常不符合　B. 不太符合　C. 一般　D. 比较符合　E. 非常符合

A53：我能遵守与合作者之间的约定。

A. 非常不符合　B. 不太符合　C. 一般　D. 比较符合　E. 非常符合

三、成就调查

B1：我的创业项目目前已经能够持续盈利。

A. 非常不符合　B. 不太符合　C. 一般　D. 比较符合　E. 非常符合

B2：我的创业项目目前已经具备较为稳定的客户群体。

A. 非常不符合　B. 不太符合　C. 一般　D. 比较符合　E. 非常符合

B3：目前的创业收益能够满足我的生活需要。

A. 非常不符合　B. 不太符合　C. 一般　D. 比较符合　E. 非常符合

B4：目前的创业结果已经达到了我创业的初始预期。

A. 非常不符合　B. 不太符合　C. 一般　D. 比较符合　E. 非常符合

B5：我的创业企业在行业内有了一定的知名度。

A. 非常不符合　B. 不太符合　C. 一般　D. 比较符合　E. 非常符合

B6：我的创业企业在社会、行业中具备一定的影响力。

A. 非常不符合　B. 不太符合　C. 一般　D. 比较符合　E. 非常符合

附录 3：创业核心能力与素养调查问卷（三）

感谢您在百忙之中填写我们的问卷，本次问卷采取匿名回答，对于结果我们仅用于研究所用。

1. 您的性别？（ ）

A. 男　　B. 女

2. 您所学专业所属的学科类型为？（ ）

A. 理工类

B. 管理类

C. 经济类

D. 医学

E. 农学

F. 其他人文社科类

3. 您的年级？（ ）

A. 大一

B. 大二

C. 大三

D. 大四

E. 研究生

4. 请问您对于经济金融知识的了解情况？（ ）

A. 非常了解

B. 比较了解

C. 基本了解

D. 不太了解

E. 从未听说

5. 请问您对于有关创新创业的法律政策知识的了解情况？（ ）

A. 非常了解

B. 比较了解

C. 基本了解

D. 不太了解

E. 从未听说

6. 请问您对于企业管理金融知识的了解情况（企业管理包括组织管理、市场营销等内容）？

A. 非常了解

B. 比较了解

C. 基本了解

D. 不太了解

E. 从未听说

7. 请根据您的实际情况对以下能力打分，1~7 分，1 为最低，7 为最高。

	1	2	3	4	5	6	7
创新能力							
感知能力							
沟通能力							
领导能力							
失败能力							
学习能力							

8.（多选题）请问您是否有过以下创新创业经历（如果选“无”则直接跳到第 10 题继续回答，如果选择其他选项则跳到第 9 题继续回答）？（ ）

A. 自主创业

B. 专业实践经历

C. 竞赛经历

D. 社团活动经历

E. 兼职经历

F. 无

9.（多选题）如果有过创新创业经历，您是否取得过相应成果？（ ）

A. 竞赛获奖

B. 专利

C. 论文

D. 没有过

E. 其他

10 . 请根据您的实际情况对自身特质进行打分，1 到 7 表示非常不好→非常好。

	1	2	3	4	5	6	7
敢为人先的勇气							
公平正直的品格							
百折不挠的信念							
严于律己的习惯							
宽以待人的心胸							
精益求精的追求							
积极乐观的态度							
社会责任意识							
企业家精神							
标准化思维							
契约化习惯							

11. 您是否有创新创业的意向?

A. 是

B. 否

12.（多选题）您创新创业的动机是什么？（ ）

A. 由于政策激励进行创新创业活动

B. 由于资金支持进行创新创业活动

C. 创新创业可以解决个人就业问题

D. 创新创业可以积累资金和财富

E. 创新创业可以挑战自我

F. 创新创业可以带来成就感

G. 创新创业可以提升自身社会地位

H. 创新创业可以从事感兴趣的行业

I. 创新创业可以为国家经济发展、为社会作贡献

J. 看到别人创新创业很成功

13.（多选题）对于当前的创新创业环境，您认为需要什么？（ ）

A. 父母亲人的支持

B. 所在学校有鼓励大学生创业的措施

C. 所在地方政府为创新创业提供良好的环境

D. 有一群志同道合的朋友

E. 老师的帮助

F. 其他

14.（问答题）您认为现在还需要什么样的环境帮助激励您去进行创新创业？

参考文献

［1］联合国贸易和发展会议 .2022 年贸易与发展报告［R］.2022.

［2］新华网 . 习近平致 2013 年全球创业周中国站活动组委会的贺信［EB/OL］.2013-11-08.

［3］张凤娟，潘锦虹 . 我国高校创新创业教育政策的范式变迁及其嬗变逻辑［J］. 高等工程教育研究，2022（5）：151-156.

［4］张瞳光，高建军 . 区域创业环境、创业教育对大学生创业行为的影响与提升［J］. 继续教育研究，2017（8）：17-19.

［5］孔凡柱，赵莉 . 失败恐惧、创业教育对创业意愿与行为的调节效应研究［J］. 软科学，2017，31（11）：39-43.

［6］杨学儒 . 创业教育和先前经验对大学生创业能力的影响研究［J］. 技术经济与管理研究，2018（9）：36-41.

［7］宁德鹏，何彤彤，邓君雪，等 . 创新创业教育对 创业行为的影响机理研究——以创业能力和创业意愿为中介的大样本实证考察［J］. 华东师范大学学报（教育科学版），2023，41（2）：93-105.

［8］李亚员， 牛亚飞， 李畅 . 我国高校创新创业教育生态系统建设研究的成效与展望［J］. 高校教育管理， 2021，15（4）：115-124.

［9］许继芳 . 高校创业教育生态链的构建［J］. 黑龙江高教研究，2012，（3）：94-96.

［10］黄兆信，王志强 . 高校创业教育生态系统构建路径研究［J］. 教育研究，2017，（4）：37-42.

［11］Vesper K H，Gartner W B， Measuring progress in entrepreneurship education［J］. Journal of Business Venturing， 1997. 12（5）.

［12］贾建锋， 赵若男， 朱珠 . 高校创新创业教育生态系统的构建——基于美国、英国、日本高校的多案例研究［J］. 管理案例研究与评论， 2021， 14（3）：309-324.

［13］杜函芮 . 高校创新创业教育生态系统构建［J］. 教育学术月刊，2023，No.367

（2）：43–52.

［14］Frolova Y， Alwaely S A， Nikishina O . Knowledge Management in Entrepreneurship Education as the Basis for Creative Business Development［J］. Sustainability，2021，13（3）.

［15］Welsh D H B，Tullar W L，Nemati H.Entrepreneurship education：Process，method，or both?［J］. Journal of Innovation & Knowledge，2016，1（3）：1–25–132.

［16］Drucker P F . Innovation and Entrepreneurship：Practice and Principles［J］. Social Science Electronic Publishing，1985，4（1）：85–86.

［17］Ahani Simin，Babazadeh Mahbubeh，Haghighi，et al. The effect of entrepreneurship education on self–efficacy beliefs and entrepreneurial intention of nurses［J］. Journal of Clinical & Diagnostic Research，2018，12（6）：18–21.

［18］Kissi，Ernest Ahadzie，Divine Kwaku Debrah，et al. Underlying strategies for improving entrepreneurial skills development of technical and vocational students in developing countries：using Ghana as a case study［J］. Education Training，2020，62（5）：599–614.

［19］Ho Y P，Low P C，Wong P K. Do University Entrepreneurship Programs Influence Studentss Entrepreneurial Behavior? —An Empirical Analysis of University Students in Singapore［J］.Social Science Electronic Publishing，2014，24（1）：19–25.

［20］Rauch A，Hulsink W. Putting entrepreneurship education where the intention to act lies An investigation into the Impact of entrepreneurship education on entrepreneurial behavior［J］. Academy of Management Learning & Education，2015，14（2）：187–204.

［21］Block J H，Hoogerheide L，Thurik R. Education and Entrepreneurial Choice：An Instrumental Variables Analysis［J］. Tinbergen Institute Discussion Papers，2010（1）.

［22］Maina S . The Role of Entrepreneurship Education on Job Creation among Youths in Nigeria［J］. International Letters of Social and Humanistic Sciences，2013，15（4）：87–96.

[23] Solesvik M Z. Entrepreneurial motivations and intentions: investigating the role of education major [J]. Education+ Training, 2013, 55 (3), 253—271.

[24] Coduras A, Urbano D, Rojas A. The relationship between university support to entrepreneurship with entrepreneurial activity in Spain: A GEM data based analysis[J]. International Advances in Economic Research, 2008, 14 (4), 395-406.

[25] Turker D, Selcuk S. Which factors affect entrepreneurial intention of university students? [J]. Journal of European Industrial Training, 2009, 33 (2): 142-159.

[26] Solomon, G. An examination of entrepreneurship education in the United States [J]. Journal of Small Business and Enterprise Development, 2007, 14 (2): 168 - 182.

[27] Baron R A, Tang J. The role of entrepreneurs in firm-level innovation: Joint effects of positive affect, creativity, and environmental dynamism [J] .Journal of Business Venturing, 2011, 26 (1): 49-60.

[28] 王占仁."广谱式"创新创业教育导论[M].北京:人民出版社,2012.

[29] 黄兆信,王志强.地方教育转型发展研究[M].杭州:浙江大学出版社,2013.

[30] 伯顿·克拉克.建立创业型大学:组织上转型的途径[M].北京:人民教育出版社,2007.

[31] 赵观石.美国、瑞典、印度三国大学生创业教育比较及启示[J].教育学术月刊,2009(5).

[32] 陈璇.创业教育仍是教育部工作重点[N].中国青年报,2012-04-09.

[33] 梁经伟,陈丽,汤志华.江苏省大学生创新创业现状、问题及提升对策研究[J].创新创业理论研究与实践,2021,4(23):192-195.

[34] 王琳媛.知识经济中我国高校创业教育研究[D].上海:上海交通大学,2007.

[35] 王一卉.高校大学生创业教育对策研究[D].西安:西安理工大学,2014.

[36] 马士良.基于创业思维的高职院校就业创业质量提升途径探索[J].黑龙江科学,2022,13(3):48-49.

[37] 张彩霞.教育供给侧改革下高校创新创业教育对策研究[D].哈尔滨:黑龙

江大学，2018.
[38] 陈瑜芬，赖铭娟 . 台湾创业课程现况之探究［ J ］. 台湾：创业管理研究，2007（ 9 ）：117–125.
[39] 周朝正 . 芬兰于韦斯屈莱理工学院创业教育课程研究［ D ］. 重庆：西南大学，2013.
[40] 米银俊，晋琳琳，罗嘉文 . 理工科大学创业教育课程体系构建的比较研究与实践［ J ］. 高教探索，2017（ 2 ）：124–128.
[41] 苏益南 . 大学生创业环境的结构维度、问题分析及对策研究［ J ］. 徐州师范大学学报（ 哲学社会科学版 ），2009，35（ 6 ）：117–121.
[42] 张帆 . 中美大学生创业环境的比较分析［ J ］. 科学管理研究，2010，28（ 1 ）：112–115.
[43] 朱永跃，胡蓓，孙鹏 . 基于因子分析法的大学生创业环境评价研究［ J ］. 黑龙江高教研究，2012，30（ 3 ）：97–101.
[44] 吴启运，张红 . 创业环境对大学生创业倾向影响的实证研究［ J ］. 黑龙江高教研究，2008（ 11 ）：129–131.
[45] 张东生，刘健钧 . 创业投资基金运作机制的制度经济学分析［ J ］. 经济研究，2000（ 4 ）：35–40+79.
[46] 林强，姜彦福，张健， 创业理论及其架构分析 . 经济研究， 2001（9）： 85–94+96.
[47] 蔡莉，张玉利，蔡义茹，等 . 创新驱动创业：新时期创新创业研究的核心学术构念［ J ］. 南开管理评论，2021，24（ 4 ）：217–226.
[48] 池仁勇 . 美日创业环境比较研究［ J ］. 外国经济与管理，2002（ 9 ）：13–19+49.
[49] 蔡莉，崔启国，史琳 . 创业环境研究框架［ J ］. 吉林大学社会科学学报，2007，No.199（ 1 ）：50–56.
[50] Murphy，A.E. Richard Cantillon： Entrepreneur and Economist［ M ］. Oxford：Clarendon Press ， 1986.
[51] R. C. Ronstadt. Entrepreneurship [M]. England: Lord–Publishing，1984.
[52] H H.Stevenson ， M.J.Robertsand ， H.Grousbeek . New Business Ventures and the Enterpreneur［ M ］，New York：McGraw–Hill，1989.

［53］Stevenson H H，J C Jarillo.Aparadigmof entrepreneurship：Entrepreneurial management［J］.Strategic Management Journal，1990，11（S.I.）：17–27.

［54］陈成文，孙淇庭．大学生创业政策：评价与展望［J］．高等教育研究，2009，30（7）：24–30.

［55］段利民，杜跃平．创业环境对大学生创业意愿的影响：兼对 GEM 模型的再检验［J］．技术经济，2012，31（10）：64–70+97.

［56］叶映华．大学生创业意向影响因素研究［J］．教育研究，2009，30（4）：73–77.

［57］贺丹．大学生创业倾向的影响因素分析［D］．杭州：浙江大学，2006.

［58］向辉，雷家骕．基于 ISO 模型的在校大学生创业意向［J］．清华大学学报（自然科学版），2013，53（1）：122–128+138.

［59］徐小洲，梅伟惠，倪好．大学生创业困境与制度创新［J］．中国高教研究，2015（1）：45–48+53.

［60］袁庆远，侯静娴，苏同营．山东省高校毕业生科技创新创业现状、问题及对策研究［J］．教书育人（高教论坛），2022（12）：17–19.

［61］于明言．加强天津人才创新创业联盟建设：现状、问题与对策［J］．求知，2022（4）：54–56.

［62］方凌．互联网时代背景下大学生自主创业现状及能力提升策略探析［J］．投资与创业，2022，33（2）：40–42.

［63］许彤彤，蔡婕．“互联网 +”视阈下的大学生创业现状及意愿分析［J］．产业创新 研究，2022（6）：90–92.

［64］Nicos Nicolaou， Scott Shane， Lynn Cherkas， et al. Spector. Is the Tendency to Engage in Entrepreneurship Genetic?［J］. Management Science，2008，54（1）：167–179.

［65］Thompson J L.The facets of the entrepreneur：identifying entrepreneurial potential［J］. Management Decision，2004，42（2）：243–258.

［66］Shane S. Venkataraman S. The Promise of Entrepreneurship as a Field of Research［J］. The Academy of Management Review， 2013. 25（1）：217–226.

［67］Man T，Lau T . ENTREPRENEURIAL COMPETENCIES OF SME OWNER/ MANAGERS IN THE HONG KONG SERVICES SECTOR：A QUALITATIVE

ANALYSIS [J] . Journal of Enterprising Culture，2000，8（3）：235–254.

[68] Howard E， Aldrich， Teffery Pfeffer. Environments of Organizations [J] . Annual Review of Sociology， 1976，2（1）：79–109.

[69] Jakobsen M.W.Richard Scott， Institutions and Organizations：Ideas，Interests and Identities [J] . Lecture Notes in Computer Science，2014，17（2）：136.

[70] Gnyawali D.R.，Fogel D.S.Environments for Entrepreneurship Development：Key Di mensions and ResearchI mplications [J] .Entrepreneurship Theory and Practice，1994，（18）：43–62.

[71] Autio E，Acs z.Intellectual property protection and the formation of entrepreneurial growth aspirations [J] .Entrepreneurship Journal，2010，4（3）.

[72] 彭刚 . 创业教育学 [M] . 南京：江苏教育出版社，1998.

[73] 孟欣龄 . "双创" 背景下高职院校创新创业教育现状及提升路径研究 [J] . 现代商贸工业，2022，43（4）：69–71.

[74] 王丽娜，王巍 .2000—2021 年我国高校创新创业教育研究现状与发展分析 [J] . 职业技术，2022，21（3）：52–57.

[75] 朱密 . 公安院校学生创新创业教育现状及对策 [J] . 辽宁警察学院学报，2022，24（1）：114–117.

[76] 梅伟惠，徐小洲 . 中国高校创业教育的发展难题与策略 [J] . 教育研究，2009，30（4）：67–72.

[77] 李伟铭，黎春燕，杜晓华 . 我国高校创业教育十年：演进、问题与体系建设 [J] . 教育研究，2013，34（6）：42–51.

[78] 马永斌，柏喆 . 大学创新创业教育的实践模式研究与探索 [J] . 清华大学教育研究，2015，36（6）：99–103.

[79] Hagebakken G ，Reimers C ，Solstad E . Entrepreneurship Education as a Strategy to Build Regional Sustainability [J] . Sustainability，2021，13（1）.

[80] 李慧 . 大学生前瞻性人格、创业意向与创业学习的关系研究 [D] . 郑州：河南大学，2010.

[81] 姜军， 蒋士杰， 陈德棉 . 不同视角下的创业者素质研究：文献综述 [J] . 现代管理科学，2005（6）：17–19+12.

[82] 孔繁敏 . 创业者综合能力评价指标体系的构建 [J] . 现代营销（学苑版），

2012（4）：27.
［83］石家驹．创客文化引入高职院校初探［J］．辽宁丝绸，2017（1）：48-50.
［84］汪宜丹．创业企业家心理特征识别与创业精神培育研究［D］．上海：同济大学，2007.
［85］姚梅芳，马鸿佳．生存型创业与机会型创业比较研究［J］．中国青年科技，2007（1）：37-43.
［86］戴育滨，张日新，张光辉．大学生创业者的内涵、分类与能力特征分析［J］．科技创业月刊，2006（10）：41-42.
［87］罗天虎．高校人才培养要注重人文教育与科学教育的融合［J］．西北工业大学学报（社会科学版）．2005（3）.
［88］郁义鸿，李志能，罗博特·D·希斯瑞克（Robert D.Hisrich）．创业学［M］．上海：复旦大学出版社，2000.
［89］马骏，王丹丹．大学生网络创业理论研究与案例分析［M］．北京：中国社会科学出版社，2016.
［90］韩淑芳．口述：创业的故事（《大潮》丛书）［M］．北京：中国文史出版社，2018.
［91］万炜，朱国玮．创业案例集锦［M］．北京：中国人民大学出版社，2013.
［92］傅晓霞．创业案例精编［M］．上海：上海财经大学出版社，2008.
［93］胡冰．创业英雄 10 位海归创业先锋［M］．北京：中国发展出版社，2007.
［94］薛永基．大学生创新创业案例集［M］．北京：北京理工大学出版社，2017.
［95］余克敏，张华．大学生创新创业基础［M］．北京：人民邮电出版社，2016.
［96］王杜春．大学生创业基础［M］．北京：化学工业出版社，2013
［97］屈振辉，夏新斌．大学生创业基础［M］．成都：电子科技大学出版社，2015.
［98］胡楠，郭勇．大学生创新创业指导［M］．北京：人民邮电出版社，2017.
［99］于智超．创业者需具备八种素养［N］．就业时报，2006-02-09.
［100］夏天．别忽视创业者的文化素养［J］．现代企业文化（上旬），2017（7）：14-15.
［101］戴仁卿，张晓蕾．高校创新创业者人格素养提升困境及培养路径［J］．教育与职业，2016（15）：115-117.
［102］David Chen．投资人说：创业者个人素养非常重要［J］．华人世界，2009（10）：

98-99.

[103] 陈文娟， 姚冠新， 徐占东 . 大学生创业意愿影响因素实证研究 [J]. 中国高教研究， 2012（9）：86-90.

[104] 荣利颖， 邓峰 . 研究生教育质量保障与创新能力培养的实证分析——基于 2017 年全国研究生教育满意度调查 [J]. 教育研究， 2018，39（9）：95-102.

[105] 钱永红 . 创业意向影响因素研究 [J]. 浙江大学学报（人文社会科学版），2007，37（4）：144-152.

[106] 王心焕， 薄赋徭， 雷家骕 . 创业教育对大学生创业意向的影响研究——兼对本科生与高职生的比较 [J]. 清华大学教育研究， 2016，37（5）：116-124.

[107] 李永强，白璇，毛雨，等 . 基于 TPB 模型的学生创业意愿影响因素分析 [J]. 中国软科学， 2008（5）：122-128.

[108] Krueger N， Carsrud A. Entrepreneurial Intentions： Applying the Theory of Planned Behavior [J]. Entrepreneurship and Regional Development，1993（5）：315-330.

[109] 周贝，陈翠芳 . 论习近平精准思维的基本内涵及理论特征 [J]. 学校党建与思想教育，2021（24）：15-17.

[110] 奚小龙 . 高职院校学生创新创业法律意识现状及对策分析 [J]. 法制与社会，2020（4）：206-207.

[111] 林强，曹凌 . 公共管理类本科人才培养现状的实证分析 [J]. 陕西行政学院学报，2012，26（4）：116-120.

[112] 闫菲菲 . 课程思政“双向路径”的研究与探索 [J]. 长沙民政职业技术学院学报，2020，27（3）：72-75.

[113] 张洪磊 . 探索建立创新创业教育体系 提升本科生创新创业能力——以中国青年政治学院为例 [J]. 教育教学论坛，2018（1）：121-122.

[114] 刘富东，张颖，韩娇，等 . 我国高校创新创业教育体系研究 [J]. 大众投资指南，2019（11）：270.

[115] 刘佳，李庆华 . “双创”背景下高校财经类专业教学改革研究 [J]. 现代职业教育，2018（7）：28.

[116] 刘占军，梁泽光 . 问题与探索：艺术高校创新创业教育的理性维度［J］. 教书育人（高教论坛），2018（30）：32–33.

[117] 戴瑞 . 浅析高职院校创新创业教育形象识别系统设计——以浙江同济科技职业学院为例［J］. 工业设计，2018（9）：124–125.

[118] 张蕾 . 四川民办高校学生创新创业教育模式研究——以西南财经大学天府学院为例［J］. 创新创业理论研究与实践，2019，2（6）：116–117.

[119] 张崇玺，杨佩月，徐娜 . 创新创业教育：民办高校的机遇与挑战［J］. 科技视界，2017（2）：46+36.

[120] 郑丽娟 . 信息化时代高校创新创业数据利用教育研究［J］. 齐齐哈尔大学学报（哲学社会科学版），2019（10）：169–172.

[121] 彭卫锋，倪晋尚，王中磊 . 浅谈基于职业核心能力培养的高职通识教育课程建设［J］. 现代职业教育，2018（17）：61.

[122] 欧阳泓杰 . 面向创新创业能力培养的高校实践教学体系研究［D］. 武汉：华中师范大学，2014.

[123] 苏菊莲 . 初中英语阅读教学中培养学生逻辑思维能力的策略探究［J］. 英语教师，2019，19（16）：62–64+69.

[124] 易灿，郭琨 . 大学生创业精神培育研究前沿分析与展望［J］. 继续教育研究，2014（7）：79–81.

[125] 杨婷 . 新形势下大学生创业实践能力培养的途径和方法探析［J］. 现代职业教育，2020（24）：222–223.

[126] 何辉，闫柳媚 . 基于因子分析法和层次分析法的首都大学生创新创业能力评价及培养研究［J］. 创新与创业教育，2019，10（5）：49–54.

[127] 崔丽平 . 例说学生展示教学法——基于教育目标分类学的观点［J］. 中学数学月刊，2014（3）：19–22.

[128] 方波，曹其新 .IDC ROBOCON 比赛与机器人教育的探讨［J］. 现代教育技术，2011，21（3）：140–144.

[129] 黄伟坤 . 浅谈传统课堂教学的问题与不足［J］. 新课程导学，2017（13）：13.

[130] 孔伟 .IT 人才创业教育教学体系建设探索［J］. 科技视界，2015（23）：151+245.

[131] 吴明涛，杨永，田淑慧，尹志红，王玉翠 . 高校创新创业教育效果评价与对

策研究［J］. 现代盐化工，2020，47（4）：141–142.

[132] 冯刚. 思想政治教育工作质量评价的时代特征[J]. 思想教育研究，2018(5)：67–71.

[133] 刘波. 高校创新创业与专业教育的耦合机制研究［J］. 中国成人教育，2017（12）：68–71.

[134] 周玲. 高校创新创业教育困境及路径探索［J］. 就业与保障，2021（15）：102–103.

[135] 王剑. 新时期高职院校创新创业教育路径探究［J］. 佳木斯职业学院学报，2019（12）：221+223.

[136] 李秋莹. 地方高校创新创业教育实践教学机制浅议［J］. 合作经济与科技，2016（6）：130–131.

[137] 喻澜迪. 依托企业改革创新创业教育教学工作的建议［J］. 就业与保障，2021（3）：162–163.